“十二五”普通高等教育本科国家级规划教材

GIS设计与实现

（第二版）

李满春　陈　刚
陈振杰　邵一希　等　编著

科学出版社
北　京

内 容 简 介

本书是在充分研究和分析GIS发展现状的基础上，根据作者多年从事GIS设计与开发的研究和实践，以及主讲南京大学国家精品课程“GIS设计”的教学经验，结合GIS学科的基本理论、技术方法和实践成果编写而成的。书中详细论述了GIS设计的理论基础、设计内容、技术方法、组织实施过程及相关规范与标准，并系统介绍了GIS设计与实现的各个阶段，即GIS系统定义、系统总体设计、系统详细设计、系统实施、系统测试与评价、系统维护等的方法、步骤、工具以及GIS设计项目管理与质量保证的相关理论与方法；此外，还对GIS空间数据库、地理模型库的设计与实现进行了探讨；最后以建设完成的县级土地利用规划管理信息系统为例，阐述了GIS设计与实现各阶段的方法和内容。

本书既可作为高等院校GIS专业及相关专业本科生或研究生的教材，也可供科研机构和企事业单位从事GIS研究、应用、管理工作的人员参考。

图书在版编目(CIP)数据

GIS设计与实现/李满春等编著. —2版. —北京：科学出版社，2011.6
普通高等教育“十一五”国家级规划教材

ISBN 978-7-03-031121-4

Ⅰ.①G… Ⅱ.①李… Ⅲ.①地理信息系统-高等学校-教材 Ⅳ.①P208

中国版本图书馆CIP数据核字（2011）第091457号

责任编辑：杨 红 孙 青/责任校对：张凤琴
责任印制：赵 博/封面设计：耕者设计工作室

科学出版社出版
北京东黄城根北街16号
邮政编码：100717
http://www.sciencep.com

三河市骏杰印刷有限公司印刷

科学出版社发行 各地新华书店经销

*

2003年8月第 一 版 开本：720×1000 1/16
2011年6月第 二 版 印张：17 3/4 插页：1
2018年1月第十八次印刷 字数：350 000

定价：32.00元（含光盘）

（如有印装质量问题，我社负责调换）

序

当前国内外的一个重要发展趋势是将地理信息系统（GIS）融入国家信息化和知识经济的主体，为资源环境问题的研究提供高技术手段，形成新的经济生长点，提高国家的安全能力。为此，需要大力发展业务化 GIS 运行系统，提高 GIS 的应用水平和效益。

就本质而言，GIS 是通过存储事物的空间数据和属性数据，记录事物之间的关系和演变过程，并根据事物的地理坐标对其进行管理、检索、评价、分析、结果输出等处理，提供动态模拟、统计分析、预测预报、决策支持等服务。从软件设计开发的角度看，GIS 的建设与运行是一个相对复杂的系统工程，既涉及需求分析、系统设计、软件研制、数据建库、系统集成等诸多技术环节，也牵涉用户自身业务重组、研制方与用户方之间的协作、系统运行的制度保障等非技术因素。为此，需要运用软件工程学的思想和方法，并结合地理信息自身的特点和相关理论，制定出详尽的系统设计、实施以及项目计划管理方案，从而保证软件质量，提高开发效率，降低开发成本。

应该指出的是，由于现有的计算机软件工程方法不完全适用于 GIS 设计，许多学者、工程师和系统分析人员在 GIS 项目工程实施过程中进行了有益的研究与探索，努力发展适用的 GIS 软件工程方法。虽然不同的 GIS 工程存在差异性和复杂性，难以公式化地制定一套放之四海而皆准的固定方法，但实践证明，采用通行的标准法则，能够总结形成一些针对特定问题集的一般方法，供工程人员剪裁、取舍和参考运用。

李满春教授根据多年从事 GIS 设计与开发的研究和实践，以及主讲南京大学地理信息系统专业主干课程——国家精品课程“GIS 设计”的教学经验，编写了《GIS 设计与实现》一书。该书以软件工程学的理论方法为总体框架，将地理信息与 GIS 的特点融入其中，并辅以大量的图表对 GIS 设计与开发的各种方法和步骤进行归纳、分类和对比，最后以作者自行研发的县级土地利用规划管理信息系统为例，具体实践了 GIS 设计与实现各阶段的方法和内容。这样不仅为读者在学习过程中搭建了联系理论与实践、理性认识与感性认识的桥梁，也为实际工作提供了具体详细的方法指导和参考依据。此外，该书还阐述了 GIS 空间数据库和地理模型库的原理和方法，介绍了 GIS 开发技术以及 GIS 设计项目管理与质量保证的方法和技术，探讨了地理信息互操作、面向服务的 GIS 设计、网格 GIS、共相式 GIS 等新技术、新理念。

该书内容既与生产实践紧密结合，同时又升华到理论方法的高度，是一本有关 GIS 设计的精品教材，有着重要的参考和使用价值。

最后，衷心祝贺该书的出版。希望它能有助于推动我国当前的 GIS 教学改革，培养面向社会需求的 GIS 研发人才，促进我国 GIS 事业的发展！

中国地理信息系统协会会长 

2011 年 3 月 5 日于北京

前　言

GIS（geographic information system）是横断计算机科学、信息学、遥感科学、测量学、地图学、地理学、资源学、环境学等学科的一门研究地理信息的本质特征与运动规律的学科。它从20世纪60年代问世以来，已经经历了近50个春秋的飞速发展，在理论体系、技术方法和组织架构上都日趋完善。从理论体系来看，GIS已经发展成为一门学科，有其自身的理论基础、技术规范和应用领域，体系结构趋于完整。从技术方法来看，GIS数据结构趋于完备，面向对象的空间数据存储方式使GIS的数据管理和维护极大地简化，空间数据管理方式也从文件管理发展到了关系型数据库管理；GIS空间分析操作功能日臻完善，对GIS空间分析与操作的研究也日益深入，诸如网络分析、缓冲区分析、空间叠加分析等理论都被成功地应用于GIS中；GIS应用技术趋于成熟，在社会、经济、生活中应用的深度和广度不断加强：从最初的简单绘制静态电子地图到进行动态监测和分析，从单纯的地理数据管理到规划辅助决策，从GIS信息孤岛到WebGIS及地理信息服务，从政府GIS、企业GIS到社会GIS等。从组织架构来看，许多国家都已成立GIS组织机构，并在传播GIS知识、把握GIS发展方向、促进GIS学术交流、制定GIS标准规范等方面起了重要的作用；同时，出现了一大批从事GIS生产研究的公司企业，促进了GIS技术的进步和在应用领域的推广。

随着GIS朝着产业化、社会化和大众化方向的不断深化，社会生产各部门、科研单位等GIS用户都迫切希望能尽快将先进的GIS理论成果、技术方法和管理模式转化为生产力，真正利用GIS实现高效的地理信息管理和辅助决策。而GIS的设计与实现正是连接上述理论和实践之间的桥梁。GIS设计与实现将用户抽象的目标和问题转化为GIS世界中的概念模型，再通过适当的硬件环境和多功能的GIS软件模块将概念模型具体化为信息世界中可操作的机理和过程，并设计简便易用的用户界面实现人机交互对话，从而真正实现了从抽象目标到现实系统的转化。随着GIS在众多管理、生产部门得以广泛普及，高等院校的地学类、测绘类等学科都开设了GIS方面的课程，而且具有GIS应用和开发实践能力的毕业生也越来越受到社会的青睐。所以，培养GIS专业人员的设计和开发能力是过去、当前和将来GIS教学改革的一个重要方面。由此，作者尝试编写本书。

GIS软件不同于其他一般软件，它具有如下特点：空间数据量庞大，实体种类繁多，实体间的关联复杂；空间数据驱动开发设计；GIS工程投资多，周期长，风险大，涉及部门繁多，等等。这就要求我们在GIS的设计与实现过程中运用GIS工程学的思想，遵循系统工程学、软件工程学和地理信息科学的理论和方法，坚持GIS设计与实现的基本原则。GIS设计包括GIS的网络与硬件系统设计（环境配置）、软件系统（含模型库建设）设计和空间数据库系统设计等内容，本书主要讲述GIS软件设计和空间数据库设计两部分内容。GIS软件设计通常包括以下几个阶段和任务：需求分析——用户需求调查、确定系统建设目标和用户对系统功能和性能的要求，分析系统建设的可行性，并生成需求分析报告；项目管理方案设计——对系统建设过程进行总体规划，包括对工作区域和可用资源的规划、开发成本估算、开发平台和开发工具选择、工作任务和进度安排等内容，最终提交项目管理计划方案书；系统总体设计——将系统的需求转换为数据结构和软件体系结构，即数据设计和体系结构设计，生成总体设计报告；系统详细设计——将总体设计阶段确定下来的软件模块结构和接口描述具体地实现，得到实现系统目标技术的精确描述，并编写详细设计报告；系统实施、运行和维护——根据详细设计报告的描述对系统的模块、函数和界面进行实现，并试运行和进行系统调试，同时对系统进行日常的维护和系统维护报告的撰写。空间数据库设计是GIS软件设计的核心内容之一，进行空间数据库设计的主要任务是确定空间数据库的数据模型以及数据结构，并提出空间数据库相关功能的实现方案；空间数据库系统实现的主要任务是将设计的空间数据库系统的结构体系进行编码实现，并将收集的空间数据入库，建立空间数据库管理系统。

本书由李满春策划并拟定编写大纲。参与本书第一版编写的人员有李满春、任建武、陈刚、周炎坤、李响、刘正军、高月明、周丽彬、毛亮等，张晓祥、刘永学、张健、梁健、姚静、李飞雪等人提供了资料或提出了宝贵的修改意见。参与第二版编写的人员有李满春、陈刚、陈振杰、邵一希、李江、李飞雪、张晨曦、刘成明、李岩、胡炜等。本书第二版由李满春统稿，并在南京大学国家精品课程“GIS设计”教学中使用。在写作过程中得到了黄杏元教授、徐寿成高级工程师、马劲松副教授等的热情帮助，在此一并表示诚挚的谢意。

本书有幸被评为普通高等教育“十一五”国家级规划教材、“十二五”普通高等教育本科国家级规划教材，同时得到了国家级规划教材支持计划、国家精品课程建设项目、国家教学科学奖励计划（青年教师奖）、中国建设银行湖北省分行尊师重教联合会、国家理科人才培养和科学研究基地名牌课程建设项目、南京大学“985”工程教改项目等的资助。

由于作者水平有限，加之时间仓促，不足之处在所难免，敬请广大读者批评指正。

作　者

2011年3月于南京大学

目　　录

第一章 引 论

第一节 什么是GIS

随着计算机的出现和发展，以计算机技术为核心的信息处理技术作为当代科技革命的主要标志之一，已广泛地渗入生产和生活的方方面面，影响和决定着社会经济的发展，并成为衡量一个国家科技发展水平的重要标准之一。人类的生存环境是一个三维地理空间，涉及的相当一部分信息与地理空间位置相关。地理信息系统（geographic information system，GIS）作为信息处理技术的一种，是以计算机技术为依托，以具有空间内涵的地理数据为处理对象，运用系统工程和信息科学的理论和方法，集采集、存储、显示、处理、分析和输出地理信息于一体的计算机系统。简单地说，GIS就是用来研究如何利用计算机技术管理和应用地球表面的空间信息，它是由计算机硬件、软件、地理数据和人员组成的有机体，用于高效地采集、存储、更新、处理、分析和显示各种类型的地理信息，为规划、管理和决策提供信息来源和技术支持。

一、GIS 概 述

1. GIS研究内容

GIS是对人类的生存环境进行描述和建模的计算机系统，其主要研究内容包括：数据采集、数据存储、数据处理和分析、数据输出等。

（1）数据采集

GIS常用的数据采集方法是纸质地图的数字化，它具有使用方便、技术成熟、精度高、容易控制等特点，同时也存在低效率和高代价的问题。目前GIS数据采集越来越多地借助于遥感（remote sensing，RS）和全球定位系统（global positioning system，GPS）技术。遥感数据已经成为GIS的重要数据来源，但是它必须进行一系列的图像处理和格式转换。GPS技术虽然不能为GIS提供直接的数据来源，但是GPS可以准确、快速地定位地球表面的任何地点，它在动态监测、紧急事件处理及定位等方面具有很大的发展潜力。

（2）数据存储

地理数据存储是GIS中最底层和最基本的技术，庞大的数据量要求地理数据能够进行高效存取。GIS数据存储包括空间数据的存储和属性数据的存储，其中，空间数据存储受到计算机处理速度和数据量的限制，通常采取分层或是分“要素”存储的模式以提高数据存取的速度。GIS操作和分析只涉及层。随着

GIS 向动态、多维方向发展，二维空间数据存储方式已不能适应 GIS 在某些领域进一步发展的需求，故而动态、多维的空间数据存储成为目前 GIS 研究的热点。

（3）数据处理和分析

数据处理和分析是 GIS 提供的对空间数据的一系列操作，以获取相关信息。强大的数据处理和分析能力是 GIS 被广泛应用的主要原因之一。通过 GIS 提供的空间处理和分析功能，用户可以从已知的海量地理数据中挖掘出隐含的重要知识，这在许多应用领域中是至关重要的。

（4）数据输出

将查询统计的结果或是数据处理和分析的结果以指定的形式输出是 GIS 问题求解过程的最后一道工序。输出形式通常有两种：在计算机屏幕上显示或通过绘图仪输出；通过数据校正、图形编辑、图件整饰、出版印刷等手段以提高输出质量。

2. GIS 特点

GIS 是横跨计算机科学、信息学、遥感科学、测量学、地图学、地理学、资源学、环境学等学科的一门新兴边缘学科，与其他信息系统相比，GIS 具有以下特点。

（1）GIS 的处理对象是地理数据

地理数据包括属性数据和空间数据，利用空间坐标来表达实体的空间位置是 GIS 数据管理的基本思想。GIS 将数据库的一些基本技术（如数据模型、数据存储、数据检索等），与 GIS 地理数据的特征相结合，发展形成 GIS 空间数据库技术，用来实现地理数据的数据库管理和存储。空间数据库技术是 GIS 技术的核心。

（2）GIS 提供了一系列的工具

基于空间数据库技术，GIS 提供了地理数据采集、存储、显示、操作、分析、建模、输出等工具，利用这些工具可以实现一些其他信息系统无法实现的功能（如空间位置的表达、工业选址、最佳路径选择、趋势分析、工程影响预测等）。

（3）GIS 实现了地图实体与属性数据库的关联

通过建立地图实体与属性数据的关联关系，可以实现图形数据与属性数据的同步查询、统计和分析，这是 GIS 与其他制图系统的主要区别之一。

3. GIS 与其他学科的关系

（1）GIS 与地图学

GIS 与地图学有着极密切的关系。首先，地图学的主要研究对象是地图，与 GIS 相同，它们都是地理信息的载体，具有存储、分析和显示地理信息的功能，而且，地图还是 GIS 的主要数据来源，也是 GIS 的产品之一；其次，地图学成熟的理论、方法与功能是GIS发展的基础，而GIS是地图学在信息时代的发展。

(2) GIS与计算机制图

计算机制图是随着计算机技术的发展，以数字的形式，通过颜色、符号和文字说明等表达方式将实体通过计算机完整显现出来的技术。可以说计算机制图是GIS的雏形，而制图功能是GIS的一个基本功能。GIS发展起来后，在制图功能的基础上，又增加了计算机的空间查询、统计、处理和分析功能，包括定性、定量以及定位分析等。

(3) GIS与地理学

GIS与地理学关系紧密，地理空间是两者共同的研究范畴。地理学的理论方法及其对自然规律和自然过程的研究结果既是GIS进行空间分析和建模的主要依据，也是GIS进行预测、预报和辅助决策的理论基础；而GIS的发展为地理学提供了一种高效、精确和全新的技术工具，是地理学发展强有力的技术支持，极大地促进了地理学半定量化和定量化研究的发展。

(4) GIS与计算机辅助设计

GIS与计算机辅助设计（computer aided design，CAD）有很多相似之处，但GIS与CAD是完全不同的两个概念。CAD主要用来辅助工程师们进行各种设计工作，它可绘制各种技术图形，大至飞机，小至微芯片等，也可用于产品加工中的实时控制。GIS与CAD的共同点是两者都对图形图像进行加工处理，它们的区别主要有：一方面，空间数据库存储的是地理数据，数据量远远大于CAD，数据存储方式也不相同；另一方面，GIS是以空间数据库为核心的，它强调对图形数据和属性数据的同步处理，而CAD是以辅助绘图为中心的。

二、GIS构成

GIS作为处理地理数据的一种方法和技术，由四个基本要素构成：硬件、软件、数据和人员。

1. 硬件

GIS的建立必须有一个计算机硬件环境。它包括从GIS数据采集到数据处理乃至数据输出所涉及的所有硬件设备，其中计算机是硬件系统的核心，用作数据的处理、分析和管理。

(1) 数据采集、输入设备

数据采集设备包括测绘仪器和遥感设备，其中，测绘仪器包括平板仪、经纬仪、水准仪、GPS以及解析测图仪等设备；遥感设备则包括飞行器、航空摄像机等。数据输入设备包括数字化仪、扫描仪以及计算机的输入设备（如软驱、键盘、光驱、活动硬盘等），它们负责对测绘数据进行处理并输入到计算机系统中去。在全数字摄影测量工作站上，可快速实现地理数据数字化采集并直接输入GIS中。

(2) 数据存储和处理设备

数据存储设备包括磁盘、磁带机等磁存储介质以及一些光存储介质；处理设备包括计算机、图像处理器、网络设备等。它们共同承担对输入数据进行存储、分析和处理等操作，实现对空间数据的管理和有用信息的提取。其中，计算机设备又可以分为大型机、中型机、小型机以及工作站和微机。工作站和微机是目前的主流GIS计算机，工作站的发展前景很好，有可能成为GIS的主流用机，尤其是配有大屏幕、高分辨率图形终端及专门的图形加速卡的工作站系统，特别适用于GIS中的图形图像处理。工作站在GIS中的应用将促进多用户、网络化的硬件结构模式的发展，便于网络资源的共享和数据的远程通信。

(3) 输出设备

输出设备通常是标准的计算机外围设备，包括打印机、绘图仪等。除此之外，还可以通过计算机显示器或是外接的高分辨率显示装置（如投影仪等）进行输出。而且，通过3D立体镜以及SGI、SUN等公司开发的实时三维图形卡，可以在一定程度上实现三维仿真、虚拟现实。

2. 软件

GIS软件提供了一系列功能模块用来存储、分析和显示空间数据。GIS软件有以下要求：①提供显示、操作地理数据（如位置、边界）的常用工具；②提供空间数据库管理系统；③提供图形与属性数据同步查询统计分析功能；④简单易用的图形用户界面。经过四十年的发展，GIS应用不断深入，GIS软件种类日益增多，从低层次、显示商业网点分布的商业制图软件到高层次、管理分析和辅助决策的GIS软件，从简单的地理数据库到栅格、矢量和不规则三角网（triangulated irregular network，TIN）数据一体化管理的大型GIS软件。总体上，GIS软件可以分为两大类：工具型软件和应用型软件（图1.1）。

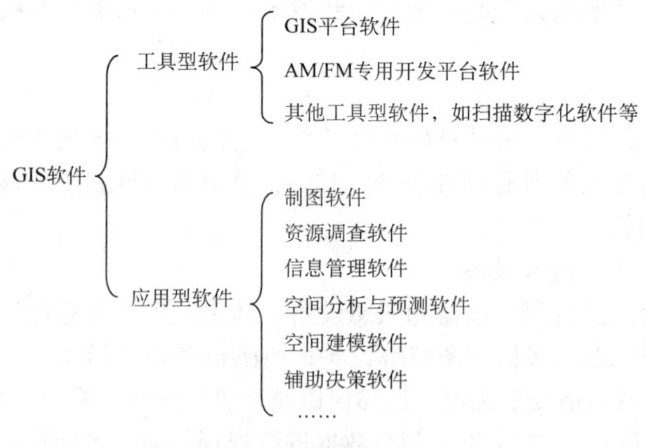

图1.1　GIS软件分类

3. 数据

GIS数据实质上就是指以地球表面空间位置为参照，描述自然、社会和人文景观等的数据，即地理数据，其主要表现形式包括数字、文字、图形、图像和表格等。数据来源可以是外业测量、普通地图、遥感影像，也可以是其他图形软件的输出数据或其他相关的数据资料。数据作为GIS的操作对象，其现势性和精确性直接关系到GIS分析处理结果的准确性；数据存储模式、管理方法则直接影响GIS的执行效率和系统安全等。

GIS数据分为空间数据和属性数据两大类。属性数据是表征空间实体属性信息的数据，一般用关系型数据库进行管理。空间数据是表征空间实体位置的数据，一般采用三种数据结构进行管理和存储：一是栅格数据结构，它使用网格单元的行和列作为位置标识符来描述地理实体的位置信息，常用于地质、气候、土地利用和地形等面状要素；二是矢量数据结构，它使用一系列X，Y坐标作为位置标识符来描述地理实体的位置信息，常用于描述线状分布的地理要素，如河流、道路、等值线等；三是不规则三角网（TIN），它在近几年获得了广泛的应用。

空间数据库是对GIS数据进行管理和维护的数据管理软件，其目的是实现空间数据的有序、合理和高效的管理。空间数据库可以直接在商业化的关系型数据库或对象—关系型数据库的基础上实现，从而汲取它们某些成熟的功能，包括数据备份、表定义、事务管理和系统管理工具等，而且基于关系型数据库的空间数据库管理系统可以高效地存储地理数据、制作地图以及进行空间分析等。

4. 人员

人员是GIS的重要构成因素。GIS不同于一幅地图，仅有系统软硬件和数据还构不成完整的GIS，需要人进行系统的组织、管理和维护，进行数据更新、系统维护、应用程序开发，以及利用地理分析模型提取有用信息等。人员在GIS中的作用主要表现在以下方面：①对GIS软件进行开发、维护和升级；②对空间数据进行搜集、入库和管理；③应用GIS进行生产生活实践，实现GIS的价值。

三、GIS发展

GIS经过近五十年的发展，已经成为信息技术的重要组成部分。在资源管理、城市规划、环境管理、设施管理等空间信息相关领域得到了广泛应用，形成多层次和多尺度的应用格局，Jack Dangermond曾评论“GIS的应用仅受限于使用者自身的创造力”（The application of GIS is limited only by the imagination of those who use it），并提倡通过GIS“为我们的世界建模”（modeling our world）。GIS已成为一个快速增长的产业，与此同时，GIS软件技术体系也得到很大的发展。

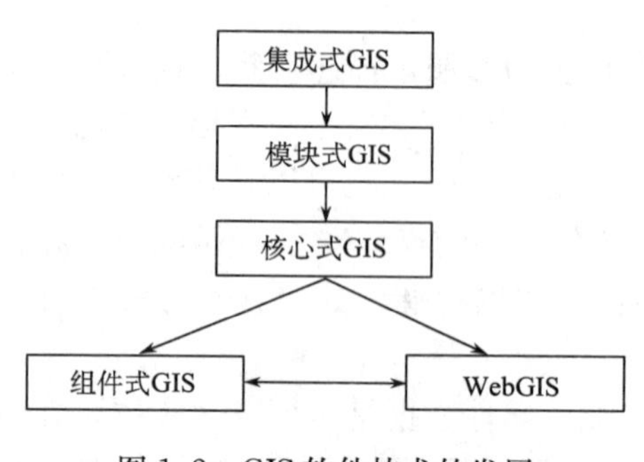

图 1.2　GIS 软件技术的发展
（钟耳顺，1998）

软件是 GIS 的核心内容之一，GIS 软件技术是 GIS 软件的组织方式，依赖于一定的软件技术基础，决定了 GIS 软件的应用方式、集成效率等诸多方面的特点。从发展历程看，GIS 软件技术经历了五个阶段（图 1.2），即：集成式 GIS、模块式 GIS、核心式 GIS、组件式 GIS 和 WebGIS。

在 GIS 发展早期，为满足某些特定需求，产生了许多 GIS 功能模块。随着需求的不断升级，研究人员开始将这些分散的功能模块集成为具有多种功能的综合性 GIS，该时期即 GIS 发展的集成化阶段。

集成式 GIS 结构过于复杂、成本较高。基于该问题，研究人员着眼于系统整体结构，按功能的关联度，将 GIS 划分为不同的功能模块。此过程即模块式 GIS 发展阶段。模块式 GIS 不同于集成式 GIS 自下而上的开发思路，采用自上而下的方法进行开发，功能模块内聚性更强、划分更为合理。

集成式 GIS 和模块式 GIS 都没有解决与其他系统的集成问题，核心式 GIS 正是基于该背景提出来的。它将 GIS 功能封装成动态链接库（DLL），通过应用程序接口（API）访问，以此来实现与其他系统的集成。

核心式 GIS 开发难度大，不易被开发人员掌握，不利于 GIS 社会化和大众化的发展，组件式 GIS 的出现在很大程度上解决了这个问题。它综合了模块式 GIS、核心式 GIS 的优点，将 GIS 功能划分为不同的功能模块，这些模块之间以及与其他系统之间通过标准的通信接口实现交互，不仅解决了异构系统的交互问题，而且开发成本低、易于掌握。

组件式 GIS 开发是目前 GIS 开发的主流，ESRI 公司的 ArcObjects 与超图公司的 SuperMap Objects 均是组件式的 GIS 开发平台，提供了面向. COM、. NET 和 Java 的多种组件开发工具。

Internet 技术的发展使得网络化成为 GIS 发展的必然趋势，WebGIS 应运而生。WebGIS 的发展使得 Internet 用户可以通过万维网浏览空间数据、制作专题图以及进行各种空间检索。近年来，WebGIS 的空间分析功能也得到了显著增强。伴随着 Web 2.0 的兴起，WebGIS 的发展也进入了新的阶段，在 Web 2.0 环境下，WebGIS 不仅是信息发布的工具，而且通过用户社会化、集成、志愿式的参与，WebGIS 提供的信息可以被用户编辑和扩展，Goodchild 将其形容为公众参与 GIS（public participation GIS）或志愿 GIS（volunteered GIS）。在这种情况下，整合不同网络数据源到同一应用中的混搭（mashup）技术已成为目前

WebGIS开发的新趋势，代表性的开发方式有Google Map API、Bing Map API。

表1.1描述了GIS五个发展阶段的特征。

表1.1 GIS发展的各阶段特点

项目	集成式GIS	模块式GIS	核心式GIS	组件式GIS	WebGIS
特点	在一个系统中集成了GIS的各项功能	系统分成许多相对独立的功能模块	从底层提供GIS功能，通过API访问	通过标准通信接口实现模块间通信及GIS与其他系统集成	结合Internet，实现GIS的共享和互操作
功能	满足了GIS综合应用的需要	用户根据需求选择功能模块	易于集成其他系统	开发成本低、难度小，可以在通用语言环境中实现GIS功能	社会化的GIS，可扩展性好，跨平台
存在问题	系统过于复杂，软件成本高；难与其他系统集成	难与其他系统集成	开发难度高	系统开发依赖于开发环境，难以实现移植	用户参与程度不足；分析功能较简单

除表1.1所示的GIS的五个发展阶段外，集GIS、全球定位系统（GPS）、移动通信（GSM/GPRS/CDMA）三大技术于一体的移动GIS，近年来的发展也十分迅速。移动GIS利用GPS进行定位和跟踪，利用PDA完成数据获取，利用GIS完成空间数据的管理和分析，借助移动通信技术完成图形、文字、声音等数据的传输。移动GIS能够提供基于位置的服务（location based service，LBS）和移动位置服务（mobile location service，MLS），应用前景十分广阔。

GIS软件区别于其他各类软件的根本特征就是它所具有的空间分析功能。因此，GIS软件技术的发展离不开空间分析功能的发展。空间分析的发展，主要包括以下三个层次：第一个层次是二维地图操作，包括空间查询、叠置分析、缓冲区分析、地形分析、网络分析等；第二个层次，包括探索性空间数据分析、空间统计、空间计量经济学、地统计学，主要是将计量地理学的内容引入，进行空间模式、空间结构、空间关系的分析与预测，这也是目前空间分析研究的主流；第三个层次，包括空间数据挖掘、空间过程与相互作用建模。同时，这三个层次的内容又有相互交叉融合。

四、GIS应用

自1962年世界上第一个地理信息系统——加拿大地理信息系统（Canadian

geographic information system，CGIS）诞生以来，短短五十年时间，GIS以研究如何采集和使用地球表面的空间数据而迅速发展起来。

空间数据的计算机表达及以此为基础的一系列空间分析方法的应用极大促进了地理学的定量化发展研究，同时，也极大促进了社会经济信息化发展的进程。近年来，GIS理论和技术日益成熟完善，在社会、经济和生活中应用的深度和广度不断加强：从最初的简单绘制静态电子地图到进行动态监测和分析；从单纯的地理数据管理到规划辅助决策；从GIS信息孤岛到网络化GIS及可互操作GIS；从政府GIS、企业GIS到社会GIS等。目前，GIS已经被成功应用于商业、国防、电信、教育、工程、环境、政府、卫生、资源、交通等行业。根据GIS应用的层次可以将GIS应用分为以下五种类型。

（1）地图制图

GIS的发展是从地图制图开始的，因而GIS的主要功能之一就是地图制图。与周期长、更新慢的手工制图方式相比，利用GIS建立地图数据库，可以达到一次投入、多次产出的效果。它可以根据用户需要输出全要素图或是各种专题图（如行政区划图、土地利用图、道路交通图等），还可以利用GIS的三维功能进行立体显示与制图。

（2）空间数据管理

空间数据管理是GIS最基本的职能。空间数据管理的目的是对地理数据进行组织和管理，并提供有效地更新、维护和快速查询检索的方法和手段，以最佳方式输出地理信息，供规划、管理和决策使用。以地籍管理信息系统为例，地籍数据涉及土地的位置、房地界、名称、面积、类型、等级、权属、质量、地价、税收等诸多方面信息，不仅土地的权属可能发生变化，而且土地的空间特性也在不断改变，应用GIS对地籍数据进行管理，不仅方便了数据的快速查询、统计与存档，而且方便了对它们进行日常的更新和维护，提高了地籍管理的效率，同时为其他业务提供了数字化的信息来源。

（3）空间统计分析

GIS提供一系列的空间统计分析功能（包括叠置分析、缓冲区分析、拓扑空间查询、空间集合分析、网络分析等），利用这些功能可以对地理信息（空间信息和属性信息）进行处理和分析，得出有用的结论。例如，在城市规划过程中，对城市中救护车、救火车的分布位置以及行车路线和行车控制进行规划：如何安排多路警车交通路线，以保证在紧急时刻，在任意地方应至少能有一辆警车在事发后最短时间内赶到出事地点；在环境保护方面，对水土流失导致的环境恶化进行评价：在区域环境质量现状评价过程中，对整个区域的环境质量进行客观全面的评价。

(4) 空间分析评价与模拟预测建模

GIS不仅可以管理空间数据，而且可以模拟现实世界。一方面，它可以对现实世界进行分析评价：首先，归纳总结出分析评价的因子和方法；其次，将这些方法和因子定量化；最后，建立空间分析评价模型（如土地适宜性评价模型）并进行验证。另一方面，它可以对现实世界的发展趋势进行模拟预测。其原理是将自然过程、决策转化成命令、函数和分析模拟程序等形式，结合相关数据，模拟这些过程的发生发展，得到未来的结果，从而预知自然过程的结果，达到辅助决策的目的。例如我国大兴安岭地区的研究，通过普查分析火灾实况，统计计算十几万个气象数据，从中筛选出气象要素、春秋两季植被生长情况和积雪覆盖程度等14个指标因子，用模糊数学方法建立数学模型，预报火险等级的准确率可达73%以上。

(5) 辅助宏观决策

GIS利用拥有的数据库，通过一系列决策模型的构建和比较分析，可以为国家宏观决策提供科学依据。例如，GIS支持下的土地承载力研究可以解决土地资源与人口容量的规划；利用GIS的空间分析和空间建模方法可以辅助制定城市发展规划；利用GIS建立环境监测模型可以为三峡工程的宏观决策提供建库前后环境变化的数量、速度和演变趋势等可靠数据。

第二节 GIS的规范化与标准化

信息社会的重要标志之一就是信息资源的共享。要实现地理信息资源共享，必须具备三个基本条件：一是数据资源的储备；二是要有技术支撑系统的保障，如通信技术、网络技术、数据库技术等现代化技术手段；三是共享规则的制定、被广泛采纳和遵循，主要包含标准、规范、政策和相关法律。标准化是空间信息共享和系统集成的重要前提，也是GIS产业化和社会化的必经之路。

一、GIS规范化和标准化的作用

GIS规范化与标准化是体现GIS软件开发、系统建立与运行质量的重要要素。从技术的角度看，GIS是建立在计算机、网络以及信息处理等多种技术标准之上的，离开了这些标准就无法开发哪怕是最基本的系统。从应用的角度看，标准化是实现信息共享，推进GIS发展的最基本保障。

随着GIS应用领域的不断扩展、深入以及GIS技术的进步，GIS标准化工作也日益受到重视。美国开放地理信息系统协会（Open GIS Consortium，OGC）(1994)和国际标准化组织地理信息标准技术委员会（ISO/TC 211）(1994）的相继成立都标志着地理信息技术标准化时代的到来。国内外正在制订标准和规范的主要的单位有以下几个。

1）ISO/TC211：国际标准化组织的地理信息/地球信息委员会；

2）FGDC：美国联邦地理数据委员会；

3）CEN/TC 287：欧洲标准化委员会；

4）OGC：美国 OpenGIS 协会；

5）MEGRIN：欧洲地图事务组织；

6）CGSD：加拿大标准委员会；

7）CSBTS/TC230：中国地理信息标准化技术委员会。

我国从“七五”计划就开始推动地理信息系统技术的广泛应用，同时也十分注意全国和区域性的标准化工作研究，仅“七五”期间就提出了 34 套信息技术标准和规范方案。1983 年，我国编制了地理信息系统的第一部标准化文件《资源与环境信息系统国家规范研究报告》；1984 年，我国成立了国家测绘局测绘标准化研究所，负责我国测绘标准的制订与修订工作；1997 年成立了全国地理信息标准化技术委员会（CSBTS/TC230），开始紧密跟踪国外地理信息标准化进展，积极参与 ISO/TC211 工作，并结合国内实际情况，制订出相当数量的国家和行业标准；2004 年，全国地理信息标准化技术委员会完成了地理信息国家标准修订项目 83 项的确认和评价工作；2010 年，国家地理信息标准化“十二五”规划编制工作正式启动，这预示着 GIS 软件更进一步规范化的开始。为贯彻国家信息化发展战略，构建数字中国地理空间框架是全球信息化建设的必然趋势，全面推进 GIS 软件的规范化是促进城市地理信息资源的统筹开发与共享利用的有效手段。

就单独一个 GIS 系统开发而言，开发人员应该看到，遵循 GIS 规范或标准，一方面可以避免简单重复的系统开发工作，直接在 GIS 标准体系结构的基础上致力于高层次、专业化的应用开发，从而可以节省费用、提高效率和方便应用；另一方面，方便了数据共享，节约了资源。过去 GIS 开发缺乏统一的规范、标准，花费大量资金和人力开发的系统只能满足某一部门或某一领域的专业应用，专有的数据格式和系统体系结构导致现有的大量数据资源无法被共享，甚至同一部门由于硬件、软件设备的升级或系统转换而无法使用以前采集的数据。

二、GIS 软件的规范化

地理信息是国家信息资源的重要组成部分，被广泛应用于经济建设和国防建设等重要领域，直接关系国家安全和利益。随着信息化和网络化环境下地理信息技术和产业发展的需要，数以万计的城镇将逐步开展 GIS 的建设和应用。然而，由于 GIS 开发过程中缺乏统一的规范，不同的 GIS 软件所应用的 GIS 实施平台、数据模型、数据组织与存储策略、开发模式等各有不同，这一现状导致 GIS 应用服务与数据资源间很难得到有效共享，很多 GIS 应用甚至从一开始建设就变成了名副其实的“GIS 孤岛”。为此，实现 GIS 软件的规范化是促进地理信息资源建设、协调、交流与集成所迫切需要解决的问题。

从建立“数字城市”的长远发展角度上看，GIS 软件的规范化一方面可以避免简单重复的系统开发工作，直接在 GIS 所规范的体系结构基础上致力于高层次、专业化的应用开发，从而节省费用、提高效率和强化扩展；另一方面，实现了真正意义上的地理信息共享，为跨平台下的数据交换和互操作服务提供了便利。

GIS 软件属于信息系统的范畴，因此 GIS 的软件设计应遵循信息系统设计的规范，也应该遵循一般计算机软件设计的相关规范。GIS 软件设计的规范主要包括：①计算机软、硬件技术标准，它完全来自计算机界的规范，包括网络协议、软件设计、系统验收、软件评测及软件接口等方面的规范；②数据库技术和图形、图像处理技术规范，其中包括各种操作规程的制定、文本编写、数据库安全等方面的规范标准；③与地理信息系统数据共享有关的规范化工作，包括对数据重复使用、数据交换、网络安全等方面的界面、技术规范，如数据模型规范、数据质量评定规范、元数据规范等；④地图制图标准，GIS 目前仍采用着许多来自计算机辅助制图的理论和方法，如点变换理论（GIS 中矢量数据结构采用点、线、面的概念来理解空间地物）。此外，GIS 中还深刻贯穿着如地图投影、比例尺、地理格网等地图学的概念。

GIS 软件相关规范主要有软件工程、系统设计标准、系统建设文件、规范标准、系统安全、保密规定、空间数据采集、处理规范、空间数据入库管理规定以及数据存储相关技术规范等，这些规范主要解决地理空间信息系统建造中的一些必须共同遵守的技术、流程和规则等，以保证系统能在一个统一的技术规格下建立和共享使用。目前，国家已有一系列有关地理信息、数据库、软件工程、系统设计、程序编写、网络与通信以及安全与保密等方面的规范文件，部分相关规范如表 1.2 所示。

表 1.2 我国 GIS 软件相关规范

规范名称	规范编号	概要说明
地理空间框架基本规定	CH/T 9003—2009	界定了地理空间框架的含义与构成，规定了地理空间框架的建设内容及技术要求
地理信息元数据	GB/T 19710—2005	定义地理信息及服务所需要的模式，提供地理数据标识、覆盖范围等信息
基础地理信息标准数据基本规定	GB/T 21139—2007	从数学基础、数据内容、生产过程和数据认定四个方面规定了基础地理信息标准数据的基本要求
基础地理信息城市数据库建设规范	GB/T 21740—2008	规定了基础地理信息城市数据库建设的总体要求以及数据库系统设计、建设、继承、安全保障与运行维护的内容和要求
基础地理信息数据库基本规定	CH/T 9005—2009	规定了基础地理信息数据库的含义、组成、分级和要求

续表

规范名称	规范编号	概要说明
城市地理信息系统设计规范	GB/T 18578—2008	规定了城市地理信息系统的设计原则、内容、方法和要求
数字城市地理空间信息公共平台技术规范	CH/Z 9001—2007	界定了数字城市地理空间信息公共平台的内涵、构成及作用，规定了数据集在基础地理信息标准数据上提取、扩充和重组的加工过程，对管理服务软件功能和支撑环境提出了具体要求
地理信息公共平台基本规定	CH/T 9004—2009	界定了地理信息公共平台的含义、组成与分级，规定了数据内容及加工过程，对管理与服务系统及支撑环境提出了要求
地理信息一致性与测试	GB/T 19333.5—2003	规定了测试的框架、概念和方法
地理信息质量评价过程	GB/T 21336—2008	确立了评价和记录数据集质量结果的内容框架
基础地理信息数据档案管理与保护规范	CH/T 1014—2006	适用于各级测绘档案资料馆对基础地理信息数据档案的管理，也适用于基础地理信息数据档案形成单位对数据成果的管理。非基础地理信息数据档案的管理可参照执行

三、GIS数据的标准化

GIS数据标准化的主要内容包括：GIS相关的名词或术语标准化；与空间数据库建设有关的标准化活动，包括各种操作规程的制定、数据采集、数据分类与编码、数据字典、文本编写、数据库安全等方面的标准的制定与实践；与GIS数据共享有关的标准化工作，包括对数据质量控制、数据重用、数据交换、网络安全等方面的技术标准，如数据模型标准、数据质量评定标准、元数据标准等。总的来说，可从以下方面实行GIS数据的标准化建设。

1. 地理信息标准

地理信息是反映地理实体空间分布特征和属性的信息。地理信息的位置识别是与数据联系在一起的，这是地理信息区别于其他类型信息的一个最显著的标志。首先，地理信息的这种定位特征是通过公共的地理基础来体现的，即按照特定地区的经纬网或公里网建立的地理坐标来实现空间位置的识别，并可按照指定的区域系统进行信息的合并与分离。其次，地理信息具有多维结构的特征，即在二维空间的基础上，实现多专题的第三维的信息表达，而各个专题型或专题型之间的联系是通过属性码进行的。

（1）统一的地理坐标系统

统一的地理坐标系统是各类地理信息收集、存储、检索、交换、相互配准及进行综合分析评价的基础。这方面的标准主要源自于地图制作的相关标准，目前发展和应用都比较完善。它由下面几部分标准组成。

1）统一的地图投影系统：考虑到数据的可获得性和数据交换的需要，一般建立系统时应结合数据获取，采用与国家基本地形图相适应的投影，如高斯-克吕格投影，并考虑投影的相互转换接口。

2）统一的地理格网系统：地理格网系统可分为经纬坐标格网和直角坐标格网。经纬坐标格网的优点是便于进行大区域乃至全球性的拼接，但格网所对应的实地大小不均匀；直角坐标格网则具有实地大小均匀的优点，适合于局部区域。我国目前主要采用100×100和40×60的经纬坐标格网和直角坐标格网三种系统，并颁布了“地理格网”国家标准（表1.3）。开发人员可依据比例尺和用途的不同，选用合适的地理格网系统。

表1.3　地理格网国家标准（GB/T12409—2009　地理格网）

格网等级	1	2	3	4	5	6
经纬坐标格网格网间隔	1°	10′	1′	10″	1″	—
直角坐标格网格网间隔/米	100000	10000	1000	100	10	1

3）统一的高程控制系统：高程控制系统是地理空间定位的另一重要因素，用于确定各种自然和社会经济要素相对于某一起始高程平面的高度（即高程），它们可以在该平面上，也可以高于或低于该平面。高程控制系统与上述地理格网系统结合，用于正确反映真实世界中各种实体之间在空间上的三维立体关系。高程坐标系统有全国统一高程系统和独立高程系统之分。独立高程系统与全国统一高程系统之间通过已知的高程改正参数，可以互相转换。设计GIS时，应当选定一个高程作为整个系统统一的高程控制基础。如果选用独立高程系统，亦应确定它与全国统一高程系统之间的高程转换参数。所有地形图、与高程有关的各种专题地图和数据均应归一到该统一的高程系统中。

4）统一的区域多边形或空间统计单元系统：区域（自然或是社会经济）是信息收集、存储和检索的重要基本单元。对区域多边形的选择和划分，应确立如下六条原则：①必须是历史形成的和长期稳定的；②必须与现行国家管理制度相一致；③要充分考虑国家今后开发资源、保护环境方面的需要；④必须与国家采用的格网系统相适应；⑤必须考虑其相对稳定性以及修改、合并和上下延伸的可能性；⑥需要顾及用户存储、查询和分析信息的方便程度及使用频率高低。目前，可参照的国家标准方案有行政区域系统、流域分区系统和综合自然区划系统等几种。

（2）空间信息分类和编码系统

编码，即在信息分类的基础上给每一种地理要素分配一个唯一的标识符，以适用于各种比例尺数字地形图生产和空间信息系统中地理要素的采集、存储、检索、分析、输出和交换等，用以标定某比例尺范围内地理要素的数字信息，从而实现地图信息标准化存储和信息资源共享。统一的空间信息分类和编码是系统建立的一项极为重要的基础工作，它直接影响整个系统的结构、数据组织与交换、不同系统间的转换与兼容等。一般应根据各类地理信息之间的相关关系，并按各相应专业领域的特性，划分出三级基本分级体系。在分类基础上，依照标准化、统一性、唯一性、一致性、灵活性、稳定性、可扩展性和重用性等多项原则，确定编码方案。我国已制订了多种用途的区位编码系统，如行政区划、邮政编码、公路、河流的国家标准编码均已制订或正在制订之中，这类标准可根据具体需要直接应用于GIS的建立。

（3）数据模型标准

对现实地理系统的计算机模拟可分为三个层次：概念模型、逻辑模型和物理模型。概念模型将现实的地理系统映射为一定的信息结构和信息组织；逻辑模型将信息结构和信息组织进一步映射成为一定的数据结构；物理模型则依赖于一定的计算机环境，将数据结构映射为与硬件直接有关的文件结构和文件组织形式。对于GIS技术标准而言，数据模型的重要性在于它能为GIS开发人员及用户提供一种共同的视图。作为一种独立于各种计算环境的模型（概念、逻辑），它对于GIS技术标准和数据共享具有重要意义。其中，概念模型由于是对问题域的信息化模拟，不但与GIS设计有关，而且是共享性数据库建设和数据交换的基础。在当前GIS发展中，由于受制图模型影响，现实地理系统的概念模型大多集中于对地理系统空间属性的描述。基于点、线、面等几何特性的空间表达模式成为事实上的标准，而面向对象模型作为地理系统的自然表达方式是近年来才逐渐发展起来的。

2. 数据标准

数据是GIS的基础和最重要的资源，制订和实行数据标准是GIS标准化工作的重点。本文强调地理信息标准和数据标准的分离，主要是因为一个以用户为中心的GIS系统应该是将用户的注意力放在专业问题上，而不是放在不同类型数据的操纵和变换上。地理信息系统定义了以应用为目的的用户概念模型，而数据标准则主要是为系统开发人员的数据视图定义的标准，这些“底层”数据对一般用户是不可见的，或者说不碍于用户的实际应用工作。数据标准大致可分为数据交换、元数据、数据质量、数据产品等类型。

（1）数据交换

空间数据交换并不是一个简单的过程，它的标准必须具备以下特征：①除能转换空间要素的图形数据外，还能交换与要素相关的属性、质量信息以及特征元数据；②数据转换过程中，既不能丢失任何与空间目标相关的信息，更不能添加任何错误数据，数据转换必须绝对安全、可靠；③数据转换独立于计算机系统、数据存储和传输介质；④能兼容现有的各种相关标准，所使用的数据模型能包含所有用户数据。

在进行GIS设计时，最主要的数据交换方法有两种：直接交换和间接交换。直接交换是设计系统与每一种常用数据结构的接口，两两实现交换，这种方法虽然转换效率较高，但实现代价大、灵活性差，很难适应 GIS 技术发展的需要。间接交换一般是制订或采用公认的标准数据格式作为中间公共交换格式，系统应设计与这种中间格式的转换接口来达到数据共享的目的。目前的数据交换方法可能带来信息损失，如数据丢失、精度降低、符号丢失、空间数据表达方式改变、拓扑关系丢失、属性丢失等。国际上，美国与欧洲已分别制订了空间数据转换标准（SDTS）和地理数据文件（GDF），在我国也已出台了空间数据交换格式（NSDTF）标准。

(2) 空间元数据标准

传统的地理信息系统从体系结构到数据格式都有着封闭的特点，表现在不同 GIS 的数据格式难以转换和数据语义不能被解读等方面，数据的用户甚至不能准确获知数据集的内容，另外，数据的质量特征、来源、可用性等信息也很难得知。我们需要类似于图例那样描述数字空间信息的描述集，并且把它以规范化的格式组织起来，使用公共的术语来描述。元数据就是对数据集现势性、精度、内容、组织形式、属性、来源、适用性等多种信息的表述。

空间数据是一种结构比较复杂的数据类型，它既涉及对于空间特征的描述，又涉及对于属性特征以及它们之间关系的描述。因而，描述这样一个复杂空间数据集的数据（空间元数据）对地理信息的定位、存储和共享都很重要。空间数据元数据标准的建立是空间数据标准化的前提和保证，只有建立起规范的空间元数据才能有效地利用空间数据。目前，空间元数据已形成了一些区域性或部门性的标准，现有空间元数据标准如表 1.4 所示。

表 1.4　现有的空间元数据标准

元数据标准名称	建立标准的组织
GSDGM 地理空间数据元数据内容标准	FGDC，美国联邦地理数据委员会
GDDD 数据集描述方法	MEGRIN，欧洲地图事务所
CGSB 空间数据集描述	CSC，加拿大标准委员会
CEN 地学信息—数据描述—元数据	CEN/TC287
DIF 目录交换格式	美国宇航局（NASA）和全球变化数据管理国际工作组（IWGDMGC）
ISO 地理信息	ISO/TC211

(3) 数据质量

数据质量是对空间数据在表达空间位置、空间关系、专题特征以及时间等要素时，所能达到的准确性、一致性、完整性以及它们之间统一性的度量，一般描述为空间数据的可靠性和精度，用误差来表示。由于现实世界的复杂性和模糊性，以及我们认识、测量和表达能力的局限性，这种抽象数据表达总是在一定的精度范围内趋近而不可能完全达到真值，因而数据误差总是不可避免的。总体上，误差可以分为三种：一是数据获取阶段产生的源误差，包括遥感数据、测量数据、属性数据、GPS测量数据、数字化数据、转换数据等，这些数据在其产生阶段都会因为硬件或是人为的因素等出现一定的误差。二是数据处理阶段的处理误差。例如，几何纠正、坐标转换和比例尺变换、几何数据的编辑、属性数据的编辑、空间分析、图形简化（数据压缩和曲线光滑）、数据格式转换、数据内插、计算机截断等处理过程都有可能产生误差。三是数据使用阶段的使用误差，如使用不当造成的误差、数据解释造成的误差、数据集的完备程度、时间的有效性（即现势性）、拓扑关系的正确性等。

数据质量问题一直被GIS开发商和用户所重视，因而需要建立可行的数据质量标准来评价和控制数据质量。空间数据质量标准是生产、使用和评价空间整体性能的综合评价指标体系。如表1.5所示，空间数据质量标准由一系列元素包括位置精度、属性精度、逻辑一致性、完整性、现势性和数据说明等组成。在GIS系统开发时，应根据现有质量标准和工作特点制订相应质量控制文档。一般来说，应建立标准的元数据文档来跟踪和控制空间数据质量。

表1.5 空间数据的质量元素

一级质量元素	二级质量元素
位置精度	数学基础 平面精度（相对精度和绝对精度） 高程精度（相对精度和绝对精度） 接边精度 形状保真度 像元定位精度（图像分辨率）
属性精度	要素分类与代码的正确性 要素属性值的正确性 要素注记的正确性
逻辑一致性	多边形闭合精度 结点匹配精度 拓扑关系的正确性
完整性	元数据完备性 数据分层完备性 实体类型完备性 属性数据完备性 注记完备性
现势性和数据说明	数据采集日期说明 数据更新日期说明
整饰质量	线划质量 符号质量 图廓整饰质量
附件质量	文稿资料的正确、完整性 元数据文件的正确、完整性

(4) GIS 数据产品标准

GIS 的空间数据产品包括数字形式（如电子地图、标准数据集）和非数字形式（如纸质专题地图）。作为产品，它应具备独立性、易用性、安全性及一定的外包装形式。一般，GIS 数据产品标准有如下三类：①标准的数据格式。主要指通用数据格式，方便使用和交换。②标准的概念模式。同一领域的空间数据产品应该基于相同的概念模型，以利于在数据产品应用中的准确性。③标准的外包装。包括数据安装、使用界面、浏览界面等标准的用户界面。

第三节　关于 GIS 设计

一、GIS 设计的含义

软件工程是指导计算机软件开发和维护的工程学科，采用工程化的概念、原理、技术和方法来开发和维护软件，把经过实践考验而证明正确的管理技术和当前能够得到的最好的技术方法结合起来，经济地开发出高质量的软件并有效的维护它的技术过程和系统方法。

GIS 设计就是在 GIS 开发的整体过程中，遵循一般软件工程的原理和方法，结合 GIS 开发的特点、特殊规律和要求，对 GIS 软件从系统定义、系统总体设计、系统详细设计、空间数据库和地理模型库设计、GIS 实施、GIS 软件测试与评价、直到 GIS 维护的各个阶段进行工程化规范的方法体系。

二、GIS 设计目标

随着计算机技术的飞速发展以及 GIS 被广泛应用于社会生产实践，进行 GIS 开发成为一股热潮。许多部门机构为了进行信息化建设，纷纷着手建设适合需要的、高效的 GIS 应用系统。GIS 开发根据用户的需要有其既定的目标，而且有其阶段性，包括系统分析、设计、实施、评价与维护等。

GIS 设计目标就是通过改进系统设计方法、严格执行开发的阶段划分、进行各阶段质量把关以及做好项目建设的组织管理工作，从而达到增强系统的实用性、降低系统开发和应用的成本以及延长系统生命周期的目的。选用合适的系统设计方法，可大大减少系统设计过程中的错误，这在系统设计过程中十分重要。实践证明，在系统实施和测试过程中发现的错误，有 65%是由于系统设计不周造成的，而且，在这个阶段才发现错误并要进行改正的话，不仅需要进行很大的投资，而且大量的返工使得系统建设的周期被极大的延长。由此可见，在 GIS 开发过程中，进行合理的、高效的 GIS 设计，是降低系统开发成本、提高系统建设效率、加强系统实用性的关键所在。

近些年来，软件危机越来越严重。所谓软件危机包括两个方面的内容：一是如何开发软件，以满足对软件日益增长的需要；二是如何维护数量不断膨胀的已有软件。表 1.6 所示为软件危机的主要内容。随着 GIS 软件数量的飞速增长和软件规模的扩大，GIS 软件危机的情况也日益严重。

表 1.6 软件危机的主要内容

阶段	主要内容
开发软件	对软件开发成本和进度的估计不准确 软件质量不高 用户接受度不高 软件产品开发效率低 相关的技术文档资料不完备 软件可维护性、重用性和可扩展性不高
维护软件	数据不能得到及时的更新 系统需求变更所要求的系统升级不能得到实施 网络安全维护得不到贯彻执行

GIS 软件不同于一般程序，它的一个显著特点是规模庞大，而且程序复杂性将随着程序规模的增加呈指数上升。因此，要克服 GIS 软件危机，在软件开发过程中就必须充分认识到 GIS 软件开发是一种组织良好、管理严密、各类人员协同配合、共同完成的工程项目，必须进行人员的分工合作、统一软件开发风格、制定软件开发的标准以及确定各层模块的开发目标等。虽然 GIS 软件本身独特的特点给开发和维护带来一些困难，但是人们在长期的开发和使用 GIS 的实践中，总结出了许多成功的经验，能有效地指导 GIS 软件的设计与实现。GIS 设计就是这些经验的主要表现形式。

从上文的分析可以看出，无论是从 GIS 软件开发的质量、效率、开发成本，还是从克服软件危机的角度，GIS 设计都是在软件数量急剧膨胀、软件规模不断扩大的情况下，进行 GIS 开发所必须采纳的方法和实施的步骤。GIS 设计强调软件的需求分析，根据应用领域的特点，GIS 设计中的需求分析方法也不相同。需求分析是 GIS 设计的最基础的内容，需求分析的成功与否，直接关系到软件建成后用户对软件的接受度。GIS 设计的另一内容是制定项目计划管理方案，项目计划管理方案的确定可以保证系统开发的人员安排以及对软件开发成本和进度的正确估计；而 GIS 设计中的系统设计可以确保对系统需求的实现和系统开发技术标准的统一，以及系统功能的整体性，是保证系统质量的关键；GIS 设计的系统实施和运行维护阶段对系统进行实现，并完成后期维护工作，保证系统的正常运行以及系统的升级管理等。总之，进行 GIS 设计是避免软件危机，保证 GIS 开发质量、提高开发效率、降低开发成本的一个重要手段，是人们在长期的系统开发和系统使用过程中总结出来的宝贵经验。

三、GIS 设计的内容

GIS 设计应当根据 GIS 工程学的设计思想来开展，使 GIS 软件的应用满足科学化、合理化、经济化的总体要求。在整体设计上，要坚持采用系统工程的思想和设计原则，在重大问题上给予定性考虑，着重确定原则，总揽全局；在实施方案设计上，要深入研究、详细描述，对各类细节都要制定出规范和技术说明文件；在实施和运行过程中，要制定管理和维护措施，科学地管理、调试和维护，保证系统正常运行，为科研生产和管理决策提供可靠的数据和科学可行的方法及手段。GIS 设计的基本原则如表 1.7 所示。

表 1.7 GIS 设计的基本原则

基本原则	具体内容
标准化	符合 GIS 的基本要求和标准；符合现有的国家标准和行业规范
先进性	硬件设备的先进性；软件设计的先进性；技术方法的先进性；管理手段的先进性
兼容性	数据具有可交换性，选择标准的数据格式和实现数据格式转换功能，实现与不同数据库之间的数据共享
高效率	具有高效率的数据采集工艺方法和图形处理能力、存取能力、管理能力等
可靠性	保证系统正常运行以及系统运行结果的正确性
通用性	系统数据组织灵活，可以满足不同应用分析的需求

GIS 设计是利用软件工程的思想，结合 GIS 软件开发的特点和开发目标，制订 GIS 软件开发的项目计划，并对软件的用户需求和可行性进行分析，从而设计软件的技术实现方案，最后对软件进行实施和维护。GIS 软件开发与一般信息系统开发有一定的差异，表 1.8 从设计重心、数据库建设以及设计方法三个方面对 GIS 设计与一般信息系统设计作了一个对比。

表 1.8 GIS 设计与一般信息系统设计的差异

类别	GIS 设计	一般信息系统设计
设计重心	处理的是海量空间数据，数据库设计在 GIS 设计中尤其重要	软件功能实现是其设计重心
数据库建设	不仅要进行属性数据库的设计，更要进行空间数据库的设计，包括空间数据结构、存储方式、管理机制等	只需要建立属性数据库
设计方法	以业务需求为导向、以空间数据为驱动进行系统设计	以业务需求为导向，以功能为驱动进行系统设计

一般来说，GIS 设计包括软件设计和数据库设计两部分内容。

1. 软件设计

GIS软件设计在GIS软件开发中具有十分重要的地位，是构建一个高效的GIS软件的关键。它从总体出发，统领全局，保证了GIS软件的开发效率和开发质量。首先，它通过进行系统的工程管理，保证了系统建设的进度和软件质量；其次，它对系统开发方法进行设计，针对GIS软件设计的特点，采用最适合的软件过程模型，确保了系统的用户接受度和系统功能设置的合理性；再次，它对系统技术实现方案进行设计，确保软件开发风格的统一和各功能模块之间的有机联系。

GIS软件设计一般采用合适的软件过程模型进行开发，它能起到以下两个方面的作用：第一，它允许以图表和逻辑表达式的形式来描述定义和生产两个阶段；第二，它提供了一种有目的和有规划的方式来建立质量保证体系。最常用的软件过程模型是瀑布模型，它将软件过程分为可行性分析、需求分析、总体设计、详细设计、编码、系统运行和维护六个阶段，并规定了它们自顶向下逐步细化、相互衔接的固定次序。瀑布模型各阶段的任务如表1.9所示。

表1.9 瀑布模型各阶段任务划分情况表

阶段名称	任务安排	标准文档
需求分析	用户需求调查、确定系统建设目标和用户对系统的功能性能要求，分析系统建设的可行性	需求分析报告
项目管理方案设计	对系统建设过程进行总体规划，包括对工作区域和可用资源的规定、开发成本估算、开发平台和开发工具选择、工作任务和进度安排等内容	项目管理 计划方案书
系统总体设计	将系统的需求转换为数据结构和软件体系结构，即数据设计和体系结构设计	总体设计报告
系统详细设计	系统总体设计阶段确定下来的软件模块结构和接口描述具体地实现，得出实现系统目标技术的精确描述	详细设计报告
系统实施、 运行和维护	根据详细设计报告的描述对系统的模块、函数和界面进行实现，并试运行和进行系统调试，以及对系统进行日常的维护	软件代码和 系统维护报告

瀑布模型虽然是一种较为成熟和完善的软件过程模型，但它存在很多缺陷，如缺乏灵活性、软件模块重用性差、开发周期长、修改困难、难以维护等。为了适应不同软件开发的需求，陆续出现了很多其他的软件过程模型，如快速原型模型、增量模型、螺旋模型等。在具体GIS软件开发中应根据项目具体情况选择合适的软件过程模型。

2. 数据库设计

数据库系统是存储、管理、处理和维护数据的软件系统，包括数据库、数据库管理员及相关软件。数据库是长期存储在计算机系统中有组织的、大量的、可共享的数据集合，数据库的核心是数据模型。

数据库设计的核心是数据模型设计。数据模型是一种形式化描述数据、数据之间联系以及有关语义约束的方法，数据库系统用它来提供信息表示和操作的形式框架。数据模型包括能精确描述系统的静态结构（数据结构）、动态结构（操作的集合）和完整性约束条件三部分。从文件系统算起，数据模型的发展经历了四代：文件模型、经典数据模型（网状、层次和关系模型）、语义数据模型和专用数据模型。除此之外，还可以把数据模型分为两种类型：一是独立于任何计算机实现的数据模型（如 E-R 模型、语义网络模型），其强调语义表达的能力。该类数据模型能方便、直接地表示现实世界的各种语义，便于用户理解，常用于数据库设计中由现实世界到信息世界的第一次抽象。二是直接面向数据库中数据的逻辑结构的数据模型，用于计算机上的实现。该类数据模型需要一套完整严格的形式化定义，以及一组严格定义语法和语义的语言，可用它来定义、操纵数据库中的数据。

在 GIS 空间数据库设计和建设实例中，由于地理信息结构的复杂性、应用要求的多样性，同时考虑到数据共享、数据更新和动态维护等诸多问题，GIS 空间数据库的设计内容和步骤有很大的不同，很难有统一的设计思路，设计工作的好坏往往取决于设计者的开发经验、工程组织和数据源准备等方面。同时，数据库设计与整个系统设计的相关环节是紧密结合的，有必要将软件工程的方法和工具应用于数据库设计中。R. T. Yeh 提出了软件系统与数据库系统设计过程的对应关系（图 1.3）。

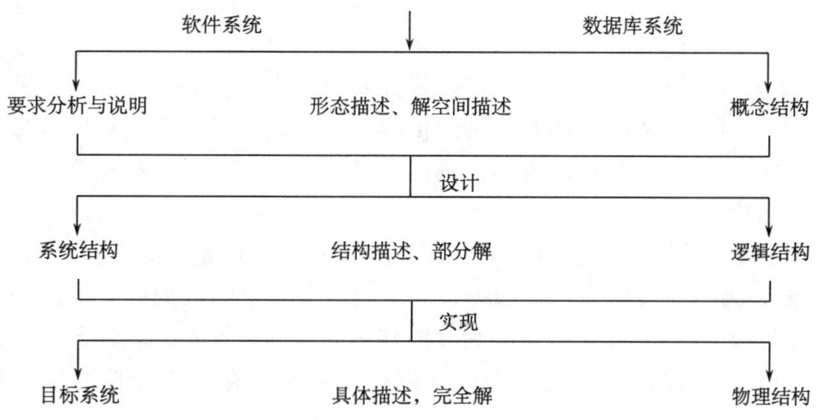

图 1.3　软件系统与数据库系统设计过程的对应图

值得指出的是，空间数据库是一种应用于地理信息处理和信息分析领域的工程数据库，它管理的对象主要是地理数据（包括空间数据和属性数据），它要求数据库系统必须具备对地理对象（大多为具有复杂结构和内涵、相互关联的复杂对象）进行建模、操纵、分析和推理的功能。由于关系数据库系统主要操纵诸如二维表这样的简单对象，无法有效地支持以复杂地理实体对象（如图形、图像）为主体的GIS工程应用。因此，研究并设计出一种满足空间数据存储和空间操作处理要求的高效的空间数据库管理系统是近年来GIS研究的重心。近年来，Oracle，IBM等都已经推出其可用于空间数据存储的全关系型数据库产品，但目前这种应用还不是很成熟。目前，较为常用的是文件与关系数据库混合管理模式，但是，采用文件管理系统管理空间数据，数据的安全性、一致性、完整性、并发控制以及数据修复等方面都有很大欠缺，不能说是真正意义上的空间数据库管理系统。ESRI公司推出的Geodatabase数据模型，它基于面向对象技术，在通用的关系型数据库的基础上建立空间数据库，通过空间数据引擎进行访问，这种对象一关系数据库管理模式已经在很多领域投入使用，是一种较为优越和高效的空间数据库管理模式。

四、GIS设计的特点

GIS作为一个特殊的软件领域，其主要特点是海量数据存储及空间数据与属性数据一体化管理，基于GIS本身的特殊性，GIS设计也有其自身的特点：

1）GIS处理的是空间数据，具有数据量庞大、实体种类繁多、实体间的关联复杂等特点。因此，在GIS设计过程中，不仅需要对系统的业务流进行分析，更重要的是必须对系统所涉及的地理实体类型以及实体间的各种关系进行分析和描述，并采用相关的地理数据模型进行科学的表达。这些地理数据模型包括传统的层次模型、网状模型、关系模型以及最近的面向对象模型。基于地理数据的特点，采用面向对象模型对地理数据进行描述具有很大的优势。面向对象模型以接近人类通常的思维方式的方法，将客观世界的一切实体模型化为对象。每一种对象都有各自的内部状态和运动规律，不同对象之间的相互联系和相互作用就构成了各种不同的系统。

2）GIS设计以空间数据为驱动。GIS从某种意义上说就是一种空间数据库，GIS的功能是为空间数据库提供服务，其主要任务是空间数据分析统计处理并辅助决策。因此，与一般软件以业务为导向建设系统的思想不同，GIS设计以数据为导向进行系统建设，系统的功能设计以提高数据的存储、分析和处理效率为原则。

3）GIS工程投资大、周期长、风险大、涉及部门繁多。因此，在GIS设计中，项目计划管理是一个十分重要的部分。在项目计划管理中，需要完成以下工作：估计系统建设的投资效益，评估系统建设的风险性和必要性；制定系统的建设进度安排，保证系统建设的高效性；建立系统建设的组织机构和进行人员协调等。

思 考 题

1. 何为GIS？GIS的主要研究内容是什么？

2. 何为GIS设计？GIS设计的目标和主要内容是什么？

3. GIS有哪些特点？这些特点决定其主要有哪些应用层次？

4. GIS经过数十年的发展，作为信息技术的重要组成部分已经应用到诸多领域，试说明其各个发展阶段的主要特征。

5. 随着GIS应用领域的不断扩展，出现了大量的GIS产品，简要说明各类GIS产品模式及其主要特征。

6. GIS逐步走向成熟的今天，其发展呈现出哪些趋势？

参 考 文 献

毕思文. 2001. 数字地球——地球系统数字学. 北京：地质出版社.

曹瑜，胡光道. 1999. 地理信息系统在国内外应用现状. 计算机与现代化，61（3）：1-4.

《测绘词典》编辑委员会. 1981. 测绘词典. 上海：上海辞书出版社.

陈俊，宫鹏. 1998. 实用地理信息系统. 北京：科学出版社.

陈述彭. 1994. 遥感大词典. 北京：科学出版社.

陈述彭. 1999. 城市化与城市地理信息系统. 北京：科学出版社.

《地理学词典》编辑委员会. 1983. 地理学词典. 上海：上海辞书出版社.

方裕，张晋. 1999. 我国GIS软件产业发展初探. 计算机世界报，（7）：1-4.

房佩君. 2000. 地理信息系统（ARC/INFO）及其应用. 上海：同济大学出版社.

龚健雅. 1999. 当代GIS的若干理论与技术. 武汉：武汉测绘科技大学出版社.

郭达志，盛业华，余兆平，等. 1997. 地理信息系统基础与应用. 北京：煤炭工业出版社.

何守才. 1995. 数据库综合大词典. 上海：上海科学技术文献出版社.

黄波，吴波，刘彪，等. 2008. 空间智能：地理信息科学的新进展. 遥感学报，12（5）：766-771.

黄杏元，汤勤. 1989. 地理信息系统概论. 北京：高等教育出版社.

李满春，李延满. 2002. 地理信息查询语言发展趋势. 计算机工程与应用，38（6）：70-73.

李满春，马劲松，黄杏元，等. 1996. 试论GIS设计. 地理信息世界，（4）：16-19.

李满春，高丽，陈刚，等. 2002. 空间信息数字图书馆初论. 科技通报，18（3）：177-183.

李满春，徐雪仁. 1997. 应用地图学纲要——地图分析、解释与应用. 北京：高等教育出版社.

马蔼乃. 2000. 地理科学与地理信息科学论. 武汉：武汉出版社.

马蔼乃，邬伦，陈秀万，等. 2002. 论地理信息科学的发展. 地理学与国土研究，18（1）：1-5.

马永立. 1998. 地图学教程. 南京：南京大学出版社.

汤国安，赵牡丹. 2000. 地理信息系统. 北京：科学出版社.

魏益鲁. 2002. 遥感地理学. 青岛：青岛出版社.

吴信才. 1998. 地理信息系统的基本技术与发展动态. 地球科学，23（4）：329-333.

修文群. 2001. 地理信息系统GIS数字化城市建设指南. 北京：希望电子出版社.

修文群，池天河. 1999. 城市地理信息系统. 北京：科学出版社.

阎正. 1998. 城市地理信息系统标准化指南. 北京：科学出版社.

杨云源. 2009. 移动GIS定位技术研究. 地理空间信息，7（2）：68-70.

叶礼伟，谢忠. 2009. 嵌入式GIS平台数据管理优化研究与实现. 微计算机信息，25（11）：138-139.

张大顺，郑世书，孙亚军，等. 1994. 地理信息系统技术及其在煤矿水灾预测中的应用. 北京：中国矿业大学出版社.

张剑平，任福继，叶荣华，等. 1999. 地理信息系统与MapInfo应用. 北京：科学出版社.

张明金，张平. 1995. 核心地理信息系统设计研究. 地理学报，S1：44-53.

中国21世纪议程管理中心. 1999. 中国地理信息元数据标准研究. 北京：科学出版社.

中国电子学会电子计算机学会. 1984. 英汉计算机辞典. 北京：人民邮电出版社.

钟耳顺. 1995. 地理信息系统应用与社会背景分析. 地理研究，14（2）：91-97.

钟耳顺，宋关福，王尔琪，等. 1998. GIS组件化与组件式GIS研究. 见：中国地理信息系统学会. 中国地理信息系统协会1998年年会论文集.

周炎坤，李满春，王志兵，等. 1999. 开放式地理信息系统的初步研究. 微型电脑应用，15（10）：15-16.

Boroushaki S，Malczewski J. 2010. Measuring consensus for collaborative decision-making：a GIS-based approach. Computers，Environment and Urban Systems，34（4）：322-332.

Bugs G，Granell C，Fonts O，et al. 2010. An assessment of Public Participation GIS and Web 2.0 technologies in urban planning practice in Canela，Brazil. Cities，27（3）：172-181.

Chen S P，Zhong E S. 1998. Perspectives on GIS Development in China. 2nd Annual GIS Infrastructure Planning and Management Conference.

Clark K C. 1986. Recent trends in geographic information system research. Geo-Processing，1（3）：1-15.

Cox A B. 1995. An overview to geographic information systems. The Journal of Academic Librarianship，21（4）：237-249.

DeMers M N. 2001. 地理信息系统基本原理. 北京：电子工业出版社.

Economic & Social Commision for Asia & the Pacific. 1999. GIS Standards and Standardization：A Handbook. New York：United Nations Pub.

Editors P，Brebbia P C A. 1998. GIS Technologies and Their Environmental Applications. Southampton：WIT Press.

Goodchild M F. 2002. Geographic Information Systems and Science. New York：John Wiley & Sons.

Mark G，Manfred E. 2000. A framework for the modeling of uncertainty between remote sensing and geographic information systems. ISPRS Journal of Photogrammetry and Remote Sensing，55（3）：176-188.

National Committee Digital Cartographic Data Standards（NCD CDS）. 1990. 美国国家数字制图数据标准. 蒋景瞳译. 北京：测绘出版社.

Reza B，Ralph M. 2001. The global GIS：a case study. Automation in Construction，10（5）：597-606.

Sieber R. 2006. Public participation and geographic information systems：a literature review and framework. Annals of the American Association of Geographers，96（3）：491-507.

Thomson C N，Perry H. 2000. Remote sensing/GIS integration to identify potential low-income housing sites. Cities，17（2）：97-109.

第二章　GIS 设计思想与方法

第一节　GIS 设计的理论基础——GIS 工程学思想

一、GIS 工程学特点

系统工程学是研究如何应用科学知识，特别是工程学原理来提高系统分析和设计效率、提高系统质量、降低系统建设成本的学科。而 GIS 工程学是 GIS 本身发展以及将系统工程学思想引入 GIS 设计的产物。GIS 工程学在促进 GIS 的推广应用，加快 GIS 软件产业的发展方面具有十分重要的意义，可以看作是 GIS 设计的方法学。其特点有以下几个方面。

（1）以空间信息系统工程优化为目的

除图形数据外，GIS 所涉及的数据还包括关系型数据、视频、音频、动画等多种类型的数据。这些数据均按照统一地理空间坐标进行关联和索引。由于处理和应用的数据的空间特性，GIS 工程在系统设计、数据管理、功能组织和流程安排上都必须遵循和依据自身固有的逻辑和准则，这就决定了 GIS 工程学必须去研究和发掘这种其他学科所没有或不能把握的客观规律。

（2）横跨多学科

GIS 是一个多学科交叉的领域，而 GIS 工程学是根据地理信息科学、系统工程学、软件工程学等学科特点形成的一套程序化的基本工作技术和方法，也就是为了达到预期目的，运用系统工程思想和最优化技术解决问题的工作程序和步骤。因此，GIS 设计必然和众多学科有着密切的联系。

（3）GIS 工程学是直接面向决策的，为可持续发展提供决策支持

GIS 工程应用领域广泛，是国家或区域空间信息基础设施建设的基本内容。GIS 工程包括城市规划、土地管理、资源与环境管理、人口与经济发展、全球变化问题、灾害监测、区域可持续发展等。GIS 工程建设以 GIS 海量空间数据处理和管理为核心，进行空间分析、模拟，并为可持续发展提供决策支持。

（4）与 GIS 产业化密切联系

研究机构和企业界的积极参与和技术创新一直是并仍将是 GIS 工程学的主要内容之一。GIS 工程学既是理论体系，又是现实生产力，是 GIS 产业化的重要保障。因此，必须从产、学、研互动的高度把握我国 GIS 工程学的发展，研究 GIS 工程学结构体系和方法论。

(5) 系统更新速度快

我国从20世纪80年代开始GIS的建设，经历了项目型GIS、管理型GIS、社会型GIS等几个阶段，其技术和认识发生了翻天覆地的变化，其发展可以说与计算机技术完全同步了，这也将导致GIS用户在建立相应系统时会面临一个复杂环境，往往系统刚建设完毕，整个系统就不能够满足当前需要了，从而导致大面积的投资失误与浪费，这也是GIS建设周期长的一个后果，反映了GIS技术和用户需求的发展速度不相适应。所以在开展用户调查、系统设计、系统维护等阶段必须对这种状况进行认真考虑，才能积极预防。

(6) 易操作性要求高

一个GIS中具有多个用户层次：专业维护人员、领导决策人员、一般业务人员，后两类用户并不是GIS专业人士，往往仅具备一般计算机操作能力，而GIS功能复杂，因此，这两者之间需要通过良好的界面设计来协调，系统应该引导用户来完成操作，同时必须保证数据的安全性。

二、GIS工程学结构体系

GIS工程学结构体系主要由任务、基础理论和方法论三方面组成。它的基本任务是运用系统论的理论和方法，实现GIS工程的最优设计、最优管理和最优运行，以求得系统总体最优化。其基础理论主要包括系统学、地理信息科学和系统工程学等。方法论是根据这些理论而形成的一系列程序化的基本操作技术与方法，也就是为了达到预期目标，根据系统工程思想，采用最优化技术解决问题的工作程序和步骤。许多学者、工程师和系统分析人员，在GIS项目工程的实施过程中，对GIS工程的实施方法进行了大量的研究与探索。

由于不同GIS工程的差异性和复杂性，公式化地制定一套放之四海而皆准的固定方法是不现实的，也从根本上抹杀了GIS工程建设的创造性和能动性。但是，实践证明，通过对GIS工程的研究，采用通行的标准法则，能够总结形成一些针对特定问题集的一般方法，供工程人员取舍和参考运用。下面以美国学者霍尔（A. D. Hall）的三维结构为例说明GIS工程的实施方法。

三维结构是系统工程学创始人之一霍尔提出的，是目前比较经典的、影响较大的一种系统工程基本方法。它将系统工程活动的方法体系分为前后紧密衔接的七个步骤和七个阶段，并同时考虑为完成各个步骤和阶段所需的各种专业知识。依据霍尔的三维结构，我们可以绘出如图2.1所示的GIS工程三维结构图。

其中，时间维表示工作阶段，即按照时间顺序划分的GIS工程活动的具体过程；逻辑维表示按照GIS工程方法分析问题和解决问题的逻辑思维过程，一般分为图中所示的逻辑维上的几个步骤；知识维表示为完成上述各个步骤、各个阶段所需的知识和专门技术，图中列出了可能涉及的一些学科。

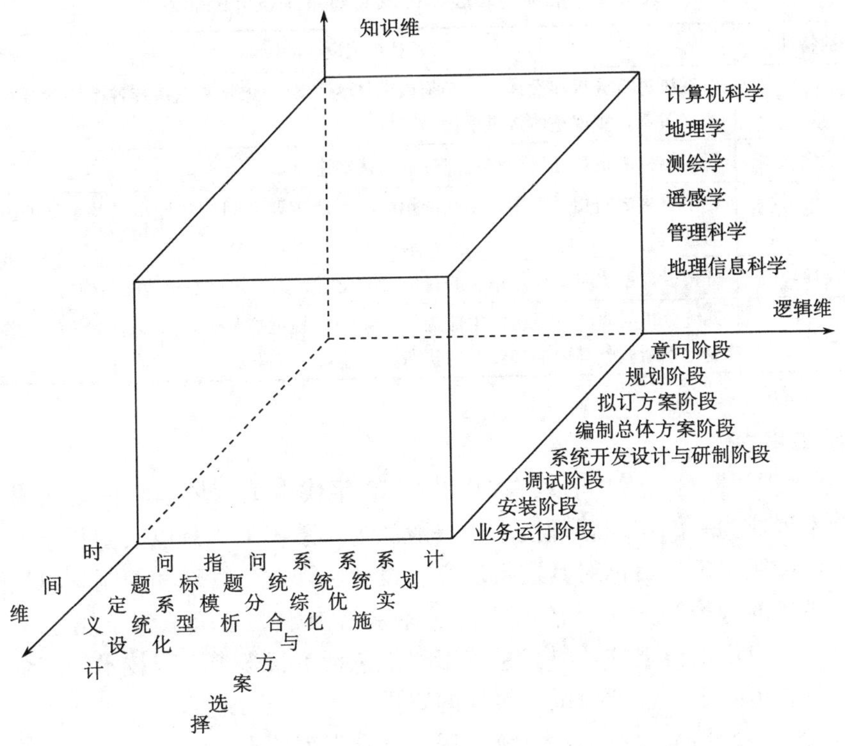

图 2.1　GIS 工程三维结构图

三、GIS 工程学的基本理论

GIS 工程学来源于系统学、系统工程学、软件工程学和地理信息科学的结合，因此系统学、系统工程学、软件工程学、地理信息科学都是其理论基石。

1. 系统学思想

“系统”一词最早出现在古希腊语中，原意是指事物中的共性和每一事物应占据的位置，也就是部分组成整体的意思。随着现代科学技术的发展，人们对于系统概念的认识不断深化，逐渐发展成以各种类型的系统作为研究对象的完整的系统科学体系，包括其基础理论——系统学和应用理论——系统工程学。

系统可以定义为由相互作用、相互依赖的若干组成部分（要素）构成的具有一定功能的有机整体。系统不是不可分割的单一体，而是一个可以分成许多部分的整体，这个整体又是一个更大系统的组成部分。每一个系统都有其独特的层次结构、功能与环境。表 2.1 说明了系统的一般特征及其对系统设计的影响。

表 2.1　系统的一般特征及其对系统设计的影响

一般特征	对系统设计的影响
整体性	对系统进行分析和设计时，必须以整体为基础，充分考虑系统各个要素或各层次的相互关系，实现整体效果最优
层次性	层次结构决定系统目标和功能分解的认知途径
相关性	各个要素之间相互作用、相互依赖的关系决定要素间的功能布局及系统的内在结构与性质
功能性	分析设计系统时要根据系统的目标层次设定其要素的状态和功能结构
动态性	系统分析时要考虑系统的生命周期、系统环境适应性，以及要求系统能随着环境的变化不断调整其内部各要素的状态、功能与相互关系

2. 系统工程学

“系统工程”这个专用名词在20世纪40年代由美国贝尔电话公司提出，后来逐渐发展成为一门组织管理技术。一般认为，系统工程是以大型复杂系统为研究对象，按照一定的目标对其进行研究、设计、开发、管理和控制，以期达到总体效果最优的理论和方法。在系统科学体系结构中，系统工程学属于工程技术类，是一门应用性很强的学科。系统工程是包括了很多类工程技术的综合型技术与方法，它可对众多领域提供一般性的安排。

相对于一般的工程技术，系统工程学具有下列特点。

1）系统工程学研究的对象是一个表现为普遍联系、相互影响、规模和层次都极其复杂的大系统。它既可以是自然系统，也可以是社会系统；既可以是物质系统，也可以是非物质系统。一些复杂的巨系统都是其研究对象，尤其是对于类似大气系统、海洋系统、环境系统这样的巨系统，只有借助于系统工程学，才能进行深入研究。

2）系统工程学的知识结构复杂，是自然科学和社会科学交叉的边缘学科。传统工程的知识基础一般仅限于自己的专业领域，只要对本专业的知识有较深的研究，就能基本上解决工程建设问题。而系统工程学则要用到自然科学（如数学、物理学、化学、生物学等）和社会科学（如社会学、心理学、经济学等）的多种知识，是多学科综合的研究领域。

3）从某种意义上讲，系统工程学是方法学，是泛化系统的研究方法。在研究问题时，系统工程学从总体最优出发，综合考虑经济、社会、环境因素的制约，所采纳的衡量总体效益的指标具有整体性和综合性。在处理复杂问题时，系统工程学往往采用定性与定量相结合的方法，不仅要有科学性，还要有艺术性和哲理性。

4）系统工程学是目的性很强的应用学科。在实际问题的解决过程中，系统工程学要实现三个目的：一是最合理地提出任务，按照环境条件的制约和需要的可能性，使主观目标的提出更趋合理；二是最好地完成任务，通过系统分析和系统设计，选择合理的技术途径和方法来形成最佳设计效果；三是最有效地运行，通过科学管理，使系统发挥最好的运行效果。上述三个目的的具体实现需要从环境分析、系统分析和应用研究三个阶段来实施。

3. 地理信息科学

地理信息科学（geographic information science）是1992年Goodchild首次提出的。它是研究地理信息的本质特征与运动规律的一门学科，其研究对象是地理信息。它通过对地理信息技术中的一般性问题和规律性问题进行研究，对GIS工程学提供指导。

地理信息科学涉及地理科学哲学、基础理论、应用方法、技术系统以及产业发展和制度创新等层面的内容。通常，地理信息科学体系被划分为三个层次：理论地理信息科学、技术地理信息科学和应用地理信息科学（图2.2为地理信息科学三个层次的示意图）。

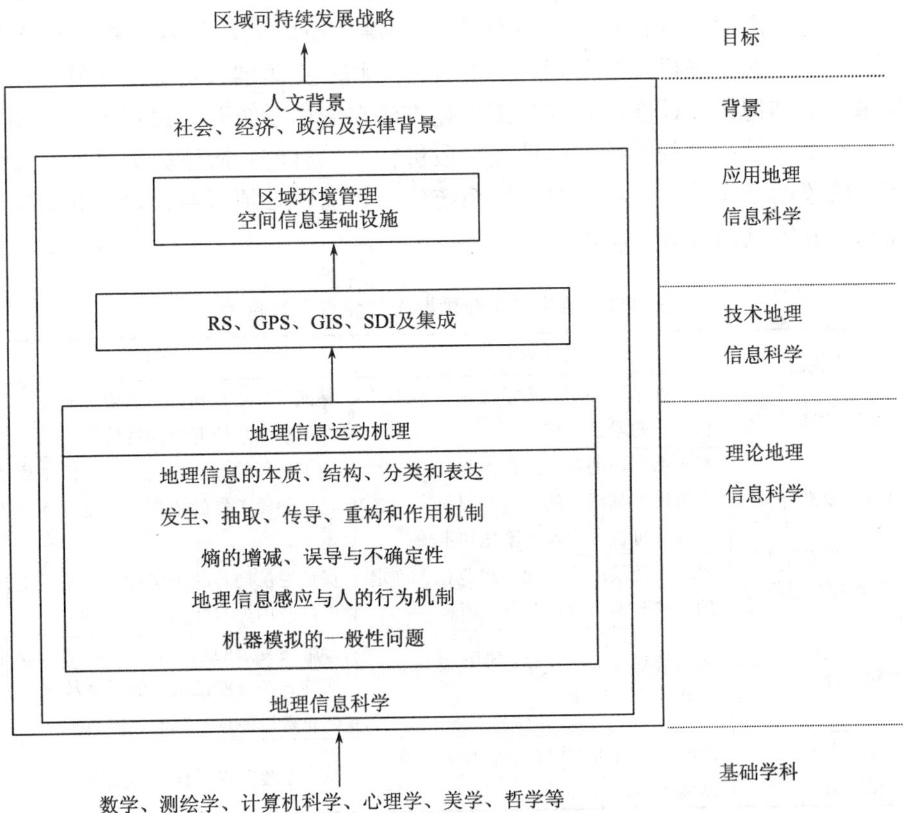

图2.2 地理信息科学的三个层次

RS、GPS、GIS、SDI分别表示遥感、全球定位系统、地理信息系统和空间数据基础设施

1）理论地理信息科学。其基础理论和核心内容包括：①地理信息的本质、结构、分类和表达；②地理信息的发生、抽取、传导、重构和作用机制；③地理信息运动过程中的熵增、熵减、误导和不确定性问题；④地理信息运动过程中人的感应与行为机制；⑤地理信息运动机器模拟的一般性问题等。

2）技术地理信息科学。技术系统是地理思维的物化和地理知识的载体，是地理信息运动机理研究的新的语言和手段。技术地理信息科学研究地理信息技术系统的开发、集成与使用，主要包括遥感、GPS、GIS 和空间信息基础设施等支撑技术的研究。

3）应用地理信息科学。主要包括资源与环境、经济和社会的区域战略规划与管理、空间信息基础设施的建设等。

第二节　结构化生命周期法

一、概　　述

二十世纪六七十年代，由于软件项目变得日益庞大，开发和维护也越发困难。美国一些大型飞机制造公司，如波音公司和麦克唐纳公司等由于软件项目庞大均采用了结构化设计方法，这是工程化方法在商用系统开发过程中的早期应用之一。它要求设计过程必须严格地按阶段进行，只有前一阶段完成之后，才能开始下一阶段的工作，同时，它要求在系统建立之前就必须严格地定义和描述用户的需求。其特点如表 2.2 所示。

表 2.2　结构化生命周期法的特点及其目的

特点	具体内容	目的
根据需求设计系统	要求在未明确用户需求之前，不得进行下一阶段的工作	保证工作质量和以后各阶段开发的正确性，减少系统开发的盲目性
严格按阶段进行	对生命周期的各个阶段严格划分，每个阶段有其明确的任务和目标，而各阶段又可被分为若干工作和步骤	便于计划管理和控制，前阶段工作成果是后阶段工作的依据，基础扎实，不易返工
文档标准化和规范化	要求文档采用标准化、规范化、确定的格式和术语以及图形、图表	保证通信内容的正确理解，使系统开发人员及用户有共同的语言
分解和综合	将系统划分为相互联系又相对独立的子系统直至模块	分解使复杂的系统简单化，便于设计和实施。综合使已实施的子系统成为完整的系统以体现系统的总体功能
强调阶段成果审定和检验	阶段成果需得到用户、管理人员和专家认可	减少系统开发工作中的隐患

结构化生命周期法的基本思想是将系统开发看作工程项目，有计划、有步骤

地进行工作，它认为虽然各种业务信息系统处理的具体内容不同，但所有系统开发过程都可以划分为六个主要阶段。

（1）系统开发准备阶段

当现行系统不能适应新形势的要求时，用户将提出开发新系统的要求。有关人员进行初步调查，然后组成专门的新系统开发领导小组，制定新系统开发的进度和计划，负责新系统开发中的一切工作。该阶段虽不属于系统分析与设计的正式工作阶段，却是不可缺少的。如果新系统开发采取外包方式，本阶段还要包括招投标过程。

（2）调查研究及可行性研究阶段

系统分析员采用各种方式进行调查研究，了解现行系统的界限、组织分工、业务流程、资源及薄弱环节等，绘制现行系统的相关图表。在此基础上，与用户协商方案，提出初步的新系统目标，并进行系统开发的可行性研究，提交可行性报告。

（3）系统分析阶段

系统分析阶段是新系统的逻辑设计阶段。系统分析是在对现行系统进行调查研究的基础上，使用一系列的图表工具进行系统的目标分析，划分子系统以及功能模块，构造出新系统的逻辑模型，确定其逻辑功能需求，交付新系统的逻辑功能说明书。系统分析也是新系统方案的优化过程，数据流程图是新系统逻辑模型的主要组成部分，它在逻辑上描述了新系统的功能、输入、输出和数据存储等，同时摆脱了所有的物理内容。

（4）系统设计阶段

系统设计阶段又称新系统的物理设计阶段。系统分析员根据新系统的逻辑模型进行物理模型的设计，并具体选择一个物理的计算机信息处理系统。这个阶段还要进行人-机过程的设计、代码设计、输入、输出、文件数据库设计及程序模块、通信网络设计等。系统设计的关键是模块化。

（5）系统实施阶段

系统实施是新系统付诸实现的实践阶段，主要是实现系统设计阶段所完成的新系统物理模型。为了保证程序和系统调试正常进行，首先要进行计算机系统设备的安装和调试工作，然后程序员根据程序模块进行程序的设计、代码编写和调试工作。为了帮助用户熟悉、使用新系统，系统分析人员还要对用户及操作人员进行培训，编制操作、使用手册和有关文档。

（6）维护和评价阶段

系统的维护和评价是系统生命周期的最后一个阶段，也是很重要的阶段，新系统是否有持久的生命力取决于此阶段的工作。信息系统是复杂的大系统，系统内、外部环境、各种人为和机器因素的影响要求系统能适应这种环境，不断地修改完善，这就需要进行系统维护，这期间修改的内容是多方面的，如系统处理过程、程序、文件、数据库甚至某些设备和组织的变动。

系统的评价，广义上贯穿于系统开发过程的始终，这里主要指系统开发后期的评价。旨在将建成的新系统与预期的目标做一比较，不同的指标综合体现为用户的满意程度——可接受性。

通过以上各阶段的工作，新系统代替老系统进入正常运行。但是系统的环境是不断变化的，要使系统能适应环境且具有生命力，必须经常进行小量的维护评价活动。当系统运行至一定的时间，再次不适应系统的总目标时，有关部门又提出新系统的开发要求，于是另一个新系统的生命周期开始了。

二、结构化生命周期法的类型划分

结构化生命周期法根据其系统开发思想的不同又可以划分为两种类型：一是自顶向下方法；一是自底向上方法。表 2.3 为两种类型的比较。

表 2.3 结构化生命周期法两种开发类型的比较

类别	自顶向下方法	自底向上方法
基本原理	与高层管理和业务流程相结合。系统需求或目标来自顶层，自上而下传导下去	由最终用户驱动，从系统业务现状出发，先实现初级功能，然后由低到高，逐步增加计划、控制、决策等功能，自下而上地实现系统总目标
阶段划分	首先定义需求；其次进行系统设计；然后进行编码和测试；最后各模块和系统集成，进入维护阶段	阶段划分不明确，本质上非结构化，开发前，应大体考虑子系统的划分及相互关系，并在各项目进行时经常协商和统一意见，弥补整体性的不足
优点	整体性好，各项目之间具有良好配合和衔接关系，方便系统集成，易于维护	用户是系统的积极参加者，强调用户工作流程，以完成特定功能，为用户服务；用户在开发过程中可标识变化，并看到哪些变化被系统采纳
缺点	对过程而非目标的过分强调易误导项目；开发规模过大；各用户过分关注自己的进度，常造成应用整体损失	整体性差，各子系统不易进行一体化集成，各项目缺乏配合，没考虑各项目的地位和作用，数据重复收集甚至矛盾，编码体系不同，代码自成体系

可以说，传统的两种结构化生命周期法存在互补的关系，一个的弱势正好是另一个的优势。将它们结合使用，无疑是比较好的软件开发方法。这种综合的软件开发方法应该遵循以下原则：①采用章法较严明的系统开发模式；②强调用户参与的重要性；③采用正式的审核和反馈机制；④避免组装线式的思维方法和将最终用户与系统彼此割据。这样才能比较好地建立一个实用的软件系统。

第三节 面向对象设计方法

由于微电子技术的迅速发展，使得计算机的更新成本不断下降，性能不断提高，用户也对信息系统提出了更复杂的功能需求。传统的系统设计方法（如结构化生命周期法）已不能很好地满足这些需求，人们转而寻求新的系统设计方法。面向对象方法的出现正好迎合这种需求，受到广泛的重视，并很快地渗透到与计算机有关的各个领域中。

一、概　述

1. 面向对象的概念和术语

将面向对象技术应用于GIS软件分析和设计，从而提出基于面向对象技术的GIS设计方法。采用该方法进行GIS软件开发必须先了解面向对象技术的三个基本的概念和术语：对象、类和继承（表2.4）。

表2.4 面向对象的主要概念和术语

主要概念的术语	定义	说明
对象	人们对世界上的事物的认识形成概念，这些概念使我们可以感知和推理世界上的事物，这些概念应用到的事物称为对象	对象可以是真实的或是抽象的，这取决于研究问题的目的，是面向对象方法的最基本元素
类	具有一致数据结构和行为（即操作）的对象抽象成类，它反映了与应用有关的重要性质，而忽略掉其他一些无关的内容	每个类都是个体对象可能的无限集合，每个对象都是其相应类的一个实例。类中的每一个实例均有各自的属性值，它们的属性名称和操作是相同的
继承	继承是对具有层次关系的类的属性和操作进行共享的一种机制，如在一个已有类的基础上加入若干新内容形成新类	继承可以减少设计和程序实现中的重复性。在面向对象的术语中，这个已存在的类被称为父类，使用继承由父类所定义的新类被称为子类

2. 面向对象分析与设计方法的特点

系统的分析与设计是为了解决人的抽象思维向计算机语言转化的问题，对于不同的目的，系统分析有不同的含义。当分析的目的实现时，那么，分析指的是这样一个过程，在此过程中，人们研究和理解所要实现的系统，并将研究结果以文档形式记录下来。

在面向对象分析与设计中，分析与设计采用的工具差异较小。人们采用相同的观点来考察事件，使用相同的对象层次图，在这个层次中，子类继承父类的属性和方法。面向对象的实现工具提供了支持分析所形成的模型的构造块。因此，使用面向对象的技术，分析与设计能自然转换，设计变得简单，而重点移到了分析阶段。面向对象的分析是分析系统中的对象和这些对象之间相互作用时出现的事件，以此把握系统的结构和系统的行为。面向对象的设计则将分析的结果映射到某种实现工具的结构上，这个实现工具可以是面向过程的，也可以是面向对象的。当实现工具是面向对象时，这个映射过程有着比较直接的一一对应关系，可以认为采用了相同的概念模型。

面向对象的开发方法促使软件开发按应用域的观点来工作和思考。因为应用域中的问题贯穿大部分软件工程开发生命周期，只有当应用域中的固有概念被识别、构造和理解清楚了，才能有效地设计系统的数据结构和功能。同时，由于使用相同的概念模拟工具，从分析到设计的转变非常自然。面向对象技术使分析者、设计者和程序员，特别是最终用户都使用相同的概念模型，同时，落实到编程上，也应使用面向对象的语言开发环境。但是，对于结构化设计方法，这种转变就没有这种自然性，因为结构化开发方法的实现基础是满足结构化的程序设计语言，这种语言抽象的基础是计算机的指令系统，而不像人的思维方式那样在语言中提供抽象机制。由于这种分析问题的方法与现实系统相差很大，人们必须借助于分析和设计这样一个过程来弥合两个世界（计算机世界和现实世界）的差异，这就导致在分析和设计中使用差异很大的工具。

二、面向对象设计方法

面向对象设计方法有多种，主要有面向对象建模技术（object-oriented modeling technique，OMT）和统一建模语言（unified modeling language，UML）。

1. OMT

OMT采用对象模型、动态模型和功能模型等来描述一个系统。用这种方法进行系统分析与设计所建立的系统模型在后期用面向对象的开发工具实现“转换过程”是很自然的。

（1）对象模型

对象模型描述的是系统的对象结构，是三种模型中最重要的模型。对象模型通过描述系统中的对象、对象间的关系、标识类中对象的属性和操作来组织对象的静态结构，它描述了动态模型和功能模型中的数据结构，其操作对应于动态模型中的事件及功能模型中的功能。通常，对象模型用含有对象类的对象图（对E-R模型的扩充）来表示，这种表示方法有利于GIS设计者们的通信交流和对系统结构进行文档化。

（2）动态模型

动态模型描述与时间和操作顺序有关的系统属性。动态模型是对象模型的一个对照，它表示与时间和变化有关的性质，描述对象的控制结构。动态建模的主要概念是事件，它表示外部触发，它的状态表示对象值。动态模型关心“控制”，“控制”是用来描述操作执行次序的系统属性。通常，动态模型用状态图来表示，一张状态图表示一个类的对象的状态和事件的正确次序。

(3) 功能模型

功能模型描述了系统中所有的计算，它描述了由对象模型中的对象唤醒和由动态模型中的行为唤醒的功能。功能模型只考虑系统做什么，而不关心怎样做和何时做，它描述了一个计算运行的结果，而不考虑计算值的次序。通常，功能模型的描述工具是数据流图，数据流图说明数据流如何从外部输入经过操作而输出到外部。

OMT 是一种围绕着真实世界中的概念，从二种不同的角度建立系统的面向对象模型的技术。OMT 主要有两个特点：一是使用领域专家或用户熟悉的概念和术语，有助于对问题的理解和与用户的通信交流；二是对应用域的对象和计算机域中的对象使用一致的面向对象的概念和表示法来建模、设计和实现，不必在各阶段进行概念转换，因而方便了开发工作。

OMT 通过表 2.5 所示的步骤对应用域建模，并在系统设计阶段对模型增加实现细节。

表 2.5　OMT 建模步骤

步骤	内容	目标
系统分析	从问题陈述入手，与用户一起工作，以理解问题要求，主要包括对象建模、动态建模、功能建模等内容	简洁明确地抽象出目标系统必须做的事情，对真实世界建模
系统总体设计	系统总体设计是问题求解及建立解答的高级策略，其内容包括将系统分解为子系统的策略、子系统的软硬件配置、详细的设计框架等	决定系统的整体风格；使多个设计者能独立地进行子系统设计；确定需优化的性能，选择问题处理的策略和初步配置资源
系统详细设计	详细设计强调数据结构和实现类所需的算法。在分析模型的类中增加计算机化的数据结构和算法，并使用统一的面向对象的概念和符号表示法来表达	在分析的基础上，对设计模型加入一些实现上的考虑，将系统设计中的一些实现细节加入到设计模型中
软件编程	使用具体的程序设计语言、数据库或硬件来实现对象设计中的对象和关联	实现系统

2. UML

面向对象的分析与设计（Object-oriented Analysis and Design，OOA&D）方法的发展在 20 世纪 80 年代末至 90 年代中期出现了一个高潮，统一建模语言是这个高潮的产物。Booch 是面向对象方法最早的倡导者之一，他提出了面向对象软件工程的概念，于 1991 年建立 Booch93。而 Rumbaugh 等则提出了面向对象的建模技术方法，采用了面向对象的概念，并引入各种独立于语言的表示符，建立了 OMT-2，它特别适用于分析和描述以数据为中心的信息系统。同时，Jacobson

于1994年提出了OOSE方法，其最大特点是面向用例（Use-Case），并在用例的描述中引入了外部角色的概念。

1994年10月，Grady Booch和Jim Rumbaugh开始致力于统一建模语言。它不仅统一了Booch、Rumbaugh和Jacobson的表示方法，而且对其作了进一步的发展，并最终统一为大众所接受的标准建模语言，它是软件工程领域最重要的、具有划时代意义的成果之一。他们首先将Booch93和OMT-2统一起来，并于1995年10月发布了第一个公开版本，称之为统一方法UM0.8（Unified Method）。1996年，为了进行方法学领域的研究和标准化工作，成立了OMG工作组。1997年1月，许多组织提交了关于方法学标准的提案以协助模型的转换，这些提案主要集中在元模型和表示方法方面。通过协调，UML1.1在1997年底发布，得到工业界的广泛支持，被OMG正式接纳成为标准。

UML是一个通用的标准建模语言，可以对任何具有静态结构和动态行为的系统进行建模，而且，UML适用于系统开发过程中从需求规格描述到系统完成后测试的不同阶段。

在需求分析阶段，通过用例来捕获用户需求，并采用用例建模，来描述对系统感兴趣的外部角色及其对系统（用例）的功能要求。在系统分析阶段，主要关心问题域中的主要概念（如抽象、类和对象等）和机制，需要识别这些类以及它们相互间的关系，并用UML类图来描述。为实现用例，类之间需要协作，这可以用UML动态模型来描述。但是，在分析阶段，只对问题域的对象（现实世界的概念）建模，而不考虑定义软件系统中技术细节的类（如处理用户接口、数据库、通信和并行性等问题的类），这些技术细节将在设计阶段引入。在设计阶段为构造阶段提供更详细的规格说明。编程（构造）是一个独立的阶段，其任务是用面向对象编程语言将来自设计阶段的类转换成实际的代码。

但是，在用UML建立分析和设计模型时，应尽量避免把模型转换成某种特定的编程语言。因为在早期阶段，模型仅仅是理解和分析系统结构的工具，过早考虑编码问题不利于建立简单正确的模型。

UML模型还可作为测试阶段的依据。系统通常需要经过单元测试、集成测试、系统测试和验收测试。不同的测试小组使用不同的UML图作为测试依据。例如，单元测试使用类图和类规格说明；集成测试使用部件图和合作图；系统测试使用用例图来验证系统的行为；验收测试由用户进行，以验证系统测试的结果是否满足在分析阶段确定的需求。

采用UML模型进行系统的分析和设计具有以下优点：①在面向对象设计领域，存在数十种面向对象的建模语言，都是相互独立的，而UML可以消除一些潜在的不必要的差异，以免用户混淆；②通过统一语义和符号表示，能够稳定面向对象技术市场，使项目根植于一个成熟的标准建模语言，从而可以大大拓宽所研制与开发的软件系统的适用范围，并大大提高其灵活程度。

三、面向对象方法在系统设计开发中的应用

在对象建模技术方法学的支持下，采用UML统一建模语言，能完成对象化软件可视模型的建立，并能自动生成多种面向对象语言实现的代码。这样可以提高整体开发效率，同时还可以支持项目的协同开发，有利于保障软件系统的质量和可靠性。而且，大型软件系统开发工作量大、人员多、周期长，即使采用了面向对象的开发方法，如果没有自动化工具提供支持，开发队伍的效率依然很低，极易造成延期。如果采用软件自动化管理工具，就可以提供一整套针对大型开发队伍的自动化手段，使开发小组能按照面向对象方法顺畅地完成项目开发，既提高了效率又保证了质量。下面以美国Cayenne公司的对象建模工具ObjectTeam为例，阐述使用面向对象方法进行系统分析、设计开发的策略。

1）采用面向对象方法，开发人员容易过早地进入细节设计，因而也常常需要返工，造成浪费。通过明确划分软件开发生命周期的各个阶段（用户可定制生命周期的阶段，通常可划分为系统分析、系统设计、对象设计和编码实现四个阶段），并采用统一的标号和法则简化各阶段内部的活动，从而可以把返工量减至最少，保证开发过程真正符合面向对象的规律，使得每一阶段都是基于前一阶段的开发成果迭代完成的。

2）在大型软件系统的开发中，由于对象模型的数目众多且关系复杂，使开发组成员难以对系统有共同的理解。针对这一问题的一种解决方法是在具体的对象模型之上，建立抽象信息层，将相关联的类分成容易理解的几个组，形成有逻辑关系的多个子系统，便于项目组成员协同有序地完成开发。

3）由于系统内部各子系统间的信息交换以及与系统外部的信息交换量都十分巨大，为了清晰地定义和管理这些复杂的交换信息，可以用文档、类通信图及Use Case图来定义系统边界和建模。随着应用软件中对象数目和复杂度的增加，对象间的消息传递也变得难于理解和掌握了。通过采用消息综合的抽象技术，把传递的消息分层定义，通过简化细节，可以得到容易理解的高层次消息综合图。

利用ObjectTeam进行系统分析设计，可以建立多用户中央信息库，使项目组成员既可以随时浏览相关人员的最新数据资料及设计思路，在项目资料完整性和安全性的保障下，安全地添加、删改自己负责的设计，又可利用强大的配置管理能力保证软件项目开发能够正确有序地进行。同时，利用ObjectTeam能够对整个项目乃至具体的某个对象进行全面版本控制，可以任选不同的版本组合成新的软件配置，这就提高了开发人员间信息交流的效率和质量。在面向对象的设计开发中，通过自动检查机制和文档自动化的使用，软件人员

可以只专注于系统开发。例如，ObjectTeam 的自动文档功能，能够产生符合上百种标准的软件文档，用户也可以定制自己的文档格式，自动产生反映最新项目信息的全套软件文档。

第四节 原 型 法

一、概 述

在早期的信息系统开发中，由于信息系统的规模有限，用户对这些系统的工作方式大都比较了解。因此，可以在开发初期就对系统的功能进行解剖、分析、深入了解，进而设计出满足用户要求的系统来，而且，这些系统一经完成，往往不需要有很大的变动。因此多采用结构化生命周期法进行系统开发。但是，随着计算机工业的飞速发展，软件开发规模不断膨胀，出现了许多新的情况和新的要求，集中表现在以下四个方面。

1）微型计算机日益普及。以前，只有实力雄厚的大公司才能够买得起计算机，付得起信息系统开发维护的费用，而现在绝大多数公司，甚至个人都有能力购买计算机。同时，软件费用在整个信息系统开发费用中的比例迅速上升，已大大超过硬件的价格。采用传统的开发方法，耗时多、人员广、费用大，因而给开发工作带来了很大困难。

2）应用需求变化加快。在全球化的今天，企业间竞争日益激烈，企业的发展战略不断调整，企业的规模也在不断的变化，很多公司的结构向着小型、灵活的方向发展。不断地缩短开发周期，提高质量，是对信息系统开发提出的更高要求。

3）社会化 GIS 的发展趋势。GIS 在信息化建设过程中发挥着重要作用，面向社会大众的 GIS 更呈现出丰富多彩的形式和动态性，这些众多的并且变化着的 GIS 应用需求不可能在最初就确定下来。如果采用结构化生命周期法，手续太繁杂，周期太长，费用太高，可能无法完成，即使经过努力得以完成，系统的建成之日也可能是它的淘汰之时。

4）螺旋型模型被要求。用户需求的多变被认为是预先定义方法（如结构化生命周期法）实施中的最大困难，因为它把用户需求在早期就加以冻结。而原型化方法则相反，它认为需求的反复和多变是一种正常现象，是不可避免的，应该鼓励用户对需求提出更多、更高的要求。原型法使未来系统提供的信息真正的满足管理和决策的需要，而快速修改工具是实现上述要求的技术保证。

原型法的工作方法：开发人员在初步了解用户需求的基础上构造一个应用系统模型，即原型，用户和开发人员在此基础上共同反复探讨和完善原型，直到用户满意为止。

原型法开发信息系统包括以下几个阶段。

1）确定用户的基本需求。在这一阶段中，用户根据系统的特点清楚地表达自己的基本需求，即应该具备的一些基本功能，用户界面的基本形式等。系统分析开发人员据此来确定系统的规模及基本框架，判断系统需要的数据能否得到，同时应估算出开发原型的成本。

2）开发初始原型。开发初始原型仅反映用户的基本需求，并不要求完善。开发初始原型的目的是快速建立一个满足用户基本需求的交互式系统，并且能够按照用户的要求不断修改。系统分析设计人员应使用一些可视化开发工具和高层次的开发语言来建立系统原型，帮助修正系统设计的内容。

3）利用原型来提炼用户需求。系统原型是开发人员和用户就系统设计的构思进行对话的桥梁。利用原型来提炼用户需求的阶段是整个开发过程的关键，用户通过亲自使用原型，从而了解其需求得到的满足程度以及存在的问题。开发人员一方面记录下用户提出的该系统的缺点和不足之处，另一方面也要借助原型系统引导、启发用户表达对系统的最终要求，在用户和开发人员共同反复讨论过程中进一步提炼用户需求以及需要修改和变动之处。

4）修正和改进原型。开发人员根据第三阶段中用户提出的修改意见或发现的问题，对初始原型系统进行修改、扩充和完善。这是一个多次反复的过程，直到用户满意为止。如果用户满意，则修改过的原型成为一个运行原型，运行原型可能成为一个新的应用系统，也可能作为应用系统开发的基础。如果用户不满意，则进一步修改增强原型，直至用户满意为止。

以结构化生命周期法为代表的预先定义式系统开发方法和原型化开发方法，虽然在指导思想和具体做法上均有很大不同，但它们并不相互排斥，在实践中它们是可以相互补充的。例如，可以把应用原型法作为预先定义方法的一种需求定义的策略，用来弥补预先定义方法在需求定义阶段存在的或会产生的缺陷，一旦需求完全清楚，就有可能完全采用严格的结构化方法。

二、原型的种类及构造方法

原型从本质上可分为两种类型：丢弃型原型和进化型原型。从应用目的和场合出发又可分为三种类型：研究型原型、试验型原型和进化型原型。其中，研究型和试验型原型被认为是丢弃型，因为当真正的系统实现后，这些原型就会被丢弃；在进化型原型中，原型将进化成最终产品，实际上，原型已变成了最终系统。这些原型种类的开发方法中都使用了现代化软件工具来快速建立原型系统。

原型构造方法相应地分为研究型原型构造方法、试验型原型构造方法、进化型原型构造方法等，三者的比较如表 2.6 所示。

表 2.6 三种原型构造方法的比较

比较项目＼方法	研究型原型构造方法	试验型原型构造方法	进化型原型构造方法
原理	通过实际演示，促进用户对系统功能的理解，并激发用户的创造性	计算机解决用户问题的方法通过试验评审；其细节取决于试验的本质和所选择试验的策略	采用近似问题解表达系统，使初始原型成为进化型原型的核心
特点	开发人员不能把精力集中在解决某一特定的方案上，而要和用户一起研究各种方案的长处	本质上是最终系统的一种强化描述工具，用来补充用户需求；是介于描述和实现的一个中间阶段	按照基本需求开发出一个系统，使用户先使用起来，随时有问题随时修改
适用范围	适用于没有任何常规需求分析能满意地识别和确认用户真正需求的情况，常用于需求定义和功能分析阶段	适用于系统开发的各阶段；还可用于决定所建议系统性能的可行性，以及当资源受到限制时给定问题解决方案的灵活性	适用于系统运行环境不断变化导致用户需求也不断变化的情况

其中，研究型原型构造方法，总的来讲，没有什么规范的形式，关于如何进行也没有严格的规律。正是这种不定性，使这种方法更具有创造力。尽管研究型原型构造是非正规化的过程，但是开发人员应该意识到用户对开发系统的期望将受到原型的影响。

试验原型构造方法又分成几种不同的类型：①人机交互界面仿真原型。向用户提供所设想的用户界面，这种原型常常能以窗口、对话框和菜单等形式出现在最终的系统中。在这种仿真类型中，用户看到的是和真实系统相似的系统，在原型背后可能根本没有真正的数据，而是只对输入作一些验证。②轮廓仿真原型。它试图去建立最终系统的总体结构，基于一些基本的系统功能，目标是设计出整个系统。但该原型实现的仅仅是缩小的功能范围，用于测试最终系统的特性，测试一种规定的算法是否在给定应用系统中有满意解，以及这种算法是否使用了所设想的资源量。③全局功能仿真原型。它是建立在含有最终系统所有功能的原型系统基础上，常常采用可视化编程语言构造功能上的原型。在构造这种原型时，寻求的是实现和修改过程中的方便性，而不是最终系统所需要的效率。

进化型原型构造方法可以分成以下两种系统开发形式：①递增式系统开发。它用于解决需要集成的复杂系统的设计问题。根据这种思想，递增式原型的开发过程分为总体设计和反复进行的功能模块实现两个阶段。前一阶段提出系统总体框架，也就是说，确定系统应该完成什么功能，分为几个部分，各部分又有几个模块等内容；在后一阶段一个一个地完善这些模块，从而实现整个系统。②进化式系统开发。它的过程是把系统开发看成一种周期过程，从设计到实现、再到评估，反复进行，是一个螺旋上升的过程。系统的开发人员和用户都必须不断地进行学习，使得对于系统的认识不断加深，完成系统的开发。但是，由于它没有经过完备的开发和检测，转换的关键问题没有很好的参考资料，所以项目使用这种方法有不能完成的风险。

第五节　GIS基本设计方法比较与选择

一、基本设计方法比较

结构化生命周期法规定了软件开发过程中的各项工程活动，一般包括可行性分析、需求分析、总体设计、详细设计、编码及测试六项活动，并规定了它们自上而下，相互衔接的固定次序，前一阶段的成果是后一阶段工作开展的基础。这种开发方法为软件开发提供了一个较为成熟和完善的管理模式，而且直观易学。其最大的不足是缺乏灵活性，尤其是在软件需求不明确或不准确的情况下，问题更为突出；其次还有修改困难、难以维护和软件模块重用性差等缺点。

面向对象技术将客观世界（即问题论域）看成是由一些相互联系的事物（即对象）组成，每个对象都有自己的运动规律和内部状态，对象间的相互作用和相互联系构成了完整的客观世界，问题的解由对象间的通信来描述。面向对象设计方法包括分析阶段、高层设计、类的开发、实例的建立、组装测试几个阶段。表2.7为三种GIS基本设计方法的比较。

原型法的主要思想是借助原型（即所开发软件的一个早期可运行版本，它反映了最终系统的部分重要特性）来辅助软件开发。在开发初期，开发人员根据自己对用户需求的理解，利用开发工具快速构造出原型软件，用户及开发人员通过对原型软件的试运行、评价、修正和改进，逐步明确对软件的功能需求以进行正式开发或者直接把原型扩充成最终产品。这种开发方法的优点是增进了开发人员和用户对系统功能需求的理解，为用户提供了一种有力的学习手段，能有效地保证最终产品质量，尤其是可以大大提高用户接受性。但是，采用原型法进行软件开发，软件原型是否具有代表性直接影响到软件开发的成功与否。

表2.7　三种GIS基本设计方法的比较

特性 \ 设计方法	结构化生命周期法	面向对象设计方法	原型法
开发思想	划分为六个阶段，并规定它们自上而下，相互衔接的固定次序	将客观世界看成相互联系的事物（即对象）组成，以对象为单元进行设计开发	借助原型（它反映了最终系统的部分重要特性）来辅助软件开发
开发过程	线性、固定次序	线性、迭代性和无间隙性	简单到复杂、部分到全面

续表

设计方法 特性	结构化生命周期法	面向对象设计方法	原型法
开发模式	整体开发模式；下一阶段开始前完成上一阶段所有细节	非整体开发模式，分析阶段由底向上提取对象，实现阶段自顶向下建立对象	非整体开发模式；推迟某些阶段的细节工作，从而较早产生工作软件
驱动机制	文档驱动	以对象作为驱动	需求的可变性和模糊性
可见性	开发过程系统不可见	开发过程系统不可见	通过试用原型进行沟通
优点	是一种较为成熟和完善的管理模式，整体性好	与人类思维方法一致，便于描述客观世界；开发的软件性能稳定、易于重用和维护	具有一定灵活性和可修改性；增进了开发人员和用户对系统需求的理解
缺点	缺乏灵活性；难修改和维护；模块重用性差；开发周期长	对象和实体设计存在盲目性；对象间的消息传递不能完整体现系统总体功能；系统结构性较差	整体性差；由于不断地对原型进行修改完善，工作的重复率高，工作量大
适用性	功能和性能明确完整、无重大变化的软件开发	数据结构复杂、事物联系密切的软件开发	需求不明确，设计方案有一定风险的中小型软件开发

二、GIS设计方法的选择

必须根据GIS软件设计的特点，选择合适的设计方法进行软件设计。

传统的GIS分析设计方法是结构化生命周期法，根据上文对几种基本设计方法的比较，可以知道结构化生命周期法具有较为成熟和完善，整体性好等特点，是较为常用的GIS软件设计方法。但是结构化生命周期法缺乏灵活性、开发周期长，且对系统需求要求较高，而在实际的GIS设计过程中，系统的需求是在系统设计过程中逐步明确的，因此，采用结构化生命周期法进行GIS设计开发往往会出现重复性劳动、开发周期长、用户的接受度低等问题。

为了解决系统需求不确定性的问题，开始将原型法应用于GIS设计，采用原型法确定系统的需求。采用原型法进行GIS设计也有其不足，就是系统的整体性差，重复劳动多。因此，在实际的系统开发过程中，原型法常用于小型GIS软件设计，而在大型GIS软件设计中，采用原型法与其他软件设计方法相结合来进行软件设计，其中，原型法主要用来确定系统的需求。通常，采用原型法进行软件设计有两种方式：一种是抛弃型原型法，设计原型确定系统需求，抛弃原型，从头开始系统的设计开发；另一种则是设计原型来验证需求，在此基础上根据用户意见对原型进行修改，将原型逐步完善成为成熟系统。

面向对象技术发展起来后，考虑到 GIS 所处理的空间数据是现实世界实体的反映，采用面向对象技术进行实体的表达和系统的开发，与人类思维方法一致，便于描述客观世界，开发的软件性能稳定、易于重用和维护。因此，面向对象设计方法在 GIS 设计中具有很大的优势，但是在 GIS 领域中的应用，面向对象设计方法目前仍不成熟并有待完善。

综上所述，考虑到 GIS 应用的特点以及 GIS 应用的多样化，想要找到一种适用于所有 GIS 软件开发的设计方法几乎是不可能的，进行 GIS 设计方法的选择需要考虑多方面的因素，包括系统规模的大小、系统应用类型、系统需求明确程度等。通常，小型 GIS 软件设计常采用原型法进行开发，而大型 GIS 软件设计多采用结构化生命周期法或是面向对象方法进行开发。考虑到 GIS 设计需求不确定性特点，通常也在需求分析阶段应用原型法来确认用户需求。

思 考 题

1. GIS 作为一个特殊的软件领域，其设计过程有哪些区别于其他软件设计的独有特点？
2. 作为 GIS 设计基础的 GIS 工程学的主要任务、理论基础和内容分别是什么？
3. 根据 GIS 工程学思想开展的 GIS 设计，其基本原则和工作内容分别是什么？
4. 试从设计重心、数据库建设和设计方法等三个方面，比较 GIS 设计与一般信息系统设计的区别。
5. GIS 规范化和标准化在 GIS 产业化和社会化过程中的作用是什么？其具体内容主要体现在哪些方面？
6. GIS 数据标准包含哪些方面？各个方面的主要内容是什么？

参 考 文 献

陈世鸿，朱福喜，黄水松，等. 2000. 软件工程原理及应用. 武汉：武汉大学出版社.
陈述彭，鲁学军，周成虎. 1999. 地理信息系统导论. 北京：科学出版社.
黄杏元，汤勤. 1989. 地理信息系统概论. 北京：高等教育出版社.
邝孔武，王晓敏. 1999. 信息系统分析与设计. 北京：清华大学出版社.
李满春，陈丙咸. 1992. 荆江河道变迁信息系统研究. 南京大学学报（自然科学版），28（3）：452-458.
梁启章. 1995. GIS 和计算机制图. 北京：科学出版社.
毛峰，孙大路，毕硕本. 2000. 模块化地理信息系统环境——MGE 基础. 北京：科学出版社.
齐治昌，谭庆平，宁洪. 2000. 软件工程. 北京：高等教育出版社.
邵全琴. 2001. 海洋渔业地理信息系统研究与应用. 北京：科学出版社.
史济民. 1990. 软件工程原理、方法与应用. 北京：高等教育出版社.
史美林，向勇，杨光信. 2000. 计算机支持的协同工作理论与应用. 北京：电子工业出版社.
邬伦，刘瑜，张晶，等. 2001. 地理信息系统——原理、方法和应用. 北京：科学出版社.
邬伦，张晶，赵伟. 2002. 地理信息系统. 北京：电子工业出版社.
吴信才. 2002. 地理信息系统设计与实现. 北京：电子工业出版社.
张永生. 2000. 遥感图像信息系统. 北京：科学出版社.

周之英. 2000. 现代软件工程（中）——基本方法篇. 北京：科学出版社.

朱光，季晓燕，戎兵. 1997. 地理信息系统基本原理及应用. 北京：测绘出版社.

Borges，Davis K A V，Laender C A，et al. 2001. OMT-G：an object-oriented data model for geographic applications . GeoInformatica，5 (3)：221-260.

Braude E J. 2001. Software Engineering. New York：John Wiley & Sons.

Bruegge B，Dutoit A H. 2000. Object-Oriented Software Engineering. Upper Saddle River：Prentice Hall.

Charette R N. 1989. Software Engineering Risk Analysis and Management. New York：Intertext Publications.

Hussmann H. 1997. Formal Foundations for Software Engineering Methods. Berlin：Springer.

Leblanc P. 1997. OMT and SDL based techniques and tools for design，simulation and test production of distributed systems. International Journal on Software Tools for Technology Transfer，(1)：1-2.

Leong-Hong B W，Plagman B K. 1982. Data Dictionary Directory Systems. New York：John Wiley&Sons.

Lyon J G. 2003. GIS for Water Resources and Watershed Management. London：Taylor & Francis.

Schach S R. 1999. Classical and Object-Oriented Software Engineering with UML and C++. 北京：世界图书出版公司.

Seemann J，Gudenberg J W. 1999. UML-Unified Modeling Language. Informatik-Spektrum，2 (21)：75-88.

Stevens P，Pooley R. 1999. Using UML. New York：Addison-Wesley.

Wooldridge M J，Weiss G，Ciancarini P. 2002. Agent-Oriented Software Engineering II. Berlin：Springer.

Yourdon E，Argila C. 1998. 实用面向对象软件工程教程. 殷人昆，田金兰，马晓勤译. 北京：电子工业出版社.

第三章 系统定义

在软件工程中，软件过程是为了获得高质量软件所需要完成的一系列任务的框架，它规定了完成各项任务的工作步骤。ISO9000 把“过程”定义为“把输入转化为输出的一组彼此相关的资源和活动”。软件过程主要可以分为软件定义、软件设计和软件维护三个时期，每个时期又可进一步划分为若干个阶段。

从 GIS 的特点来看，GIS 软件工程具有一般软件工程所具有的共性，又存在其自身的特殊性。在一个具体 GIS 的开发建设过程中，需要领导阶层、技术人员、数据拥有单位、各用户单位与开发单位的协调合作；涉及项目立项、系统调查、系统分析、系统设计、系统开发和维护诸多阶段的逐步建设；需要进行资金调拨、人员配置、开发进度控制等许多方面的组织与管理。根据系统定义时期的主要任务，结合 GIS 设计的特点，本章对 GIS 系统定义进行论述。

第一节 系统定义的目标与任务

系统定义阶段必须明确的最关键问题是“系统要解决的问题是什么”，也就是明确系统建设的目标与任务，具体而言，包括系统在功能上要满足什么样的需求，在性能上要达到什么样的指标，在运行中需要什么样的环境，以及在数据上需要什么样的组织。

系统定义的基本任务如下。

1）功能需求。明确所开发的软件必须具备什么样的功能。

2）性能需求。明确待开发的软件的技术性能指标。

3）环境需求。明确软件运行时所需要的软、硬件的要求。

4）数据需求。在空间数据库设计中详细叙述。

系统定义时期的主要任务是确定软件开发工程必须完成的总目标以及工程的可行性；导出实现工程目标应该采用的策略即系统必须完成的功能；估计完成该项工程需要的资源和成本；制定工程进度表；最后编写系统需求分析报告。这个时期的工作通常又称为系统分析，由系统分析员负责完成。

第二节 系统定义工具

一、结构化系统定义工具

在进行系统需求调查的基础上，通过对调查结果的分析，需要利用统一的表达方法和表达工具对系统需求进行分析和表达，作为系统设计的基础。进行系统分析的方法很多，包括上文介绍的结构化分析方法、面向对象分析方法等。不同的系统分析方法所采用的分析工具有很大的差异，所得到的系统功能划分、结构体系以及数据模型等成果的表达方式也有很大不同。本节以结构化分析方法为例介绍系统分析工具。

由于软件总是对数据进行加工，因此从原则上讲，可以用数据流方法来分析任意一种应用问题，GIS系统也不例外。GIS结构化分析是面向GIS数据流而进行的需求分析过程，它采用GIS数据流模型（GIS数据流图）来模拟GIS数据处理过程。具体地讲，就是用抽象模型的概念，按照GIS软件内部数据传递、数据变换等关系，将GIS系统自顶向下逐层分解，直至找到满足GIS功能要求的实现为止。

GIS结构化分析常用的分析工具主要有数据流模型（数据流图）、数据字典以及对数据流进行描述的加工逻辑说明。GIS数据流图是GIS结构化分析的核心部分，它通过一套分层次（由综合到具体）的GIS数据流图，辅以GIS数据字典、小说明工具来描述GIS系统。

（一）GIS数据流模型

GIS数据流模型是GIS软件系统逻辑模型的一种图形表示，它描述了GIS数据流动、存储、处理等逻辑关系，一般采用数据流图（data flow diagram，DFD）来表示。

1. 数据流图的基本成分

如表3.1所示，GIS数据流图的基本成分包括加工、外部实体、数据流和数据存储文件。

表3.1　GIS数据流图的基本成分

名称	图形	备注
加工	⬭	输入数据在此进行变换产生输出数据，要注明加工的名字
外部实体	▭	数据输入的源点或数据输出的汇点，要注明源点和汇点的名字
数据流	⟶	被加工的数据与流向，应给出数据流名字，可用名词或动词性短语命名
数据存储文件	═ 或 | 标识 | 名字	需用名词或名词性短语命名

2. 分层的 GIS 数据流图

对于大型的 GIS 软件系统，如果只用一张数据流图表示所有的数据流、处理和数据存储，那么这张图将十分复杂、庞大，而且难于理解。层次结构的数据流图可以很好地解决这个问题。分层的数据流图起到了对信息进行抽象和隐秘的作用。由于高层次的数据流图不体现低层次的数据流图的细节，因此可暂时掩盖低层次数据处理的功能和它们之间的关系。

我们按分层的思想将 GIS 数据流图划分为顶层 DFD、中间层 DFD、底层 DFD 三种。顶层数据流图的结构简单，它描述了整个 GIS 系统的作用范围，对 GIS 系统的总体功能、输入和输出进行了抽象，反映了 GIS 系统和环境的关系。中间层数据流图是通过分解高层数据流和数据加工得到的。层次较高的数据流图经过进一步分解得到层次较低的数据流图，一张中间层数据流图具有几个可分解的加工，就存在几张对应的低层次的数据流图（图 3.1）。高层次的数据流图是相对应的低层次图的抽象表示，而低层次的数据流图表现了它相应的有关数据处理的细节。

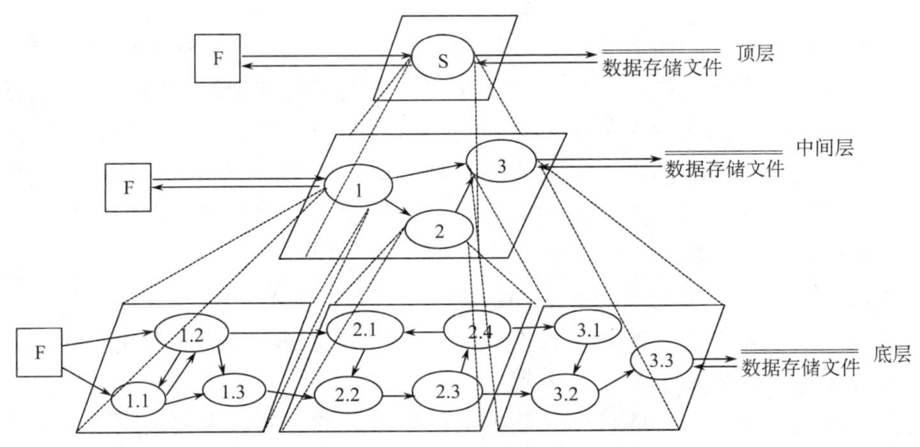

图 3.1　数据流图的层次关系图

3. 如何绘制 GIS 数据流图

绘制 GIS 数据流图的基本步骤概括地讲就是自外向内、自顶向下、逐层细化、逐步求精。其绘制流程如图 3.2 所示。

（二）GIS 数据字典

数据字典（data dictionary，DD）是关于数据信息的集合。它是数据流图中所有要素严格定义的场所，这些要素包括数据流、数据流的组成、文件、加工小说明及其他应进入字典的一切数据，其中，每个要素对应数据字典中的一个条目。

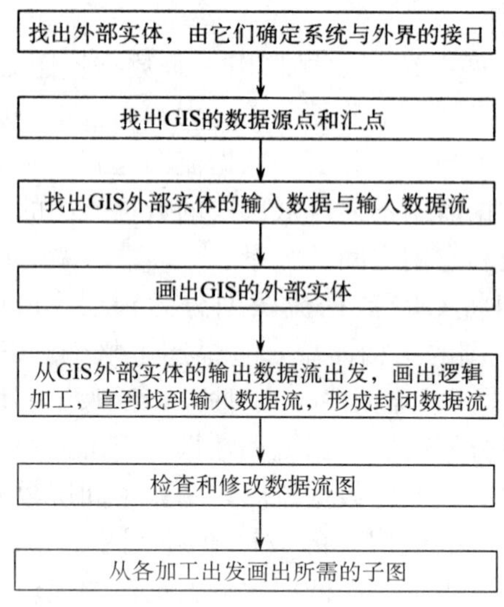

图 3.2　GIS 数据流图绘制流程

数据字典最重要的用途是作为分析阶段的工具。在数据字典中建立严格一致的定义有助于增进分析员和用户之间的交流，从而避免许多误解的发生。数据字典也有助于增进不同开发人员或不同开发小组之间的交流。同样，将数据流图和数据流图中的每个要素的精确定义放在一起，就构成了系统的、完整的系统规格说明。数据字典和数据流图一起构成信息系统的逻辑模型。没有数据字典，数据流图就不严格；没有数据流图，数据字典也没有作用。

实现数据字典的常见方法有三种：全人工过程、全自动过程和混合过程。全自动过程一般依赖数据字典处理软件。混合过程是指利用已有的使用程序（如正文编辑程序、报告生成程序等）来辅助人工过程。

GIS 数据字典的任务是对 GIS 数据流图中出现的所有被命名的图形要素在数据字典中作为一个词条加以定义，使得每一个图形要素的名字都有一个确切的解释。因此，GIS 数据字典中所有的定义必须是严密的、精确的，不可有半点含糊，不可有二义性。GIS 数据字典的主要内容包括数据流图中每个图形要素的名字、别名或编号、分类、描述、定义、位置等。表 3.2 列出 GIS 数据字典中四个不同词条应给出的内容。

通过建立 GIS 数据字典，在 GIS 分析过程中，就可以通过名字方便地查阅数据的定义；也可以按各种要求，列出各种表格供分析员使用；还可以按描述内容或定义来查询数据的名字；甚至可以通过检查各个加工的逻辑功能，实现和检查数据与程序之间的一致性和完整性。从以后的设计、实现到维护阶段，都需要参考数据字典进行设计、修改和查询。

表 3.2　GIS 数据字典中四个词条的定义及其内容

类别	描述	词条内容	注释
数据流	是 GIS 数据结构在系统内传播的途径	数据流名；说明；数据流来源；数据流去向；数据流组成；每个数据流的流通量	"说明"用来简要介绍数据流产生的原因和结果；"数据流组成"是介绍数据结构
数据要素	构成数据流图的数据结构，是数据处理的最小单位	数据要素名；类型；长度；取值范围；相关的数据要素及数据结构	"类型"可以分为数字（离散值，连续值），文字（编码类型）等
数据文件	保存数据结构	数据文件名；简述；输入数据；输出数据；数据文件组成；存储方式；存取频率	"简述"介绍文件中存放的是什么数据；"存储方式"包括顺序、随机、索引等几种
加工逻辑	加工比较复杂，到后来就是一段程序	加工名；加工编号；简要描述；输入数据流；输出数据流；加工逻辑	"加工编号"反映该加工的层次；"简要描述"是对加工逻辑及功能简述；"加工逻辑"介绍加工程序和加工顺序

（三）加工逻辑说明

在分层的 GIS 数据流图中，子图及数据流、文件等都说明了父图的加工，实际上就是给出了定义。但最底层的数据流图中的加工不能通过子图做进一步的描述，所以必须有一个加工小说明来定义底层数据流图中的加工。

加工逻辑说明应精确地描述一个加工做什么，包括加工的激发条件、加工逻辑、优先级别、执行频率、出错处理等细节，其中最基本的部分是加工逻辑。加工逻辑是指用户对这个加工的逻辑要求，即加工的输入数据流与输出数据流之间的逻辑关系。特别应注意，分析阶段的任务是理解和表达用户的要求，而不是具体考虑系统如何实现，所以对加工应说明做什么，而不是用程序设计语言来描述具体的加工过程，即加工逻辑说明的重点是描述加工实现的策略而不是加工实现的细节。

目前用于表达加工逻辑说明的工具有结构化英语、判定表和判定树，下面加以分别介绍。

1. 结构化英语

结构化英语是一种介于自然语言和形式化语言之间的半形式化语言，它使用有限的词汇和语句来描述加工逻辑。结构化英语的词汇表由英语命令动词、数据字典中定义的名字、有限的自定义词和控制结构关键词（如 if-then-else、while-do、repeat-until、case-of）等组成。语言的正文用基本控制结构进行分割，加工中的操作用自然语言短语来表示。其基本控制结构有简单陈述句结构、判定结构和重复结构。

2. 判定表

在某些数据处理问题中，数据流图的处理需要依赖多个逻辑条件的取值，这些取值的组合可能构成多种不同情况，相应需执行不同的操作。这类问题用结构化语言来叙述很不方便，最适合使用判定表作为表示加工小说明的工具。判定表为说明复杂的决策逻辑提供了一种形式化的以表格为基础的表示方法，它能够自动地实现对诸如完整性和无歧义性等特点的检测。

一个判定表由两部分组成，顶部列出不同的条件，底部说明不同的操作（表3.3）。判定表通常包括四个要素：基本条件、基本操作、条件项、操作项。

表 3.3 判定表示例

规则号		1	2	3	4
项目	申请用地面积中新增建设用地面积/亩	>20	>20	≤20	≤20
	投资情况/万元	>8000	≤8000	>8000	≤8000
操作	不受理用地申请		√		
	受理用地申请	√		√	√
	列入年度计划			√	
	不列入年度计划	√			√

基本条件列出了各种可能的条件。除去某些特殊问题以外，通常判定表对各条件的先后次序不予要求。

基本操作列出了可能采取的操作。这些操作的排列顺序没有限制，但为便于阅读也可令其按适当的顺序排列。

条件项给出各个条件的取值组合。

操作项是和条件项紧密相关的，它指出了在条件项的各种取值组合的情况下应采取什么操作。这里将任一条件取值组合及其相应要执行的操作称为规则，它在判定表中是贯穿条件项和操作项的一列。显然，判定表中列出了多少个条件取值的组合，也就有多少条规则，即条件项与操作项有多少列。

判定表能够把在什么条件下，系统应完成哪些操作表达得十分清楚、准确。这是用语言难以准确、清楚表达的。但是用判定表描述循环结构比较困难。有时，判定表可以和结构化英语结合起来使用。

3. 判定树

判定树是判定表的变形，本质完全一样，所有用判定表能表达的问题都能用判定树来表达。事实上，判定树比判定表更加直观，用判定树来描述具有多个条件的数据处理，更容易被用户接受。判定树的分枝表示各种不同的条件，随着分枝层次结构的扩充，各条件完成自身的取值，判定树的叶子给出应完成的操作，图 3.3 为检查用地项目申请的判定树。

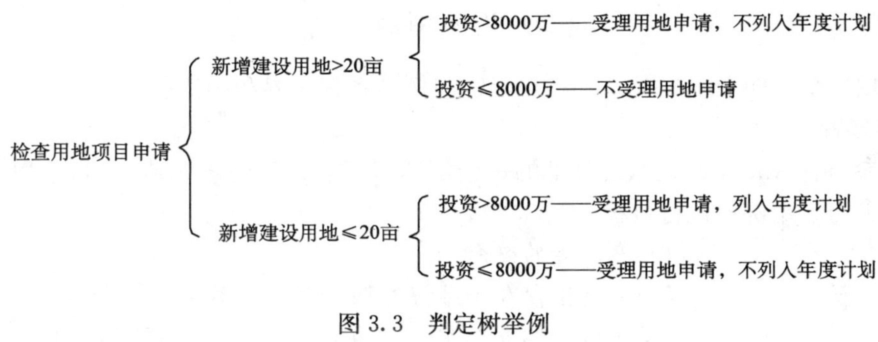

图 3.3　判定树举例

二、面向对象的系统定义工具

在系统定义阶段可以采用面向对象的定义工具来描述系统的总体功能，它是系统功能的宏观描述。此阶段采用用例图组织和构造系统定义过程。

用例图主要用于系统的功能需求建模，它主要描述系统功能，也就是从外部用户的角度观察，系统应该完成哪些功能，有利于开发人员以一种可视化的方式理解系统的功能需求。可以说用例图是对系统功能的一个宏观描述。

（一）用例图概述

由参与者、用例以及它们之间的关系构成的用于描述系统功能的动态视图称为用例图（图 3.4）。其中用例和参与者之间的对应关系又称为通信关联，它表示了参与者使用了系统中的哪些用例。用例图是从软件需求分析到最终实现的第一步，它显示了系统的用户和用户希望提供的功能，有利于用户和软件开发人员之间的沟通。

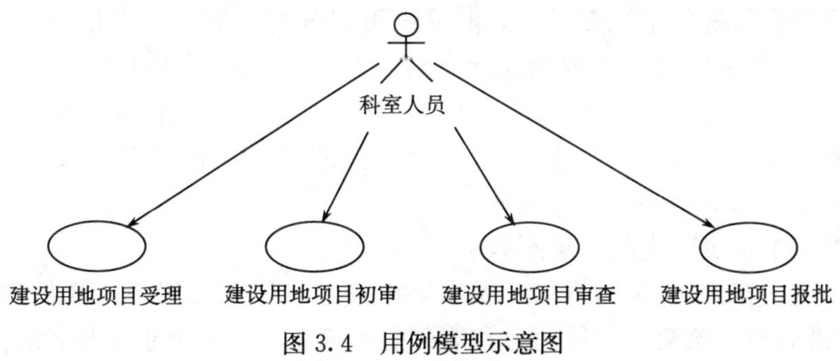

图 3.4　用例模型示意图

进行用例建模时，所需要的用例图数量是根据系统的复杂度来衡量的。一个简单的系统中往往只需要一个用例图就可以描述清楚所有的关系。但是对于复杂的系统，一张用例图显然是不够的，这时候就需要用多个用例图来共同描述。

（二）用例图的组成

用例图的四个组成要素：参与者、用例、系统边界和用例关系。

1. 参与者

参与者（actor）是系统外部的一个实体（可以是任何事物或人），它以某种方式参与了用例的执行过程（图 3.5）。

科室人员

图 3.5 参与者示意图

（1）参与者的概念

参与者是指存在于系统外部并直接与系统进行交互的人、系统、子系统或类的外部实体的抽象。每个参与者可以参与一个或多个用例，每个用例也可以有一个或多个参与者。在用例图中使用一个人形图标表示参与者，参与者的名字写在人形图标下面。

一个用例的参与者可以划分为发起参与者和参加参与者。发起参与者发起了用例的执行过程，一个用例只有一个发起参与者，但可以有若干个参加参与者。在用例中标出发起参与者是一个有效的作法。

参与者还可以划分为主要参与者和次要参与者。主要参与者指的是执行系统主要功能的参与者；次要参与者指的是使用系统次要功能的参与者。标出主要参与者有利于找出系统的核心功能，往往也是用户最关心的功能。

（2）参与者的确定

在获取用例前首先要确定系统的参与者，寻找参与者可以从以下问题入手：

1）系统开发出来后，使用系统主要功能的是谁？

2）谁需要借助系统来完成日常的工作？

3）系统需要从哪些人或其他系统中获得数据？

4）系统会为哪些人或其他系统提供数据？

5）系统会与哪些系统交互？其他系统可以分为两类，一类是该系统要使用的系统，另一类是启动该系统的系统，包括计算机系统和计算机中的其他应用软件。

6）系统是由谁来维护和管理的，以保证系统处于工作状态？

7）系统控制的硬件设备有哪些？

8）谁对本系统产生的结果感兴趣？

需要注意的是寻找参与者的时候不要把目光只停留在使用计算机的人身上，直接或间接的与系统交互的任何人和事都是参与者，另外由于参与者总是处于系统外部，因此他们可以处于人的控制之外。

(3) 参与者间的关系

由于参与者实质上也是类，所以它拥有与类相同的关系描述，即参与者与参与者之间主要是泛化关系。泛化关系的含义是把某些参与者的共同行为提取出来表示成通用行为，并描述成超类。泛化关系表示的是参与者之间的一般/特殊关系。

2. 用例

用例（use case）定义了系统所提供的功能和行为单元。可以认为，参与者使用系统的每种方式都可以表示为一个用例。

一个用例往往被认为是一个类元，也就是说，它具有操作（或称方法）和属性。

(1) 用例的概念

用例是参与者可以感受到的系统服务或功能单元。它定义了系统是如何被参与者使用的，描述了参与者为了使用系统所提供的某一完整功能而与系统之间发生的一段对话。用例最大的特点就是站在用户的角度上来描述功能。它把系统当作一个黑箱子，并不关心系统内部是如何完成它所提供的功能，表达了整个系统对外部用户可见的行为。

用例和参与者之间也有关系，这种关系属于关联关系、又称作通信关联。关联关系是双向的一对一关系，这种关系表明了哪个参与者与用例通信。

(2) 用例的识别

任何用例都不能在缺少参与者的情况下独立存在。同样，任何参与者也必须要有与之关联的用例，所以识别用例的最好方法就是从分析系统参与者开始，这个过程中往往会发现新的参与者。可以通过以下问题来寻找用例：

1）参与者希望系统提供什么功能？

2）参与者是否会读取、创建、修改、删除、存储系统的某种信息？

3）参与者是否会将外部的某些事件通知给系统？

4）系统中发生的事件是否通知参与者？

5）是否存在影响系统的外部事件？

用例图的主要目的就是帮助人们了解系统功能，便于开发人员与用户之间的交流，所以确定用例的一个很重要的标准就是用例应当易于理解。对于同一个系统，不同的人对于参与者和用例可能会有不同的抽象。

(3) 用例的粒度

用例的粒度指的是用例所包含的系统服务或功能单元的多少。用例的粒度越大，用例包含的功能越多，反之则包含的功能越少。

对于比较简单的系统，因为系统的复杂度一般比较低，所以可适当加大用例模型一级的复杂度，也就是可以将复杂的用例分解成多个用例。对于比较复杂的系统，因为系统的复杂度已经很高，需要加强控制用例模型一级的复杂度，即将复杂度适当地移往用例内部，让一个用例包含较多的需求信息量。

用例的粒度对于用例模型来说是很重要的，它不但决定了用例模型的复杂度，而且也决定了每一个用例内部的复杂度。在确定用例粒度时应该根据每个系统的具体情况而定。

(4) 用例规约

用例图只是总体上大致描述了系统所提供的各种服务，让用户对系统有一个总体的认识。但对于每一个用例还需要有详细的描述信息，以便让其他人对于整个系统有一个更加详细地了解，这些信息包含在用例规约之中。而用例模型指的不仅是用例图，而是由用例图和每个用例的详细描述——用例规约所组成的。

3. 系统边界

所谓系统边界是指系统与系统之间的界限。通常所说的系统可认为是由一系列的相互作用的元素形成的具有特定功能的有机整体。系统同时又是相对的，一个系统本身可以是另一个更大系统的组成部分，因此系统与系统之间需要使用系统边界进行区分，把系统边界以外的同系统相关联的其他部分称之为系统环境。

在系统开发过程中，边界是一个非常重要的概念。系统与环境之间存在着边界，子系统与其他子系统之间存在着边界，子系统与整体系统之间存在着边界。总之没有完整的边界就不会有完整的分类，更不会有完整的系统，边界的重要性一点也不亚于系统本身。

4. 用例关系

为了减少模型维护的工作量、保证用例模型的可维护和一致性，可以在用例之间抽象出包含、扩展和泛化这几种关系。这几种关系都是从现有的用例中抽取出公共信息，再通过不同的方法来重用这部分公共信息。

(1) 包含

包含关系是指用例可以简单地包含其他用例具有的行为，并把它所包含的用例行为作为自身行为的一部分（图 3.6）。

在处理包含关系时，具体的做法是把几个用例的公共部分单独地抽象出来成为一个新的用例。主要有两种情况需要用到包含关系。

1）多个用例用到同一段的行为，则可以把这段共同的行为单独抽象成为一个用例，然后让其他用例来包含这一用例。

2）某一个用例的功能过多、事件流过于复杂时也可以把某一段事件流抽象成为一个被包含的用例，以达到简化的目的。

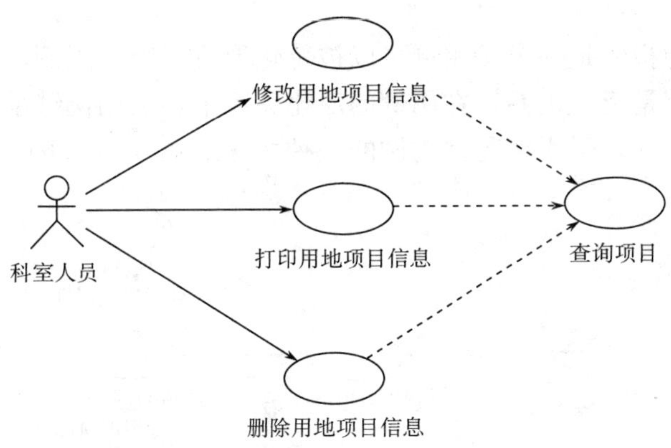

图 3.6　用例间的包含关系示意图

（2）扩展

在一定条件下，把新的行为加入到已有的用例中，获得的新用例称为扩展用例，原有的用例称为基础用例，从扩展用例到基础用例的关系就是扩展关系（图 3.7）。一个基础用例可以拥有一个或者多个扩展用例，这些扩展用例可以一起使用。扩展关系和包含关系具有以下不同点。

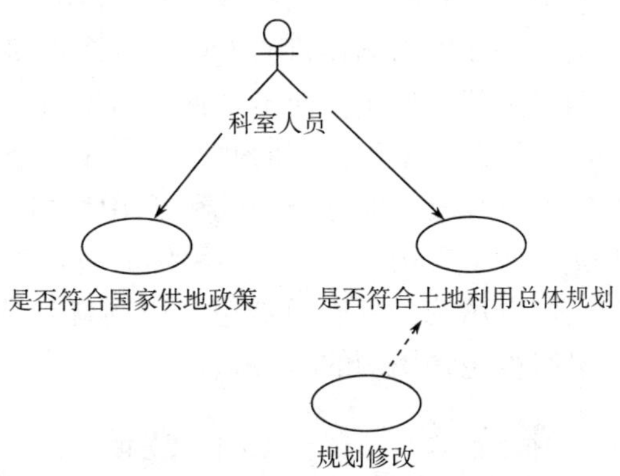

图 3.7　用例间的扩展关系示意图

1）在扩展关系中，基础用例提供了一个或多个插入点，扩展用例为这些插入点提供了需要插入的行为。而在包含关系中插入点只能有一个。

2）基础用例的执行不一定会涉及扩展用例，扩展用例只有在满足一定条件下才会被执行，而在包含关系中，当基础用例被执行后，被包含用例是一定会被执行的。

3）即使没有扩展用例，扩展关系中的基础用例本身也是完整的，而对于包含关系，基础用例在没有包含用例的情况下就是不完整的存在。

（3）泛化

用例的泛化指的是一个父用例可以被特化形成多个子用例，而父用例和子用例之间的关系就是泛化关系。在用例的泛化关系中，子用例继承了父用例所有的结构、行为和关系，子用例是父用例的一种特殊形式（图 3.8）。

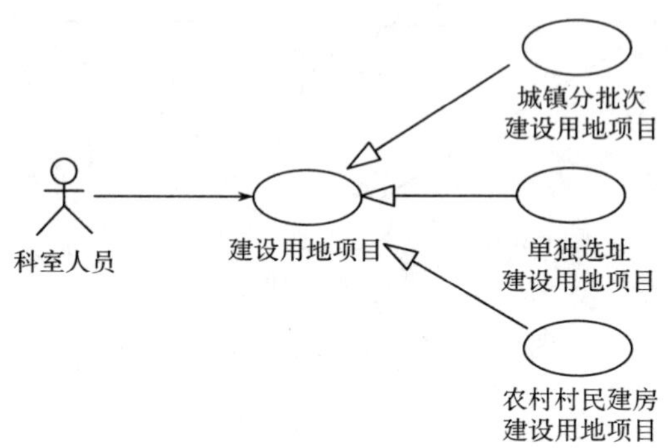

图 3.8　用例间的泛化关系示意图

虽然用例的泛化关系和包含关系都可以用来复用多个用例中的公共行为，但它们还是有很大区别的。

在用例的泛化关系中，所有的子用例都有相似的目的和结构。

在用例的包含关系中，基础用例在目的上可以完全不同，但是它们都有一段相似的行为，它们的相似是部分的相似而不是整体的相似。用例的泛化关系类似于面向对象中的继承，它把多个子用例中的共性抽象成一个父用例，子用例在继承父用例的基础上可以进行修改。但是子用例和子用例之间是相互独立的，任何一个子用例的执行不受其他子用例的影响。而用例的包含关系是把多个基础用例中的共性抽象为一个被包含用例，可以说被包含用例就是基础用例中的一部分，基础用例的执行必然引起被包含用例的执行。

第三节　系统可行性研究

上一阶段初步调查的目的就是要事先了解一下系统的基本情况，为开发者构思并提出一个切实可行的新系统方案奠定基础。在对系统作初步调查以后，开发者应该根据实际情况对下述问题作出抉择：该项目是否具有立项的必要性？如果立项建设应该按何种方式和规模组织开发？这些方案的可行性如何等。另外，开发任何一个信息系统，都会受到时间和资源上的限制。GIS 受到限制的因素更加复杂。因此，在接受项目之前必须根据用户可能提供的时间和资源条件进行可行性研究以避免人力、物力和财力上的浪费。

上述均是 GIS 可行性研究面临的问题。可行性研究工作主要内容包括数据源调查与评估、技术可行性评估、经济和社会效益分析以及系统的支持状况四部分。

1. 数据源调查与评估

数据是GIS运行的基础，同时系统建设中数据的准备工作繁杂，工作量巨大。因此在立项之前要对系统数据源、数据结构和数据模型等进行全面分析，调查已有数据情况，确定它们的可用性，对所缺乏数据要确定其收集方法，测算收集的工作量。

2. 技术可行性评估

技术可行性是指使用目前可采用的开发方法和工具能否支持系统需求的实现。在技术可行性研究过程中，系统分析员应采集系统性能、可靠性、可维护性和可生产性方面的信息；分析实现系统功能和性能所需要的各种设备、技术、方法和过程；分析项目开发在技术方面可能承担的风险，以及技术问题对开发成本的影响；硬件选择上要预见硬件更新速度和GIS软件使用周期是否相适宜；选择开发软件和技术以及制订开发方案时要以用户需求为主要依据；分析GIS设计技术人员的数量、结构和水平等，确定其进行设计的可行性等。如有可能，应充分研究现有类似系统的功能与性能，采用的技术、工具、设备和开发过程中成功和失败的经验、教训，以便为现行系统开发作参考。必要时，技术分析还包括某些研究和设计试验性活动。

3. 经济和社会效益分析

GIS应用迅速普及的根本原因在于GIS应用促进了社会经济的发展，给用户乃至社会带来了经济效益和社会效益。因此GIS的成本-效益分析是可行性研究的重要内容，它用于评估GIS的经济合理性，给出系统开发的成本论证，并将估算的成本与预期的利润进行对比。由于项目开发受项目特性、规模等多种因素制约，系统分析员很难直接估算GIS的成本和利润。

一般说来，GIS的成本由五个部分组成：①购置并安装软硬件及其相关设备的费用；②生产系统所需数据的费用；③软件开发费用；④系统安装、运行和维护费用；⑤人员培训费用。在系统分析和设计阶段只能得到上述费用的预算，即估算成本。在系统开发完毕并交付用户运行后，上述费用的统计结果就是实际成本。

GIS的效益包括经济效益和社会效益两部分。经济效益指应用系统为用户增加的收入，它可以通过直接的和统计的方法估算。社会效益大多只能用定性的方法估算。

4. 系统开发与运行环境评价

由于GIS是在社会环境中运作的，除了技术因素与经济因素之外，还有许多社会因素对项目的开展起着制约的作用。例如，与项目有直接关系的管理人员、工作人员是否对项目的开展抱支持态度；有多少人力可用于GIS系统，其中有多少人员需培训；项目财力支持情况，包括组织部门所能给予的当前的投资额及将来维护 GIS 的逐年投资额等。

可行性研究的结果是可行性分析报告，表 3.4 给出了一个可行性分析报告的目录。

表 3.4　可行性分析报告的目录

1　引言	4　系统描述
1.1　问题	4.1　缩写词
1.2　实现环境	4.2　各子系统的可行性
1.3　约束条件	5　数据源评估
2　管理	6　技术风险评估
2.1　重要的发现	7　成本-效益分析
2.2　注解	8　系统开发与运行环境评价
2.3　建议	9　有关法律问题
2.4　效果	10　其他
3　方案选择	
3.1　选择系统配置	
3.2　选择方案的标准	

第四节　系统需求调查和分析

为了开发出用户满意的 GIS 软件产品，必须首先调查用户的需求，制定系统开发目标。了解和明确用户需求的具体方式有多种（表 3.5）。

表 3.5　用户需求调查方式

调查方式 / 比较项目	访谈交流	会议讨论	软件原型
工作方法	系统分析员提出问题请用户答复，以了解用户需求	与会人员提前对系统的需求进行认真思考，在开发者和用户双方出席的会议上进行讨论	快速建立软件原型，通过该原型进行开发者和用户之间的沟通
优点	简单、便捷，是较常用的用户需求调查方法	使用简单，系统整体性把握较好	便于用户与开发者的沟通，需求分析准确、有效
缺点	后期整理工作较繁琐，需求准确度不高	准备工作复杂，需要反复讨论才能确定需求，需求准确度不高	工作量大

一、系统目标分析

根据 GIS 特点，明确 GIS 系统的建设目标和任务必须从以下方面着手。

1. 进行用户类型分析

进行系统目标和任务分析首先应确定系统的用户类型，在此基础上才可以进一步开展调查分析确定用户需求。GIS 的不同用户类型对 GIS 有不同的要求，应用情况也各异。判断用户类型是进行系统建设目标和任务分析的关键。通常，GIS 用户可以分为以下几种：①具有明确而固定任务的用户。他们希望用 GIS 来实现现有工作业务的现代化，改善数据收集、分析、表示方法及过程，如测量调查和制图部门；②部分工作任务明确、固定，且有大量业务有待开拓与发展，因而需要建立 GIS 来开拓他们的工作，如行政或生产管理部门，也包括进行系列专题调查的单位；③工作任务完全不定的用户，如高校研究室或研究所等，他们以 GIS 作为教学科研的工具或用于开发新的 GIS 技术。

2. 对现行系统进行调查分析

进行 GIS 建设的目的之一是解决现行系统存在的问题和提高工作的效率。通过对现行系统组织机构、工作任务、职能范围、日常工作流程、信息来源及处理方式、资料使用状况、人员配置、设备装置和费用开支等各方面的调查研究，指出现行工作状况在工作效率、费用支付、人力配置等方面存在的主要问题和薄弱环节，作为待建 GIS 的突破口。

3. 明确系统服务对象

系统的服务对象不同，那么系统的目标也不相同。以土地管理信息系统为例，用户对象是政府领导层，则系统的目标应当是可以进行评价、分析和辅助决策；用户对象是办公职员，则系统的目标是办公自动化和图文一体化办公；用户对象是科研人员，则系统的目标是进行空间分析、评价和建模，如土地地价定级、评估等。

4. 用户研究领域现状调查

根据用户研究的方向、深度以及用户希望 GIS 解决哪些实际应用问题可以确定系统设计的目的、应用范围和应用深度，为以后总体设计中的系统功能设计和应用模型设计提供科学、合理的依据。例如，城市土地地价评估信息系统的系统功能和模型设计，既要参考用户当前采用的土地地价评估方法以及主要的业务范围，又可以针对 GIS 的功能优势，在与用户交流的基础上对现行方法提出改进以及对土地地价评估业务进行适当的扩充。

二、系统功能分析

系统的功能和性能是在明确系统目标的基础上，对系统目标和任务在具体实现上进行设计和细分。常用的方法有以下三种。

1. GIS 结构化分析方法

GIS结构化分析方法采用自顶向下、逐层分解的系统分析方法来定义 GIS 系统的需求。在此基础上，可以作出 GIS 系统的规格说明，并由此建立 GIS 系统的一个自顶向下任务分析模型。GIS结构化分析方法的要点是将 GIS 系统开发的全过程划分为若干阶段，而后分别确定它们的任务，同时把系统的逻辑和物理模型，即系统“做什么”和“怎么做”分开，以保证其在各阶段任务明确、实施有效。GIS结构化分析方法是一种使用相对广泛、也较为成熟和完善的系统分析方法。

2. GIS 面向对象分析方法

GIS 面向对象分析方法通过自底向上提取对象并进行对象的组合来实现系统功能和性能分析。它提取的对象包括 GIS 系统的实体、实体属性和实体关联以及系统的方法、函数和它们之间的关联等。通过自底向上的分析方法，根据各实体和各函数方法的关联度分析，逐步向上进行功能和实体的综合，最后得到系统的功能模块和性能要求。

3. GIS 快速原型化分析方法

GIS 快速原型化分析方法是在系统分析员和系统用户之间交流的一种工具方法，用来明确用户对 GIS 系统功能和性能的要求。基于 GIS 需求不确定性因素，GIS 快速原型化分析方法在 GIS 系统功能和性能分析领域的应用相对广泛。GIS 快速原型化分析方法的主要思想是借助原型来辅助 GIS 软件需求的定义。在开发初期，开发人员根据自己对 GIS 用户需求的理解，利用开发工具快速构造出 GIS 原型软件，用户及开发人员通过对原型软件的试运行、评价、修正和改进，逐步明确 GIS 软件的功能及性能需求，作为软件开发阶段的基础。图 3.9 是采用 GIS 原型化分析方法进行 GIS 系统功能和性能分析定义的流程图。

从图 3.9 中可以看出 GIS 快速原型化分析方法的主要步骤包括以下几个。

1）初步分析。这是设计原始模型的依据，包括 GIS 应用领域业务分析（绘制工作流图和数据流图等）、GIS 软件应具备功能和性能初步分析（功能模块划分、系统界面、系统性能等）。

2）设计原型。根据初步分析的结果提出一个有一定深度和广度的原型软件，作为迭代开发的基础。建立初始模型所需时间，随其规模大小、复杂性和完整程度而异。

3）试用评价。在系统原型的基础上，系统用户和系统分析员就原型进行分析评价，对系统的功能和性能提出修改意见。

4）修改原型。根据系统用户和系统分析员就原型所提出的修正意见对原型进行修改。

5）确定系统的功能与需求。重复步骤 3）、4），直到用户和系统开发人员对

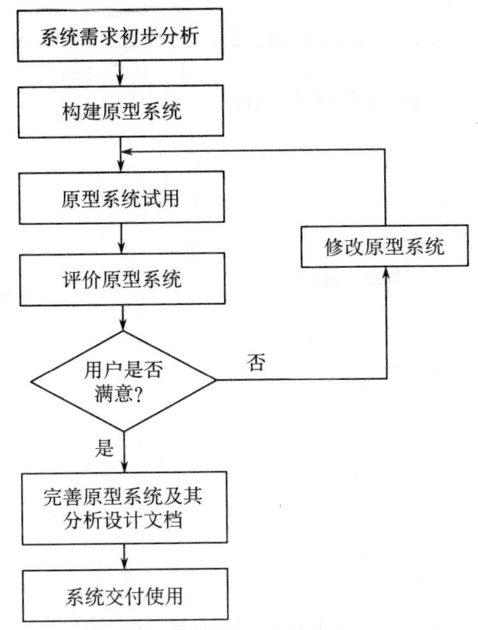

图3.9 采用GIS快速原型化分析方法工作流程图

系统的功能和需求意见达成一致，编写系统功能和需求分析报告。

第五节 GIS系统定义报告

GIS系统定义报告（类似于计算机软件工程中的“软件需求规格说明书”），是在GIS结构化分析的基础上建立的自顶向下的任务分析模型，描述了系统的需求，是联系GIS需求分析与GIS设计的重要桥梁。同时，GIS系统定义报告作为系统分析阶段的技术文档，是提交审议的一份必要的工作文件，一旦审议通过，则成为有约束力的指导性文件，成为用户与技术人员之间的技术合同，成为下一阶段GIS设计的依据。表3.6列出了GIS系统定义报告的主要内容。

表3.6 GIS系统定义报告的主要内容

1 引言
1.1 编写目的（阐明编写需求说明的目的，指明用户对象）
1.2 GIS项目背景（应包括：a. GIS项目的委托单位、开发单位和主管部门；b. 该GIS软件系统与其他系统的关系）
1.3 定义（列出文档中所用到的专门术语的定义和缩写词的原文）
1.4 参考资料（可包括：a. 项目经核准的计划任务书、合同或上级机关的批文；b. 项目开发计划；c. 文档所引用的资料、标准和规范。列出这些资料的作者、标题、编号、发表日期、出版单位或资料来源）

续表

2 GIS项目概述
  2.1 GIS项目目标、内容、现行系统的调查情况
  2.2 GIS运行环境
  2.3 条件与限制
3 GIS数据描述
  3.1 GIS静态数据
  3.2 GIS动态数据（包括输入数据和输出数据）
  3.3 GIS数据流图
  3.4 GIS数据字典
  3.5 GIS加工逻辑小说明
  3.6 数据采集
4 GIS功能需求
  4.1 功能划分
  4.2 功能描述
5 GIS性能需求
  5.1 数据精确度
  5.2 时间特性（如响应时间、更新处理时间、数据转换与传输时间、运行时间等）
  5.3 适应性（在操作方式、运行环境、与其他软件的接口以及开发计划等发生变化时，应具有的适应能力）
6 GIS运行需求
  6.1 用户界面（如屏幕格式、报表格式、菜单格式、输入输出时间等）
  6.2 硬件接口
  6.3 软件接口
  6.4 故障处理
7 质量保证
8 其他需求
  （如可使用性、安全保密、可维护性、可移植性等）

思 考 题

1. 系统定义又称为系统分析，该阶段所要完成的任务是什么？

2. 系统功能与性能分析是系统需求调查和分析的重要内容，试对系统功能与性能分析的常用方法进行简要说明。

3. 请对系统可行性分析的内容和具体工作进行说明。

4. 结构化分析方法采用GIS数据流模型来模拟GIS数据处理过程，说明常用的分析工具（如数据字典等）的功能和作用。

5. 目前用于表示加工逻辑说明的工具有结构化英语、判定表和判定树。试对上述三种工具的原理和特征进行说明。

6. GIS软件需求规格说明是GIS结构化分析基础上建立的自顶向下的任务分析模型，它

是下一个阶段 GIS 设计的主要依据。GIS 软件需求规格说明的主要内容是什么？

参考文献

布奇，兰宝，雅各布. 2006. UML 用户指南. 第二版. 邵继忠，麻志毅译. 北京：人民邮电出版社.
黄杏元，汤勤. 1989. 地理信息系统概论. 北京：高等教育出版社.
黎达. 1989. 计算机信息系统分析与设计. 北京：中国科学技术出版社.
麦中凡，吕庆中，李巍，等. 2000. 计算机软件技术基础. 北京：高等教育出版社.
普里斯特. 2005. 面向对象设计 UML 实践. 第二版. 北京：清华大学出版社.
齐治昌，谭庆平，宁洪. 2000. 软件工程. 北京：高等教育出版社.
王占全，赵斯思，徐慧. 2005. 地理信息系统（GIS）开发工程案例精选. 北京：人民邮电出版社.
谢星星，沈懿卓. 2009. UML 基础与 ROSE 建模实用教程. 北京：人民邮电出版社.
张海藩. 2002. 软件工程. 北京：人民邮电出版社.
郑人杰，殷人昆，陶永雷，等. 1999. 实用软件工程. 第二版. 北京：清华大学出版社.

第四章　系统总体设计

第一节　总体设计的目标与任务

在系统定义阶段确定系统建设的目标和任务之后，需要进行系统的总体设计。GIS总体设计阶段的目标是将系统需求转换为数据结构和软件体系结构，即数据设计和体系结构设计。数据设计就是把分析阶段所建立的信息域模型变换成软件实现中所需的数据结构。体系结构设计则是把系统的功能需求分配给软件结构，形成软件的模块结构图，并设计模块之间的接口关系。在总体设计阶段，各模块还处于黑盒子状态，模块通过外部特征标识符进行输入和输出。使用黑盒子概念，设计人员可以站在较高的层次上进行思考，从而避免过早地陷入具体的条件逻辑、算法和过程步骤等实现细节，以便更好地确定模块和模块间的结构。

总而言之，总体设计的主要任务是确定系统总体架构与软、硬件配置，根据系统分析成果进行系统功能模块的划分，建立模块的层次结构及调用关系，确定模块间的接口及人机界面，并设计数据库总体结构。

第二节　系统总体设计工具

一、结构化系统总体设计工具

（一）层　次　图

层次图（hierarchical chart）是在软件总体设计阶段最常用的工具之一，用来描绘软件的层次结构。如图 4.1 所示为某土地定级信息系统的局部层次图，图中的每个方框代表一个模块，方框间的连线表示模块的调用关系。层次图适合于在自顶而下设计软件的过程中使用。

（二）HIPO 图

HIPO 图是由美国 IBM 公司发明的“层次＋输入/处理/输出图”的英文缩写。HIPO 图实际上由 H 图（即层次图）和 IPO 图两部分组成。这里的 H 图是在层次图的基础上对每个方框进行编号，使其具有可跟踪性。编号规则如下：最顶层方框不编号，第一层中各模块的编号依次为 1.0，2.0，3.0，…；如果模块 2.0 还有下层模块，那么下层模块的编号依次为 2.1，2.2，2.3，…；如果模块

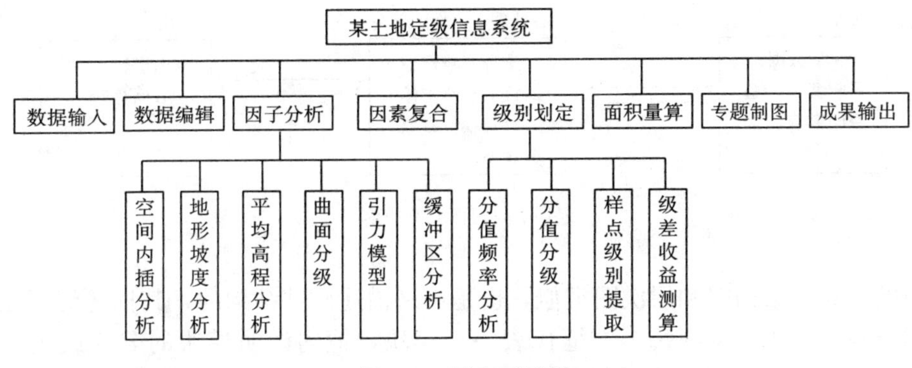

图 4.1　层次图示例

2.2 又有下层模块，则下一层各模块的编号根据上面的规律依次为 2.2.1，2.2.2，2.2.3，…，依次类推，图 4.2 就是采用 H 图来表达图 4.1 内容的示例。

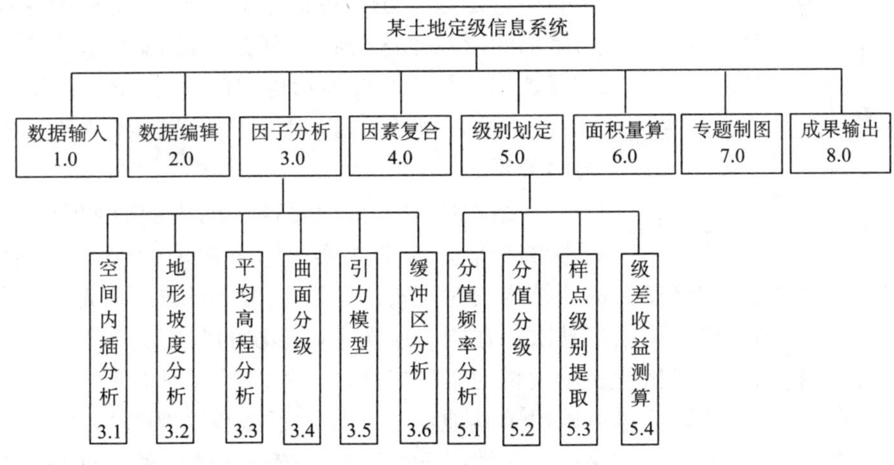

图 4.2　H 图示例

和 H 图中每个方框相对应，应该有一张 IPO 图描述这个方框所代表的模块的信息处理过程。IPO 图使用简洁的方框来方便地描述数据输入、数据处理和数据输出三部分之间的关系。值得强调的是，HIPO 图中的每个 IPO 图都应该明显地标出它们所描绘的模块在 H 图中的编号，以便跟踪了解这个模块在软件结构中的位置。图 4.3 描述的是图 4.2 中的缓冲区分析模块，对应的编号是 3.6。

（三）结　构　图

Yourdon 提出的结构图（structured chart）是进行软件结构化设计的另一种

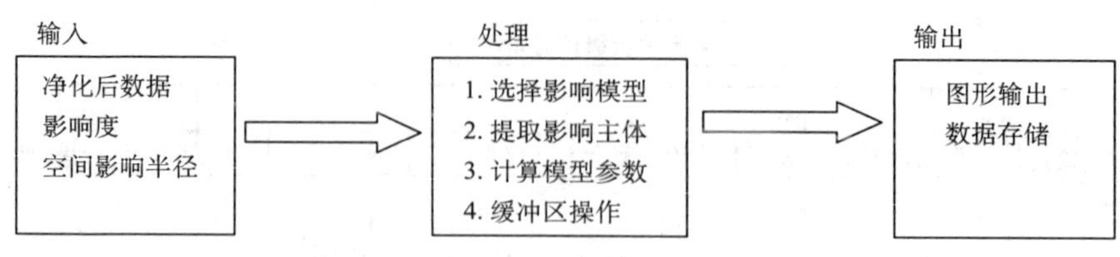

图 4.3 IPO 图示例

有力的工具。结构图和层次图类似，也是用来描述软件结构的，其描述能力比层次图更强。图 4.4 中的每个方框代表一个模块，框内注明模块的名字或主要功能，模块的名称通常是动宾结构的名词，方框之间的箭头（或直线）表示模块间的调用关系。

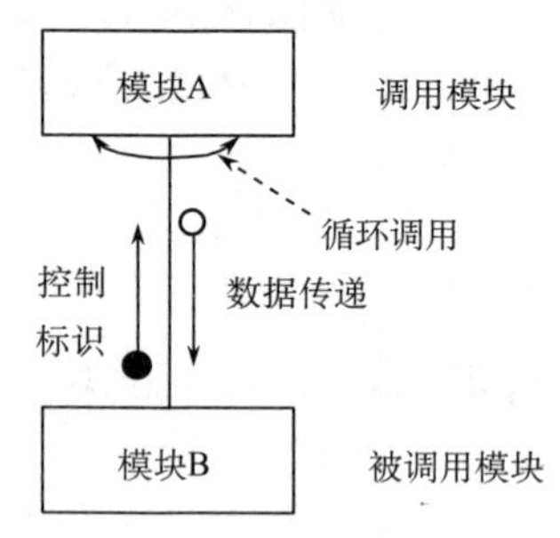

图 4.4 结构图示例

在结构图中通常还用带注释的箭头表示模块调用过程中来回传递的信息，如果希望进一步标明传递的信息是数据还是控制信息，则可以利用注释箭头尾部的形状来区分：尾部是空心圆表示传递的是数据，尾部是实心圆表示传递的是控制信息。此外，还可以附加一些符号以表示模块的选择调用或循环调用关系。

在结构图中，关键要描述的内容有两个：一是模块的功能，通常由模块的名称来标识；二是要描述模块与模块之间的接口。构造结构图时，要注意以下几个问题：首先，一个模块可以被不同的模块所调用；其次，在同一层次中，模块的调用次序不一定是自左向右。结构图并不严格地表示模块的调用次序，虽然多数人习惯于按照调用次序从左到右描述模块，但也可以出于其他考虑（如为了减少交叉线），完全不按这种次序画。模块的调用次序在很多情况下可以根据模块所传递的数据和控制来区分。此外，结构图和层次图一样，并不指明什么时候调用下层模块。通常上层模块中除了调用下层模块的语句外还有其他语句，究竟是先执行调用下层模块的语句还是先执行其他语句，在结构图中并没有表示。

二、面向对象系统总体设计工具

面向对象的设计方法采用类图来组织和构造系统总体设计过程。类图显示了系统的静态结构，标识了不同的实体彼此是如何相关联的。在类图中不仅包含为系统定义的各种类，也包含了它们之间的关系，如关联、依赖和聚合等。

（一）类图的基本概念

类图显示了系统的静态结构，而系统的静态结构构成了系统的概念基础。系统中的各种概念是在现实应用中有意义的概念，这些概念包括真实世界中的概念、抽象的概念、实现方面的概念和计算机领域的概念。类图就是用于对系统中的各种概念进行建模，并描绘出它们之间关系的图。

分析类代表问题域中的简捷抽象，它映射到现实世界。分析类应该以清晰的、无歧义的方式映射到现实世界，如信息系统中的建设用地项目类或年度计划指标类等。一般来说，分析类总能符合三种基本构造型中的一种：边界类、实体类和控制类，每一种构造型都有具体的语义。

1）边界类：用于建立系统与其参与者之间交互的模型。这种交互通常包括接收来自用户和外部系统的信息与请求，以及将信息与请求提交到用户和外部系统。边界类如图 4.5 所示：登录界面，它在系统使用者进入系统主功能界面前调用。

图 4.5　边界类示例　　图 4.6　实体类示例　　图 4.7　控制类示例

2）实体类：用于对长效且持久的信息建模，主要是对诸如个体、实际对象或实际事件的某些现象或概念的信息及相关行为建模。实体类如图 4.6 所示：用户，自带字符串类的属性 Name。

3）控制类：代表协调、排序、事务处理以及对其他对象的控制，经常用于封装与某个具体用例有关的控制。控制类还可以用来表示业务逻辑之类与系统存储的任何具体的长效信息都没有关系的对象。控制类如图 4.7 所示：处理登录，它主要用于接受登录请求并完成检验，它有两种方法用于检验用户、密码是否合法。

（二）类图的组成

类图由类、接口等模型元素以及它们之间的关系构成。类图的目的在于描述系统的构成方式，而不是系统如何协作运行的。

1. 类

类是面向对象中系统组织结构的核心。类是对一组具有相同属性、操作、关系和语义的事物的抽象。这些事物包括了现实世界中的物理实体、商业事务、逻辑事物、应用事件和行为事物等，甚至还包括纯粹的概念性事物。根据系统抽象程度的不同，可以在模型中创建不同的类。

在 UML 中类被表述成为具有相同结构、行为和关系的一组对象的描述符号。所用的属性与操作都被附在类中。类定义了一组具有状态和行为的对象，其中属性和关联用来描述状态。属性通常使用没有身份的数据值来表示，如数字和字符串。关联则使用有身份的对象之间的关系来表示。行为由操作来描述，方法是操作的具体实现。对象的生命周期则由附加给类的状态机来描述。

类的表示法是一个矩形，这个矩形由 3 个部分构成，分别是类的名称、类的属性和类的操作。类的名称位于矩形的顶端；类的属性位于矩形的中间部位；而矩形的底部显示类的操作，如图 4.8 所示。

建设用地项目
– 用地编号：int – 项目名称：string – 建设单位：string
+ 增加记录 ()：bool + 修改记录 (String str1, String str2)：bool + 查询 (Int32 xmbh)：Object

图 4.8　类的示例

(1) 类的名称

类的名称是每个类的图形中所必须拥有的元素，用于同其他类进行区分。类的名称通常来自于系统的问题域，并且尽可能地明确表达要表达的事物，不会造成类的语义冲突。图 4.8 代表的是一个名称为“建设用地项目”的类。

(2) 类的属性

属性是类的一个特性，也是类的一个组成部分，描述了在软件系统中所代表的对象具备的静态部分的公共特征抽象，这些特性是这些对象所共有的。在图 4.8 中，建设用地项目类拥有三个属性：用地编号、项目名称和建设单位，并且每个属性可以设置属性类型，如图 4.8 中的 int、string。

(3) 类的操作

操作是指类所能执行的动作，也是类的一个重要组成部分，描述了在软件系统中所代表的对象具备的动态部分的公共特征抽象。类的操作可以根据不同的可见性由其他任何对象请求以影响其行为。属性是描述类的对象特性的值，而操作用于操纵属性的值进行改变或执行其他动作。操作有时被称为函数或方法，在类的图形表示中它们位于类的底部。一个类可以有零个或多个操作，并且每个操作只能应用于该类的对象。在图 4.8 中，建设用地项目类拥有三个属性：用地编号、项目名称、建设单位。建设用地项目类拥有三个操作：增加记录、修改记录、查询，并且定义了参数与返回值。

2. 接口

接口是在没有给出对象的实现和状态的情况下对对象行为的描述。通常在接口中包含一系列操作，但是不包含属性，并且它没有对外界可见的关联。可以通过一个或多个类实现一个接口，并且在每个类中都可以实现接口中的操作。

接口是一种特殊的类，所有接口都是有构造型的类。一个类可以通过实现接口支持接口所指定的行为。在程序运行的时候，其他对象可以只依赖于此接口，而不需要知道该类对接口实现的其他任何信息。一个拥有良好接口的类具有清晰的边界，并成为系统中职责均衡分布的一部分。

接口使用一个带有名称的小圆圈来进行表示，如图 4.9 所示的项目接口，并有一条实现关系的线与实现它的类（建设用地项目类）相连接。

图 4.9　接口示例

3. 类之间的关系

类与类之间的关系通常有 4 种，即依赖关系、泛化关系、关联关系和实现关系（表 4.1）。

表 4.1　类之间关系的种类

关系	功能	表示图形
依赖关系	两个模型元素之间的依赖关系	- - - - - ->
泛化关系	描述类之间的关系	———▷
关联关系	类实例间连接的描述	———>
实现关系	说明和实现间的关系	- - - - - -▷

（1）依赖关系

依赖表示的是两个或多个模型元素之间语义上的连接关系。它只将模型元素本身连接起来而不需要用一组实例来表达它的意思。它表示了这样一种情形：提供者的某些变化会要求或指示依赖关系中客户的变化，即依赖关系将行为和实现与影响其他类的类联系起来。

图 4.10 中显示了年度计划指标类、新增建设用地类之间的依赖关系。年度计划指标类的添加记录方法使用了新增建设用地类的对象作为参数，因此两个类

之间存在着依赖关系。

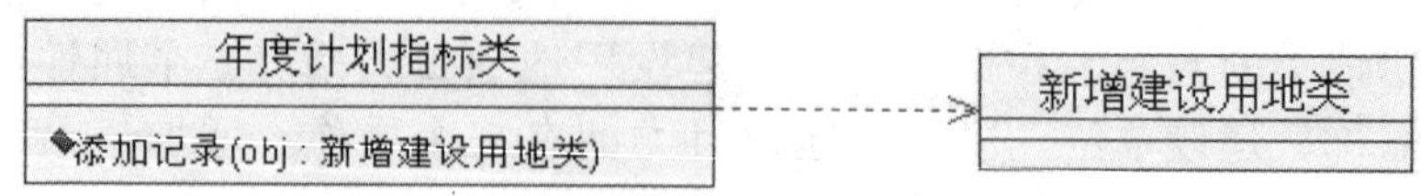

图 4.10　依赖关系示例

(2) 泛化关系

泛化关系用来描述类的一般和具体之间的关系。具体描述建立在类的一般描述基础之上，并对其进行了扩展，因此在具体描述中不仅包含一般描述中所拥有的所有特性、成员和关系，而且还包含了具体描述的补充信息。

在泛化关系中，一般描述的类被称为父类，具体描述的类被称为子类。

图 4.11 中，建设项目用地作为父类，城镇分批次建设用地、单独选址用地、农村村民建房用地作为子类，从子类指向父类的空心三角箭头表示泛化关系。

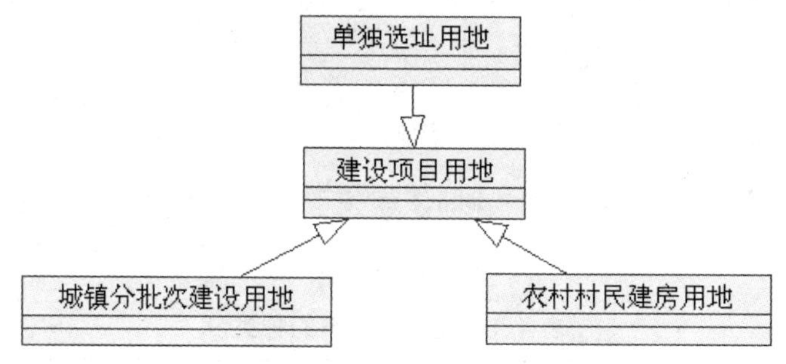

图 4.11　泛化关系示例

(3) 关联关系

关联关系是一种结构关系，指出一个事物的对象与另一个事物的对象之间的语义上的连接。关联描述了系统中对象或实例之间的离散连接，它将一个含有两个或多个有序表的类在允许复制的情况下连接起来。一个类关联的任何一个连接点都称为关联端，与类有关的许多信息都附在它的端点上。关联端有名称、角色、可见性以及多重性特性。

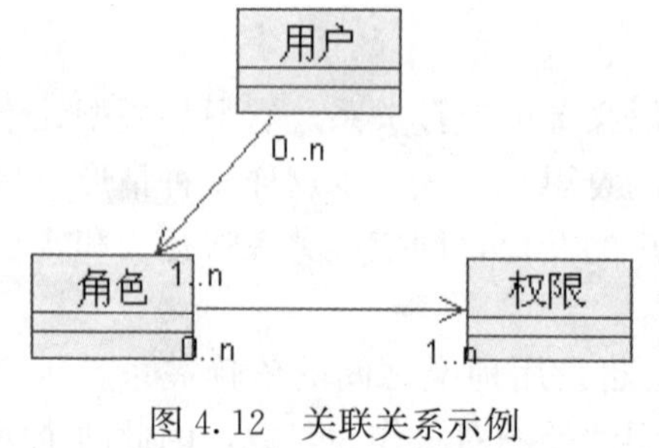

图 4.12　关联关系示例

图 4.12 所示关系为用户、角色、权限之间的关联关系。表示一个用户可以有一个到多个角色，同时一个角色可以不被

用户所有，也可以被多个用户所有。

(4) 实现关系

实现关系将一种模型元素与另一种模型元素连接起来，从而说明和其实现之间的关系。在实现关系中，接口只是行为的说明而不是结构或者实现，而类中则要包含其具体的实现内容，可以通过一个或多个类实现一个接口，但是每个类必须分别实现接口中的操作。虽然实现关系意味着要有类似于接口这样的说明元素，它也可以用一个具体的实现元素来暗示它的说明必须被支持，如可以表示类的一个优化形式和一个简单形式之间的关系。

图 4.13 所示关系为用地规划审查类、图斑空间分析类的实现关系。说明用地规划审查类保证自己的行为（方法）能够实现图斑空间分析类的行为，也就是用地规划审查类的方法（如规划审查）实现了图斑空间分析类的接口方法（如空间分析 2）。

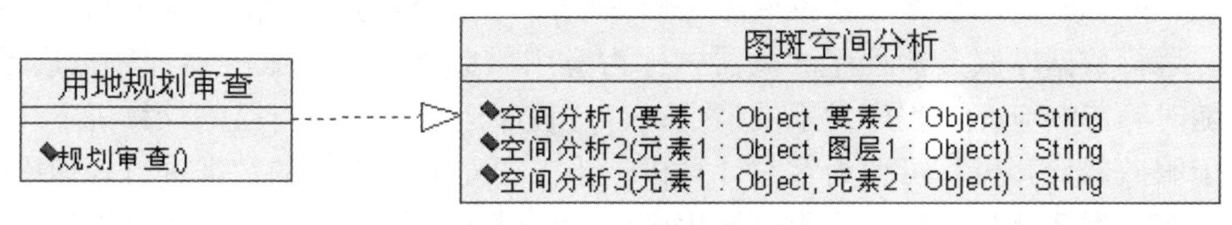

图 4.13　实现关系示例

第三节　GIS 软件体系结构设计

一、软件体系结构的概念

软件体系结构是指软件的整体结构和这种结构为系统提供概念上的完整方式。从简单的形式来看，软件体系结构从系统的高层次描述了软件对需求的支持能力及方式，阐述了软件系统是由哪些构件及构件的连接件组成的，同时描述了这些构件所用的数据的结构。

从上面的定义可以看出，软件体系结构并非可运行软件，它为开发者提供整体的视图并保证得到正确的理解。它有两个基本着眼点：一是系统结构，二是需求与实现之间的交互。在进行软件体系结构设计时需要考虑系统采取的体系结构风格，系统组成构件的结构、性质，以及所有体系结构构件之间的相互关系。

二、GIS 软件体系结构的类型

GIS 软件体系结构经历了从单机系统到客户/服务器，从客户/服务器到浏览器/服务器结构，最后到现在的面向地理服务的 WebGIS。软件体系结构的层次也从一层结构发展到二层结构、三层结构以至于多层结构。一层结构是一级处理，所有处理都集中在主机上完成；二层结构是二级处理，处理工作由客户机（client）和服务器（server）共同分担；三层结构是三级处理，处理工作由客户层、应用逻辑层和数据层分担。随着软件系统规模的增大，也可将应用逻辑层分为很多层，这样就演变为多层次体系结构。

（1）单机结构

20世纪60年代，计算机基本上是单机系统，GIS软件的所有功能都在一台计算机上实现。在主机结构下GIS软件输入输出、数据和应用程序被集中在主机上，通常只有少量的GUI界面，对远程数据库的访问比较困难。随着计算机技术的发展，该结构逐渐在应用中被淘汰。

（2）客户机/服务器体系结构

客户机/服务器（client/server，C/S）体系结构，是20世纪80年代末逐步成长起来的一种模式，是软件系统体系结构的一种。常规的C/S体系由两部分组成，即客户应用程序和数据库服务器程序。二者可分别称为前台程序与后台程序。运行数据库服务器程序的机器，称为应用服务器，一旦服务器程序被启动，就随时等待响应客户程序发来的请求；客户程序运行在用户自己的计算机上，对应于服务器计算机，可称为客户计算机。当需要对数据库中的数据进行任何操作时，客户程序就自动地寻找服务器程序，并向其发出请求，服务器程序根据预定的规则作出应答，送回结果。C/S体系中数据的储存管理功能，是由服务器程序独立进行的，并且通常把那些不同的前台应用的数据检验规则，在服务器程序中集中实现（如触发器、函数等）。在客户服务器架构的应用中，前台程序可以变得非常“瘦小”，更多的数据查询、更新、检验等工作，都交给了服务器和网络。在C/S体系下，数据库真正变成了公共、专业化的仓库，受到独立的专门管理。而且能充分发挥客户端PC的处理能力，很多工作可以在客户端处理后再提交给服务器。对应的优点就是客户端响应速度快。

在C/S架构中，地理数据被存储在地理数据服务器上，而数据的浏览和编辑操作则在客户机上实现。这种架构一般都涉及海量数据、地理计算、空间分析、专题制图和数据转换等因素，因此适合在环境稳定的局域网中部署。目前，我们能见到的大部分专业应用型地理信息系统几乎都采用这种模式。

（3）浏览器/服务器体系结构

Internet的发展给传统应用软件的开发带来了深刻的影响。尤其是基于Web的信息发布和检索技术、Java计算技术等的飞速发展，导致了很多应用系统的体系结构从C/S结构向更加灵活的多级分布结构演变，即浏览器/服务器（browser/server，B/S）体系结构。在这种结构下，GIS系统工作界面是通过WWW浏览器来实现，极少部分事务逻辑在前端（browser）实现，但是主要事务逻辑在GIS服务器端（server）实现，形成三层结构。相对于C/S结构属于

“胖”客户端，对于需要在使用者计算机上安装的相应操作软件来说，B/S结构是属于一种“瘦”客户端，大多数或主要的业务逻辑都存在在GIS服务器端。

实际上B/S体系结构是把二层C/S结构的事务处理逻辑模块从客户机的任务中分离出来，单独组成一层（应用逻辑层）来负担其任务，这样就形成了三层结构（three-tiered）。三层体系中，客户、程序、数据被物理的隔离，所以它是一个更灵活的体系结构。

（4）面向地理信息服务的WebGIS

最新的WebGIS以面向服务为中心，将Web服务应用于GIS，将传统的地理信息系统由独立的C/S或B/S结构，实现到基于Web服务体系的GIS的跳跃。GIS通过WWW功能得以扩展，真正成为一种大众使用的工具。从WWW的任意一个节点，Internet用户可以浏览WebGIS站点中的空间数据、制作专题图，以及进行各种空间检索和空间分析，从而使GIS进入千家万户。

面向服务的WebGIS具有以下特点：①全球化的客户/服务器应用。全球范围内任意一个WWW节点的Internet用户都可以访问WebGIS服务器提供的各种GIS服务，甚至还可以进行全球范围内的GIS数据更新。②真正大众化的GIS。WebGIS可以使用通用浏览器进行浏览、查询，降低了终端用户的经济和技术负担，很大程度上扩大了GIS的潜在用户范围。③良好的可扩展性。WebGIS很容易跟Web中的其他信息服务进行无缝集成，可以建立灵活多变的GIS应用。④跨平台特性。基于Java的WebGIS可以做到“一次编程，到处运行”（write once，run anywhere），把跨平台的特点发挥得淋漓尽致。

第四节　软、硬件环境配置方案设计

一、硬件环境

GIS的硬件环境是指支持GIS开发和运行的硬件平台。它是GIS软件得以运行的物质基础，其合理与否将直接影响GIS功能的实现和效益发挥。在选择硬件平台时，应根据业务部门对数据容量、速度等方面的要求，结合其自身业务情况和经济承受能力，合理选择不同档次的硬件平台，在保证实现各自功能的同时，尽量降低硬件投入。

1. GIS硬件类型

GIS硬件用于存储、处理、传输和显示空间数据，主要包括主机、外部设备和网络设备等。

1）主机是用于数据管理、存储和处理的设备，如工作站、PC机等。

2）外部设备是用于图形输入、输出的设备，如数字化仪、扫描仪、打印机等。

3）网络设备是用于数据传输的设备，如集线器、交换机等。

2. GIS 硬件选择的原则

1）优先选择符合国际开放性系统兼容的产品，充分利用国际标准化成果。

2）速度及容量方面能满足系统及用户的要求。

3）设备具有足够的扩充、升级灵活性，新增设备要保证与系统原有设备的连接和协同工作。

4）采用适用和实用技术好、性价比高、可维护性好、可靠、安全保密性能好的设备。

5）设备后援支持有保证。

6）软件丰富，便于实用。

7）有强大的联网能力，适应用户数的扩展、异种机和异种局域网的连接。

8）有较好的图形显示和处理功能。

二、软 件 环 境

GIS 软件环境是指支持 GIS 开发和运行的软件平台。GIS 软件环境的选择对于 GIS 的开发、运行和维护有重要的意义。一个好的 GIS 软件平台不仅使 GIS 的开发维护简单易行，而且能保证开发出的 GIS 系统运行高效可靠。

1. GIS 软件类型

GIS 软件是指地理信息系统运行所必须的各种软件，主要包括系统软件、数据库软件和 GIS 专业软件等。

1）系统软件是指控制和协调计算机及外部设备，支持应用软件开发和运行的系统。通常包括操作系统、汇编程序、编译程序、诊断程序、库程序以及各种维护使用手册。

2）数据库软件是用于存储、管理和维护数据的软件。数据库软件主要有：Oracle、DB2、SQL Server、Access、PostgreSQL 等。目前常用的商用数据库系统通过空间数据引擎或扩展模块提供对空间数据存储和管理的支持，如ArcSDE、Oracle Spatial、PostGIS 等。

3）GIS 专业软件主要实现数据输入和检验、数据存储和管理、数据变换、数据输出和表示、用户接口等功能，主要有 ArcGIS、MapInfo、MapGIS、SuperMap 等。

2. GIS 软件环境选择的原则

1）所选的 GIS 软件环境必须符合开放式系统的要求。近二十年来，软件发展的最主要趋势是开放式系统，即遵循标准化的有兼容性、可移植性、互操作性的系统。开放式系统的概念可用于 GIS 的系统软件（即操作系统）、GIS 支撑软件、GIS 工具软件及其他辅助软件等各个层次。一个符合开放式系统要求的 GIS 软件可以保证 GIS 应用软件的开发和运行与硬件环境相独立以及与其他 GIS 系统的互连和互操作。

2）所选的GIS软件环境必须有必要和足够的软件工具平台。这是一个好的GIS应用软件开发维护环境必不可少的条件。GIS软件工具按用途类别划分可以有数据输入与转换工具、数据输出工具、图形与文本编辑工具、空间与属性数据库管理工具、空间分析工具、网络通信工具、界面开发工具等。按技术水平分，有二次开发工具和面向对象开发工具等。

3）必须充分考虑所选软件环境的功能和效率以及对采用新技术的支持和扩充能力。

4）考虑所选软件环境的可靠性及性价比等常规的选择标准。

总之，在软硬环境选择中开放性是保证系统能否适应以后技术发展的关键。另外，软硬件的可靠性、性价比、功能以及建设部门的经济承受能力等也都是必须考虑的因素。

第五节　GIS功能模块设计

经过系统需求分析，明确了系统要实现的功能后，就进入了系统功能设计阶段，功能设计的主要任务是根据系统开发的目标来设计系统的规模和确定系统的各个功能模块。在系统总体设计中，主要的工作就是确定功能模块结构。

一、系统功能设计的原则

1）功能结构的合理性：即系统功能模块的划分要以系统论的设计思想为指导，合理地进行集成和区分，功能特点清楚、逻辑清晰、设计合理。

2）功能结构的完备性：根据系统应用目的要求，功能齐全，适合各应用目的和范围。

3）系统各功能的独立性：各功能模块应相互独立，各自具备一套完整的处理功能，且功能相对独立，重复度最小。

4）功能模块的可靠性：模块的稳定性好，操作可靠，数据处理方法科学、实用。

5）功能模块操作的简便性：各子功能模块应操作方便，简单明了，易于掌握。

二、模块结构及表示

一般通过功能划分过程来完成软件结构设计。功能划分过程从需求分析确立的目标系统的模型出发，对整个问题进行分割，使其每一部分用一个或几个软件模块加以解决。

1. 模块

一个软件系统通常由很多模块组成，函数和子程序都可称为模块，它是程序语句按逻辑关系建立起来的组合体。对于大的模块，一般还可以继续分解或划分为功能独立的较小模块，不能再分解的模块为原子模块。如果一个系统，它的全部实际加工（即数据计算或处理）都由原子模块来完成，而其他所有非子模块仅执行控制或协调功能，这样的系统就是完全因子分解的系统。完全因子分解的系统被认为是最好的系统，但实际上，这只是我们力图达到的目标，大多数系统做不到完全因子分解。

通常，可以按照在软件系统中的功能将模块划分为以下四种类型。

1）输入模块：输入模块的功能是取得数据或输入数据，经过某些处理，再将其传送给其他模块。传入模块传送的数据流称为逻辑输入数据流，数据可能来自系统外部，也可能来自系统的其他模块。

2）输出模块：输出模块的功能是输出数据，在输出之前可能进行某些处理，数据可能被输出到系统的外部，也可能会输出到其他模块进行进一步的处理，但最终的目标是输出到系统的外部。传出模块传送的数据流称为逻辑输出数据流。

3）变换模块：也称为加工模块，它从上级调用模块取得数据，进行特定的处理，转换成其他形式，再将加工结果返回给调用模块。变换模块加工的数据流称为变换数据流，大多数计算模块（原子模块）属于这一类。

4）协调模块：协调模块本身一般不对数据进行加工，其主要功能是通过调用、协调和管理其他模块来完成特定的功能，如结构化程序设计中的主程序。

2. 模块结构

模块结构表明了程序各个部件（模块）的组织情况，它通常是树状结构或网状结构，其中，树状结构常常蕴含了在程序控制上的层析关系。但要注意的是，模块结构是软件的过程表示，它未表明软件的某些过程性特征，如软件的动态特性在模块结构中就未明确体现。

模块结构最普遍的形式就是树状结构和网状结构，如图 4.14 和图 4.15 所示。

1）树状结构。在树状结构中，位于最上层的根部是顶层模块，它是程序的主模块。与其联系的有若干下属模块，各下属模块还可以进一步引出更下一层的下属模块。从图 4.14 所示的树状结构可以看出模块的层次关系：模块 A 是顶层模块，如果算作第 0 层，则其下属模块 B 和 C 为第 1 层，模块 D、E 和 F 为第 2 层，模块 G、H 和 I 为第 3 层。

从图 4.14 中可知，树状结构的特点是：整个结构只有一个顶层模块，上层模块调用下层模块，同一层模块之间不互相调用。在软件模块设计时，建议采用树状结构，但往往可能在最底层存在一些公共模块（大多为数据操作模块），使得实际软件的模块结构不是严格意义上的树状结构，这属于正常情况。

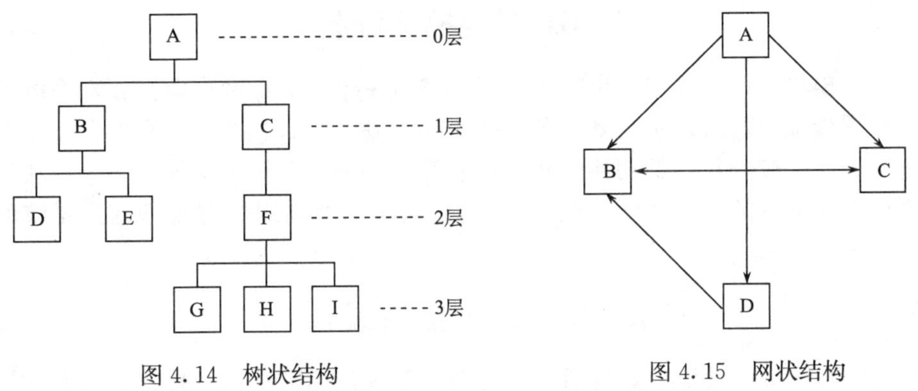

图 4.14　树状结构　　　图 4.15　网状结构

2）网状结构。网状结构的情况与树状结构相比，则完全不同。在网状结构中，任意两个模块间都可以有调用关系。由于不存在上级模块和下属模块的关系，也就分不出层次来，任何两个模块都是平等的，没有从属关系。图 4.15 所示为网状结构的例子，形式上模块 A 处在较高的位置上，B、C 和 D 是其下属模块。但在图 4.15 上又可看出，C 是 B 的下属模块，而 B 又是 C 的下属模块，因此无法构成层次关系。

分析两种结构的特点之后可以看出，对于不加限制的网状结构，由于模块间相互关系的任意性，使得整个结构十分复杂，处理起来势必引起许多麻烦。这与原来划分模块，为便于处理的意图相矛盾，所以在软件开发的实践中，人们通常采用树状结构。

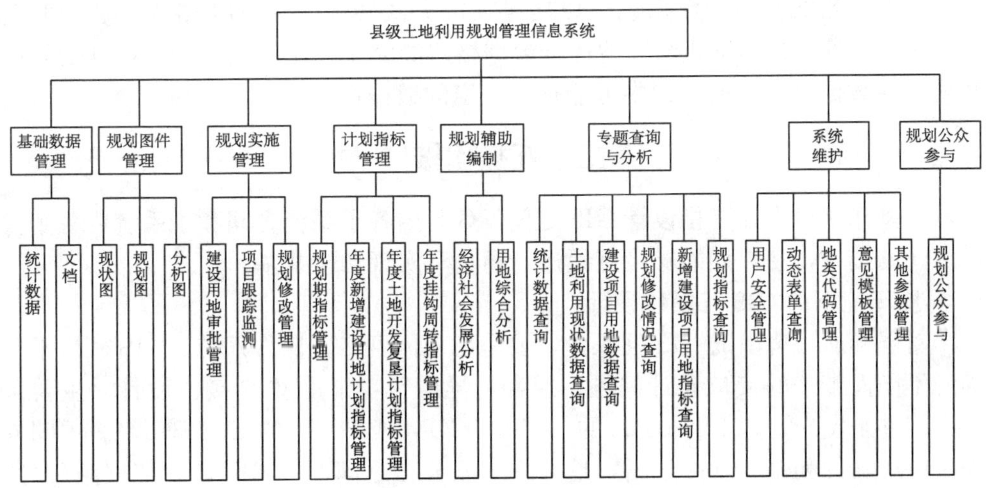

图 4.16　系统功能模块划分图

三、GIS功能模块划分

在功能模块设计过程中，根据系统定义的成果——分层数据流图，对系统的模块进行逐步细分，将该系统划分为若干个相互独立而又相互有联系的业务子系统，每个子系统按照其内部功能的相对独立性又划分为若干个模块，每个模块执行一系列相互关联的具体功能。图4.16为某县级土地利用规划管理信息系统的八个子系统。

第六节　GIS接口设计

广义的GIS接口设计主要包括以下内容：系统与标准数据的接口、互操作接口、空间数据与属性数据的接口、GIS与其他开发环境之间的接口、人机接口等。

一、系统与标准数据的接口

当我们设计一个GIS软件时，需要设计系统与标准数据的接口。所谓"标准数据"是指常用的商业GIS软件的数据格式，如ArcGIS的Shapefile、MapInfo的Mif、Intergraph的MGE工程、DGN文件和FRAME文件等格式。接口的形式有两种：一种是直接存取，所开发的软件提供对该数据格式的支持。这种方法使用较为方便，也不存在数据损失，但是实现起来较为繁琐。而且，目前常用的GIS数据格式种类很多，很难实现对所有格式的支持。另一种是通过导入/导出机制进行数据转换，提供一种标准数据格式，用来与其他标准数据格式进行转换，如MapInfo软件的交换数据格式Mif格式，可以导出成为Dxf格式。同时，用Dxf格式存储的数据也可以用导入的方式转换成为Mif格式，从而实现MapInfo支持的数据格式与其他标准数据格式的交流。使用该方法与标准数据的交换，在数据格式变换过程中可能存在一定的数据损失。

二、互操作接口

互操作接口设计是指设计GIS之间、GIS内各子系统之间和子系统内各个模块之间的接口，使它们能够较好地进行通信和实现功能共享。

1. 异质环境下的GIS互操作设计

对于异质环境下的GIS互操作，要考虑到因网络、操作系统、GIS软件平台等的不同而带来的接口设计问题。通常，异质环境下的GIS接口设计，主要采用中间件来实现，如Microsoft的COM/DCOM或OMG的CORBA等。中间件处于应用软件和系统软件之间，是客户与服务器之间的连接件，它能屏蔽硬件、网络环境、操作系统和异构数据库等的差别。一个好的中间件支持各种通信协议和各种通信服务模式，传输各种数据内容，支持数据格式转换和流量控制等。中间件的种类有终端仿真/屏幕转换、数据访问中间件、远程过程调用中间件、消息中间件、交易中间件和对象中间件等。除了采用中间件来解决现有异质环境下的 GIS 互操作问题外，DDE（动态数据交换）、OLE（对象链接与嵌入）、API（应用程序编程接口）也能实现不同 GIS 之间的集成。尤其是 DLL（动态链接库），它是 API 的一种，它给在 Windows 环境下系统之间和系统内子系统之间的相互调用提供了很大的方便。

2. GIS 子系统之间以及子系统各模块之间的接口设计

GIS 内部接口设计需确定接口约定，主要包括以下内容。

（1）命名约定

命名约定用来解决不同语言在命名方面的差别所带来的问题。各种语言对用来标识程序对象的标识符（或称名字）都有自己的规定，因而在混合编程时必须有一套转换规则。程序员只有遵守它，相应的语言编译程序才能实现它。

（2）调用约定

调用约定主要解决子程序的参数传递顺序问题。子程序的调用者和被调用者之间并非直接传递参数，一般是通过堆栈进行的。调用约定规定子程序调用者以什么顺序将子程序的实参推入堆栈，被调用者以什么顺序从堆栈中取走实参。

（3）参数传递约定

参数传递约定确定参数是按值传递还是按引用传递。

GIS 内部接口设计的形式有多种，主要包括消息传递、直接引用、用过程语句调用等。其中，消息传递在面向对象程序设计中用得很多；直接引用是指一个模块直接存取另一个模块的某些信息，如全程变量、共享的通信区等；而用过程语句调用是指通过模块的名字调用整个模块，一个模块只有一个入口，所有数据来往都以参数形式出现。采用何种内部接口形式需要根据实际需要进行选择。

三、空间数据与属性数据的接口

在 GIS 中，空间数据与属性数据的结合有两种形式：绑定式和分离式，表 4.2 给出两种结合方式的比较。

表 4.2　空间数据与属性数据结合的两种形式比较

比较项目 \ 类别	绑定式	分离式
思路	空间数据与属性数据都由 GIS 软件来管理	空间数据由 GIS 软件来管理，属性数据由通用的关系型数据库来管理
优点	不需要考虑接口问题	对数据的利用更为灵活，能为其他系统提供属性数据共享服务
缺点	空间数据与属性数据绑定，属性数据不灵活	要考虑接口问题
软件举例	MapInfo	ArcGIS

分离式的空间数据与属性数据的接口设计可以通过唯一的ID码联系在一起，然后通过GIS软件提供的专用接口与标准商用数据库连接或使用ODBC等技术来实现两者的互访。随着网络和分布式技术的发展，属性数据可能分布在不同的站点上，可采用远程ODBC来访问远程数据。在GIS设计中，通过ODBC与关系型数据库连接也有两种形式，一是GIS软件本身内置了ODBC应用程序，如MapInfo通过它自己的远程ODBC访问远程数据；另一种形式是通过程序设计语言（如VC、VB、Delphi等），用标准的ODBC与关系型数据库互连。例如，在VB中，先通过ODBC连接数据库源（Oracle、Sybase、Informix、DB2等），再通过RDO（Remote Data Object）和SQL来访问数据，Delphi则通过BDE（Borland Data-Base Engine）和SQL来访问数据。数据库接口技术也在不断发展，常用数据库接口技术有：开放式数据库连接ODBC、OLE DB、ADO（ActiveX Data Object）等，这些接口都用SQL作为查询语言对数据库进行操作。

四、GIS与系统开发环境的接口

CAD、OA、RDBMS是政府部门GIS工程方案中系统开发环境的组成部分。CAD是指某些部门（如规划局）用计算机辅助设计软件（如AutoCAD）建立起来的数据，OA是指办公自动化，主要是通过网络分发数据、文档、图形（含地图）和通知等，RDBMS是指用关系型数据库管理的数据。将这三者和GIS集成起来，设计良好的接口，组建高效的图文信息系统，是GIS工程方案的核心内容之一。

GIS软件可通过直接读取的方式实现与CAD（Dxf格式）数据的交互，或通过导入/导出机制来解决数据格式差异带来的不兼容问题。GIS与OA的接口则一般采用OLE或DDE技术来实现，如用Delphi程序设计语言通过创建OLE对象将MapInfo功能和Word功能集成在一起。

设计良好的GIS与系统开发环境的接口，实现GIS与系统开发环境的高效集成，这也是开放式GIS和组件式GIS的发展趋势，图4.17表示了这种模式在电力局电力系统中的应用。

系统除了采用ArcGIS组件来分析显示地理及地理相关信息外，还可以通过实时监测系统实现对电力系统运行的监视。电力网状态可以以图形形式显示出来，同时，在对某一开关操作之前，可以用ArcGIS的网络分析功能进行分析，预测断电区域、负荷变化等。在意外断电时可分析断电原因、辅助故障定位并制定恢复供电方案。要注意的是这些工作能在一个界面上完成，而不需要切换应用界面，任何操作都可以在界面上立即反映出来。这种应用所占用的系统资源要比两个单独的通过其他方法通信的应用所占用的资源少得多。另外，ArcGIS的功能可以嵌入到营业和设备管理系统中，它们可以共用一个数据库，设备管理和营业数据可以以图形方式来管理，更直观形象，可以为电力用户提供更好的服务，

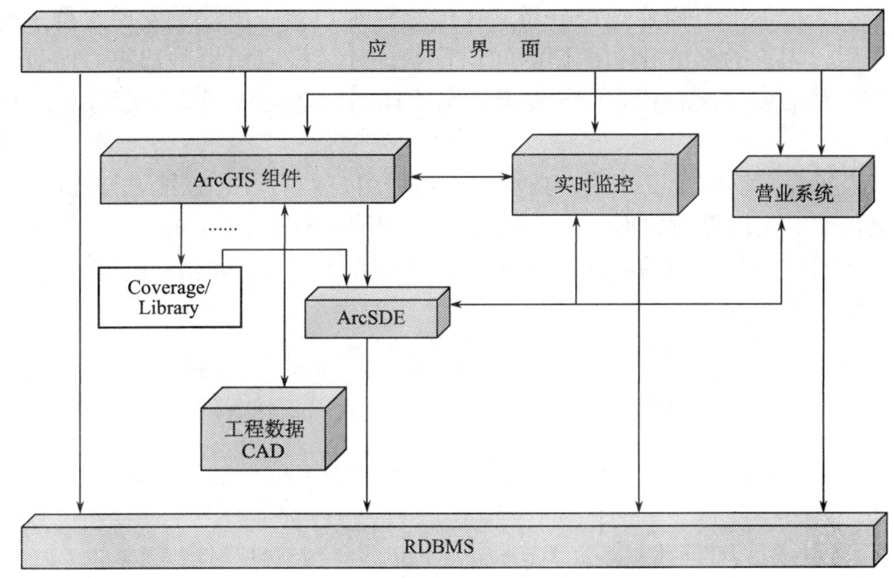

图 4.17　GIS 与系统开发环境集成在供电局电力系统中的应用

注：双箭头之间都要设计接口

也为野外设备维修提供更详细的地理位置及车辆行驶调度方案等。

第七节　GIS 用户界面设计

GIS 用户界面是 GIS 用户与 GIS 系统之间传递、交换信息的媒介，是用户使用系统的综合操作环境和与系统交互的唯一通道。在 GIS 设计中，作为处理空间信息和可视化表达的 GIS 要真正融入 IT 信息世界就必须考虑用户界面问题。所以，用户界面设计在 GIS 设计中占有非常重要的地位。

在过去的 GIS 设计中，由于受计算机软硬件、开发者的知识经验以及专业化应用领域的限制，通常把重点放在了数据结构和数据模型、空间数据库及 GIS 应用分析模型的构建上。设计者往往又是系统的使用者，GIS 的应用也局限于专业领域。当 GIS 产业随社会需求的推动而逐渐兴起时，这种系统用户界面不友善的问题愈发突出。对 GIS 用户而言，用户界面就是系统。用户通过与计算机的交互来实现他们所需要的 GIS 功能，同时，界面的设计也决定了用户如何开展工作。用户界面应致力于隐藏系统内部的细节，而使用户更加专心处理自己的任务。

一、以用户为中心的人机界面

1. GIS 的用户分析

GIS 已经从学术研究逐步走进了政府、企业及大众，开始在城市规划、土地利用、环境保护、商业选址分析、在线旅游等众多应用领域发挥着越来越重要的作用。用户的多样化和他们的知识背景、计算机应用水平都使GIS设计具有面向大众的多层次目标，GIS发展从实验技术驱动向市场应用驱动转变已是大势所趋。

从人机界面学的角度来看，必须了解各种用户的习性、技能、知识和经验，并预测他们对人机界面的不同需求和反应，为用户界面系统的分析设计提供科学依据。考虑到GIS应用的特殊性（具有地学应用特性的空间信息处理），GIS用户分类如图4.18所示。

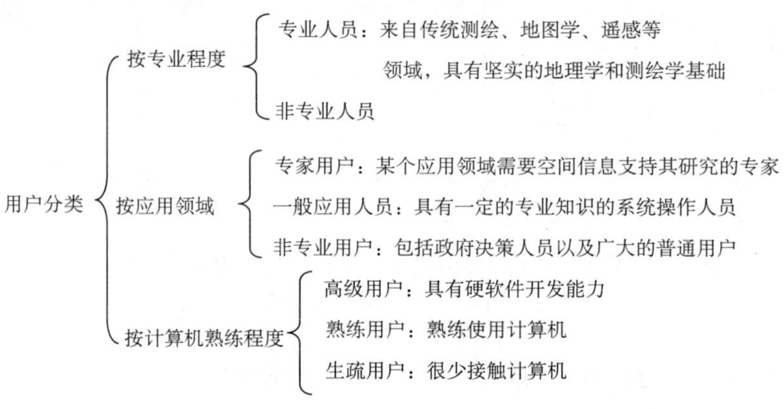

图4.18 GIS用户分类示意图

2. 人机交互方式

人机交互是通过计算机语言来表示用户任务，并能被计算机有效识别和执行的人机交流手段，目前主要有五种基本方式（表4.3）。

表4.3 人机交互的五种基本方式

名称 项目	命令语言	菜单选择	填表方式	自然语言	直接操纵
途径	系统提示命令	屏幕选择命令	屏幕操作序列	类自然语言	可视对象与动作
特点	严格的句法	功能直观	易操作	符合人类交流习惯	以用户为中心
缺点	需记忆大量命令	灵活性、功能方面较欠缺	仅适用于数据录入	尚未成熟	表达的内容有限
优点	比较灵活	学习和记忆负担最小	易操作，用户掌握主动权	易掌握、智能控制水平高	简单易学、速度快、操作灵活
适用范围	适用于专家型用户和高级用户	各种应用系统	多用于向系统输入大量数据	多用于专家系统	面向非专业用户和生疏用户

3. GIS 用户界面的设计原则

基于标准窗口系统，具有统一界面风格的图形用户界面已经成为 GIS 用户界面发展的主流。成功的 GIS 系统应具备完善的功能和友好的图形界面，能使用户集中精力于他们的任务本身，给他们带来愉悦而没有“障碍”的感觉，并能对他们每一个操作的反应作出预测。

GIS 用户界面设计的基本原则是以用户为中心，具体应遵循以下原则。

(1) 一致性原则

一致性原则具体包括以下两个方面：①追求设计者模型、系统映象和用户概念模型的一致性。系统映象反映设计者的意图越好，设计者模型就会越接近于用户形成的概念世界，即界面的概念表达方式应尽可能接近用户的想法。②控制应用方式的一致性。在类似的情况下，必须有一致的操作序列，并尽可能采用国家及行业标准和用户习惯的方式。

(2) 合适的功能

功能欠缺的系统会使用户丧失兴趣，而过多繁琐的功能则会大量增加系统的复杂性。

(3) 封装性

界面要尽量掩藏复杂的内部实现细节，使用户可以集中精力解决专业应用问题。GIS 用户主观上把客观世界理解成许多数据层，即用户视图。而在计算机内部，GIS 设计者将数据抽象为不同数据类型，这一抽象是基于软件设计者的数据模型视图的，应采用一定的封装方法将其与用户的数据视图联系起来。

(4) 灵活性

界面应该灵活地安排各种对话方式，充分满足用户的各种选择。

(5) 合理、高效利用屏幕

要充分考虑海量数据与有限屏幕显示的矛盾，从可读性的角度合理安排屏幕上的多个窗口及信息载负。首先，窗口显示内容应协调一致；其次，功能菜单应建立层次级联系，主次菜单应有区别；再次，研究空间信息可视化问题，以使用户可以方便地操纵空间数据；另外，还要考虑屏幕色彩的合理搭配、屏幕刷新等问题。

(6) 用户界面的效率

显示、查询和空间分析是 GIS 的基本功能，对海量空间数据进行上述操作，其耗费的计算机资源是巨大的，应妥善解决好这些问题，提高界面的响应速度。

(7) 提供反馈、帮助信息以及出错处理机制

当系统执行长时间任务时，界面上应显示有意义的反馈信息，如显示任务进度的进度条等；为更好地帮助用户完成任务，系统应提供提示帮助或联机帮助文档；当用户操作失败时，系统应及时指出错误所在并提出改进意见。

(8) 与应用程序设计分离

为了提高软件开发的效率，通常采用用户界面与应用程序设计相分离的思路进行软件的开发，首先建立用户界面，构建好软件的功能框架，然后在此基础上进行应用程序开发，添加相关的应用程序来实现界面中提供的功能。

用户友好界面设计的一般经验准则见表 4.4。

表 4.4 用户友好界面设计经验准则列表

一般准则（用户的注意力集中于任务）	注意一致性，用固定格式构造菜单选项、命令输入、数据显示等 对任何不同寻常的破坏性操作要求确认 允许大多数操作的方便退出和恢复 减少操作中必须记忆的信息量 尽量提高对话、动作和思维效率 容忍一般性错误及系统自保护机制 按功能将活动分类及按功能组织屏幕布局 提供必要的上下文帮助 采用简单动词或动词短语给命令命名
信息显示（清晰性、一览性）	只显示与当前上下文有关的信息 信息载负量应该适中 使用一致的界面风格，如颜色 保持显示内容的上下相关性，如提供地图图形的全局视图、索引图 提供有意义的出错信息 文本显示采用大小写、行首缩进和正文分组等 尽可能用不同窗口来划分不同类型的信息 地图符号的合理选择 合理利用屏幕的可用空间，避免零乱的窗口堆砌
数据输入/输出	尽量减少用户的输入动作，如用“宏”操作 保证信息显示与数据输入的一致性 允许用户定制输入 交互方式应符合用户要求和习惯 屏蔽在当前动作的上下文中不适用的命令 把控制交给用户，让用户控制交互的流程 具备自动数据校验和检查功能（组合检查、范围检查、完整性检查） 为输入动作提供实时帮助机制 尽量采用缺省值方式 输出设计具备易存取性、及时性、相关性、准确性、可用性

二、GIS用户界面设计与开发

为了使人-机界面开发形成快速、高效的生产能力，将人-机界面设计者从繁琐枯燥、低水平重复的劳动中解脱出来，人们越来越重视人机界面开发工具（UIMS）的研制。

UIMS 的基本出发点是用户界面与应用功能模块的分离，即用户界面开发的独立，用户界面独立的概念正在使用户界面开发的理论与技术成为计算机科学中一个新的研究领域——“人机界面软件工程学”。作为软件工程学的组成部分之一，人机界面软件工程学总体上符合和继承了软件工程学的原理。同样，人机界面开发的过程、方法、工具和环境与一般软件系统是相似的，但在细节上有较大差别，主要表现在：用户难于在一开始就给出全面、精确和相对不变的界面需求；界面的对象和事件与软件系统的其他部分应用功能模块的对象和动作有着密切的联系；界面有可能要受到最终用户和专家的评价、批评，甚至进行重新设计。

在 GIS 用户界面的开发中，一般采用原型化方法。原型化开发模型体现了人机界面设计过程的反复性，即由人-机界面需求快速设计建立界面原型，然后由用户进行评价，再根据他们的意见进行需求调整，建立新的原型。此过程反复进行，直至产生用户满意的界面产品为止。目前，以 Visual Studio .NET、Visual Basic、Delphi 等为代表的可视化编程语言和大量界面快速设计工具的出现，为快速生成窗口环境界面提供了帮助。

GIS 用户界面的设计主要包括两部分：一是输入设计；二是输出设计。

1. GIS 输入设计

数据输入就是将空间数据编码转换为计算机可读形式并把数据写入空间数据库的过程。数据输入通常是 GIS 建立的主要瓶颈问题。经验表明，建立数据库的基本费用通常是 GIS 硬件和软件的 5～10 倍。对 GIS 的操作而言，要求有一个正确而良好的数据库。

输入到空间数据库的数据有两类，即空间数据和与之相联系的属性数据。空间数据描述了地理实体的空间位置，属性数据提供如街道名称、湖泊面积和林地植被组成等描述信息。空间数据和属性数据输入 GIS 后应正确地联结起来（即属性必须与描述的地物位置在逻辑上匹配），还应有严格的质量检查过程，以检验数据是否满足质量标准。

输入方式设计主要是根据总体设计和数据库设计的要求来确定数据输入的具体形式。常用的输入方式有：键盘/鼠标输入，模/数、数/模输入，网络数据传送，光/磁盘读入等。这些输入方式各有优缺点（表 4.5）。其中，键盘输入虽然是最易于掌握和实现的输入方式，也是最常用的输入方式，但也是最繁琐的输入方式。通常在设计系统的输入时，应尽量利用已有的设备和资源，避免大量的数据重复多次从键盘输入。

表 4.5　几种输入方式比较

类别	输入设备	优点	缺点	适用性
键盘/鼠标输入	键盘和鼠标	直观、简便、易于操作	工作量大、速度慢、出错率高	用于常规、少量的数据和控制信息以及原始数据的录入
数/模、模/数 转换输入	光电设备	快速、安全可靠	应用范围有限，有时需进行后续处理	条码主要应用于商业企业、工商等信息系统；扫描仪用于图像数据的录入等
网络数据传送	网线	快速、操作方便、可靠、安全	只能在网络内部进行数据传送	适用于网络化信息系统的数据传输
光/磁盘传送数据	光介质和磁介质	不需增加任何设备，操作方便	受传送介质容量的限制	适用于主-子系统间的数据连接

在 GIS 中，数据输入具体可采用键盘/鼠标输入、手扶跟踪数字化、扫描数字化和已有数据文件的转换等方式来进行。

2. GIS 输出设计

GIS 输出设计是指空间数据经 GIS 处理和分析后，所得结果以各种形式（如各种地图、图表、数据报表、文本等）输出给用户，供生产、研究、管理、决策等使用。尤其是 GIS 的地图输出，是 GIS 输出设计的重点。一个好的 GIS 应能提供一种良好的、交互式的环境供 GIS 使用者设计、制作和输出所需的地图。图 4.19 表示了产品输出的各种形式和介质。

当地图作为输出产品时，必须满足下述要求。

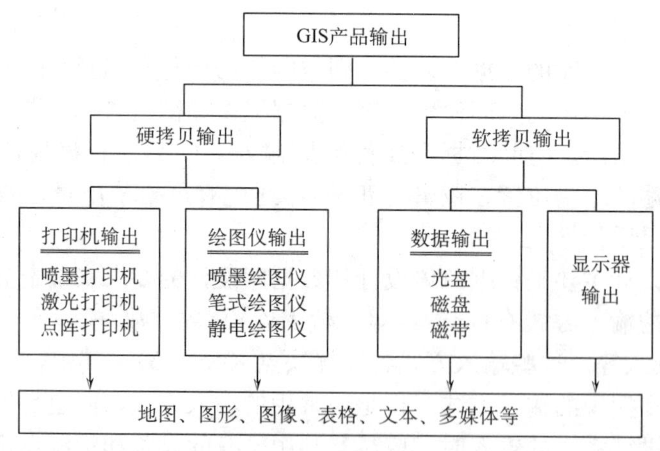

图 4.19　GIS 产品输出形式和输出介质图

（1）地图内容的可靠性

地图内容的可靠性是产品质量的重要保证，它包括输入数据的正确性，所采用分析方法的合理性，以及分析结果的适用性。

（2）表示方法的适用性

包括空间信息转化为地图符号的合理性，空间内容的科学分类和分级，符号配置的定位精度，同时，还要具备图名、图例和比例尺，使产品符合一定的质量规格等。

GIS 为保证其产品的输出，需设计输出软件，这些软件包括数据输出的放大和开窗，各种线条、颜色和符号的变换输出，地图图面的配置选择，绘图仪输出，屏幕显示输出，以及输出数据向磁性介质的转储命令等。制图输出自动化是用户梦寐以求的，因此，产品输出设计时应多考虑制图输出自动化的功能。

第八节　GIS 系统总体设计报告

系统总体设计阶段的最终结果是 GIS 系统总体设计报告（类似于计算机软件工程中的“系统总体设计报告”），它是下一步系统实施的依据。表 4.6 列出 GIS 系统总体设计报告的主要内容。GIS 总体设计报告应该包括空间数据库的总体设计，考虑到空间数据库设计在 GIS 设计中的重要地位，本书将空间数据库总体设计和详细设计以及空间数据库建库的过程单独作为一章进行详细介绍。

表 4.6　GIS 系统总体设计报告的主要内容

1 引言
1.1 编写目的
说明编写本软件设计说明书的目的
1.2 背景说明
给出待开发的软件产品的名称
说明本项目的提出者、开发者及用户
2 用户需求分析成果
包括系统功能需求和性能要求等
3 GIS 总体设计
3.1 设计目标、依据和方法
3.2 GIS 软件架构
3.3 GIS 软、硬件配置方案
3.4 GIS 功能模块设计
在 DFD 图的基础上，用模块结构图来说明各层模块的划分及其相互关系，划分原则上应细到程序级（程序单元），每个单元必须执行单独一个功能（即单元已不可再细分）
3.5 GIS 接口设计说明
内部接口：说明本软件内部各模块间的接口关系，包括：名称、意义、数据类型、有效范围、I/O 标志

续表

外部接口：说明本软件同其他软件及硬件间的接口关系，包括：名称、意义、数据类型、有效范围、I/O标志、格式（指输入或输出数据的语法规则和有关约定）、媒体
用户接口
4 空间数据库设计
4.1 目的、引用的法规政策以及遵循的标准规范
4.2 空间数据库总体设计
包括空间数学基础、命名规范、编码标准、分层分幅标准以及属性表的设计等
5 用户界面设计

思考题

1. GIS总体设计一般采用结构化设计方法，试说明结构化设计方法的基本特征。

2. 结构化设计方法提供了一系列衡量软件质量的评价准则，这些评价软件设计质量的准则包括哪些方面？

3. GIS地理建模是利用GIS进行空间分析的重要手段，试简要说明GIS地理建模的目的、方法和过程。

4. 广义的GIS接口技术包括哪些内容？

5. GIS空间数据与属性数据的结合有绑定式和分离式两种方式，试比较两种方式的思路与优缺点。

6. GIS用户界面作为GIS用户与GIS系统之间传递和交换信息的媒介，其设计需要遵循哪些原则？

7. GIS用户界面的设计包括输入设计和输出设计，试从适用性和优缺点等方面比较不同的输入方式和输出方式。

8. 系统总体设计报告是系统总体设计阶段的最终成果，说明GIS总体设计报告的构成和内容。

参考文献

布奇，兰宝，雅各布. 2006. UML用户指南. 第二版. 邵继忠，麻志毅译. 北京：人民邮电出版社.
曹东启，王杰，吕晓敏. 1991. 软件工程结构化系统分析和设计. 北京：中国铁路出版社.
陈丙咸，黄杏元，姚绪荣，等. 1991. 省、市、县区域规划与管理信息系统研究. 南京：南京大学出版社.
陈文伟. 1994. 决策支持系统及其开发. 北京：清华大学出版社.
戴梧叶，郭景晶. 2000. 网络的设计与组建. 北京：人民邮电出版社.
黄杏元，马劲松，汤勤. 2001. 地理信息系统概论. 北京：高等教育出版社.
蓝运超，黄正东，谢榕. 1999. 城市信息系统. 武汉：武汉测绘科技大学出版社.
黎达. 1989. 计算机信息系统分析与设计. 北京：中国科学技术出版社.
黎洪松，裘晓峰. 1999. 网络系统集成技术及其应用. 北京：科学出版社.
李代平. 2008. 软件工程. 北京：清华大学出版社.
李千目，许满武，张宏，等. 2008. 软件体系结构设计. 北京：清华大学出版社.

林资山. 1995. 客户机-服务器技术与应用——Client-Server专辑. 北京：学苑出版社.

刘伟，李小武，罗明. 2001. CGI技术全面接触. 北京：清华大学出版社.

孟令奎，边馥苓. 1996. GIS信息处理模式与软硬件环境选择. 测绘通报，4：19-22.

倪鹏云. 2000. 计算机网络系统结构分析. 北京：国防工业出版社.

普里斯特. 2005. 面向对象设计UML实践. 第二版. 北京：清华大学出版社.

齐治昌，谭庆平，宁洪. 2000. 软件工程. 北京：高等教育出版社.

任建武，李满春. 1998. 分布式城市地理信息系统及其应用软件开发研究. 见：中国地理信息系统学会. 中国地理信息系统协会1998年会会议论文集.

史济民. 1990. 软件工程原理、方法与应用. 北京：高等教育出版社.

苏运霖. 1995. 分布式系统与分布式算法. 广州：暨南大学出版社.

汪应洛. 1992. 系统工程理论、方法与应用. 北京：高等教育出版社.

王一宾，李心科. 2005. 软件体系结构设计方法的研究. 计算机工程与设计，26（3）：604-607.

王占全，赵斯思，徐慧. 2005. 地理信息系统（GIS）开发工程案例精选. 北京：人民邮电出版社.

王忠群. 2009. 软件工程. 合肥：中国科学技术大学出版社.

吴信才. 2002. 地理信息系统设计与实现. 北京：电子工业出版社.

谢星星，沈懿卓. 2009. UML基础与ROSE建模实用教程. 北京：人民邮电出版社.

郑人杰，殷人昆，陶永雷. 1997. 实用软件工程. 第二版. 北京：清华大学出版社.

周琼朔. 2005. 软件体系结构设计方法的研究及应用. 武汉理工大学学报，27（1）：102-106.

周炎坤，李满春. 1999. Web GIS开发方法比较研究. 计算机应用研究，16（11）：44-46.

Braude E J. 2001. Software Engineering. New York：John Wiley & Sons.

Li B，Zhang L. 2000. Distributed spatial catalog service on the CORBA object bus. GeoInformatica，(4) 3：253-269.

Pressman R S. 2007. 软件工程——实践者的研究方法. 郑人杰译. 北京：机械工业出版社.

Stiller E，LeBlanc C. 2002. 基于项目的软件工程：面向对象研究方法. 北京：机械工业出版社.

Tang A，Scoggins S. 1994. 开放式网络和开放系统互连. 戴涪译. 北京：电子工业出版社.

Wang F J. 2000. A distributed geographic information system on the common object request broker architecture (CORBA). GeoInformatica，1 (4)：89-115.

第五章　系统详细设计

第一节　系统详细设计的目标与任务

系统总体设计阶段已经确定了软件的模块结构和接口描述，划分出不同的GIS目标子系统，即各个功能模块，并编写了总体设计文档，但此时每个模块仍处于黑盒子级，需要进行更进一步的设计。

详细设计阶段的根本目标是确定怎样具体地实现所要求的系统，也就是为各个在总体设计阶段处于黑盒子级的模块设计具体的实现方案。系统详细设计的主要内容是在具体进行程序编码之前，根据总体设计提供的文档，细化总体设计中已划分出的每个功能模块，为之选择具体的算法，并清晰、准确的描述出来，从而在具体编码阶段可以把这些描述直接翻译成用某种程序设计语言书写的程序。其设计成果可用程序流程图描述，也可用伪码描述，还可用形式化软件设计语言描述。详细设计的结果基本上决定了最终程序代码的质量。

详细设计以总体设计阶段的工作为基础，但又不同于总体设计阶段，这主要表现为以下两个方面：①在总体设计阶段，数据项和数据结构以比较抽象的方式描述。例如，总体设计阶段可以声明矩阵在概念上可以表示一幅遥感图像，详细设计就要确定用什么数据结构来表示这样的遥感影像。②详细设计要提供关于算法的更多细节。例如，总体设计可以声明一个模块的作用是对一个表进行排序，详细设计则要确定使用哪种排序算法。总之，在详细设计阶段为每个模块增加足够的细节，使得程序员能够以相当直接的方式对每个模块编码。因此，详细设计的模块包含实现对应的总体设计的模块所需要的处理逻辑，主要内容有：①详细的算法；②数据表示和数据结构；③实现的功能和使用的数据之间的关系。关于地理数据表示和数据结构将在第六章进行专门的论述，本章仅对非地理数据结构以及建库进行叙述。

详细设计的具体任务包括以下几个。

1）细化总体设计的体系流程图，绘出程序结构图，直到每个模块的编写难度可被单个程序员掌握为止。

2）为每个功能模块选定算法。

3）确定模块使用的数据组织。

4）确定模块的接口细节，以及模块间的调用关系。

5）描述每个模块的流程逻辑。

6）编写详细设计文档。主要包括细化的系统结构图及逐个模块的描述，如功能、接口、数据组织、控制逻辑等。

第二节　系统详细设计的工具

一、结构化系统详细设计工具

系统详细设计的任务是给出软件模块结构中各个模块的内部过程描述，也就是模块内部的算法设计。根据软件工程的思想，在GIS软件设计过程中，尤其是大型GIS软件的开发，系统设计和系统实现是两个阶段的任务，通常由不同的人员来进行。因此，需要采用一种标准的、通用的设计表达工具来实现两个阶段的沟通，使设计人员设计的系统，实现人员通过分析设计的文本和资料得到无歧义的理解，即详细设计表达工具的选择可以促进系统设计成果的表达和实现。详细设计的表达工具可分为图形、表格和语言三种。无论是哪种工具，对它们的基本要求都是能提供对设计的无歧义的描述，即能指明控制流程、处理功能、数据组织以及其他方面的实现细节，从而方便在编码阶段把设计描述直接翻译成程序代码。

本节主要介绍程序流程图、盒式图、PAD图、类程序设计语言等表达工具。此外，详细设计表达工具还包括上一章介绍的IPO图、判定树和判定表等。

（一）程序流程图

程序流程图（program flow chart，PFC）又称为程序框图，它是应用最广泛的描述过程的方法，具有简单、直观、易于掌握的优点，特别适用于具体模块小程序的设计。图5.1所示为程序流程图常用符号，其中方框表示处理步骤，菱形框表示逻辑判断，箭头表示控制流。

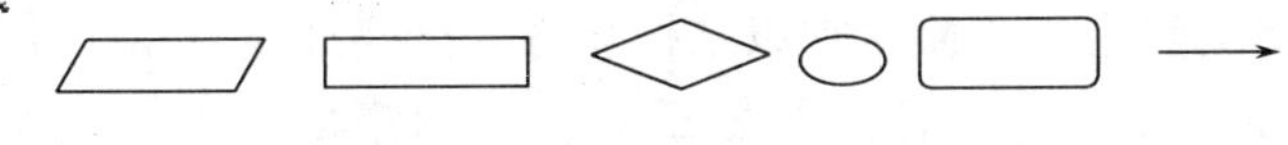

图5.1　程序流程图常用符号

在程序流程图中，结构化单元可以嵌套，如一个if-then-else构造单元的then部分是一个repeat-until构造单元，而else部分是一个选择构造。而这个外层的选择构造单元又是顺序构造中的第二个可执行单元。图5.2所示为结构化单元嵌套示意图，以此嵌套结构可以导出复杂的程序结构。

程序流程图也存在不足之处，主要表现在：

1）程序流程图本质上不是逐步求精的好工具，它使程序员过早地考虑程序的控制流程，而不去考虑程序的全局结构；

2）程序流程图中用箭头代表控制流，因此程序员可以完全不顾结构化程序

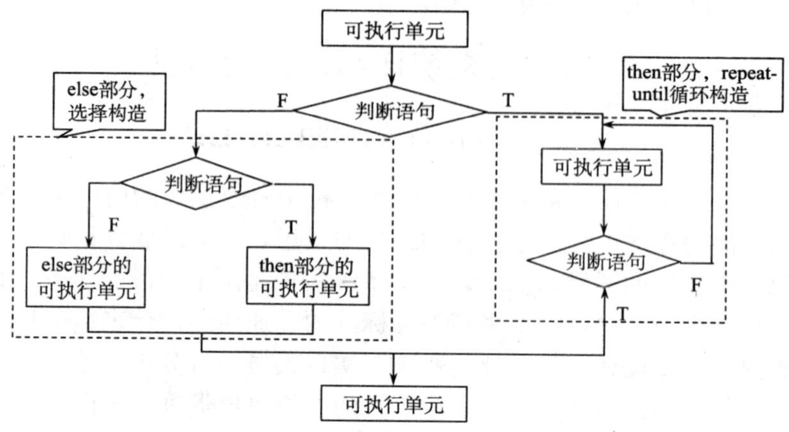

图 5.2　结构化单元嵌套示意图

设计的精神，随意转移控制；

3）程序流程图不易表示数据结构；

4）详细的程序流程图每个符号对应于源程序的一行代码，对于提高大型系统的可理解性作用甚微。

（二）N-S 盒式图

N-S（Nassi-Shneiderman）盒式图是另一种用于详细设计表达的结构化图形设计工具。最初由 Nassi 和 Shneiderman 开发，后经 Chapin 扩充改进，所以又叫 N-S 图或 Chapin 图。同 PFC 相比，N-S 图具有功能域表达明确，容易确定数据作用域的优点。作为详细设计的工具，N-S 图易于培养软件设计的程序员结构化分析问题与解决问题的习惯，它以结构化方式严格地实现从一个处理到另一个处理的控制转移。每一个 N-S 图开始于一个大的矩形，表示它所描述的模块，该矩形的内部被分成不同的部分，分别表示不同的子处理过程，这些子处理过程又可进一步分解成更小的部分。其基本结构如图 5.3 所示。

N-S 盒式图具有如下一些特征：

1）是一种清晰的图形表达式，能定义功能域（重复或 if-then-else 的工作域）；

2）控制不能任意转移；

3）易于确定局部或全局的数据工作域；

4）易于表示递归。

（三）问题分析图

问题分析图（problem analysis diagram，PAD）是由日本日立制作所研究开

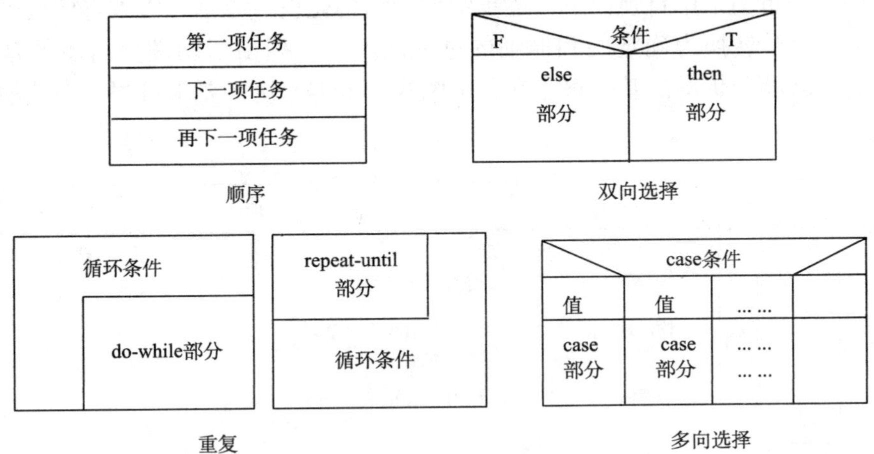

图 5.3 N-S 盒式图基本结构

发的，综合了流程图、盒式图和伪码等技术的一些特点，在 Pascal 语言基础上发展而成的系统详细设计工具。基于 Pascal 的控制结构，用二维树状图的形式描述程序的逻辑，图 5.4 反映了问题分析图的基本原理。问题分析图的主要优点是结构清晰，能直接导出程序代码，并可对其进行一致性检查。问题分析图可用于 Basic、Fortran、Pascal、C 等编程语言，它不仅支持软件的详细设计，还支持软件需求分析和总体设计，也是当前广泛使用的一种软件设计方法。

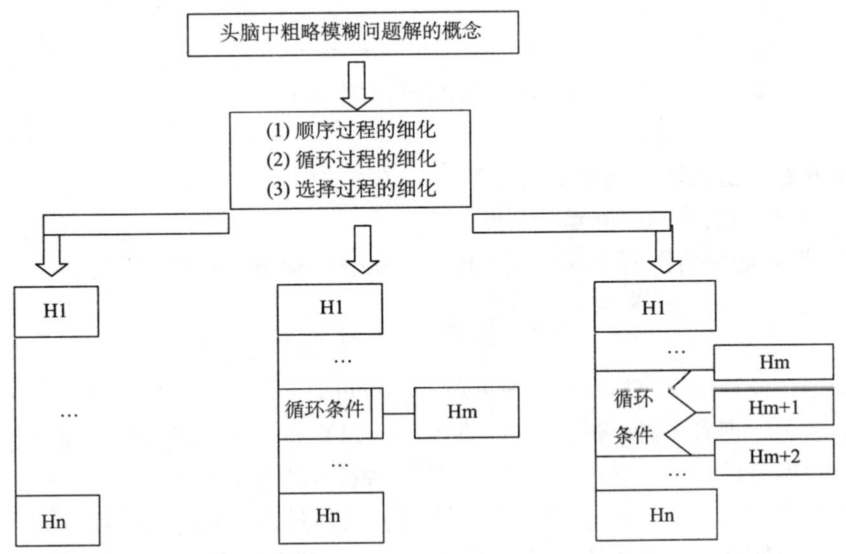

图 5.4 问题分析图方法的基本原理

问题分析图采用自顶而下、逐步细化的结构化设计原则，力求将模糊的问题解的概念逐步转换为确定的和详细的过程。图 5.5 列出了问题分析图的基本符号，有了问题分析图的基本符号和基本图式，根据系统的要求可写出系统的问题分析图。

符号	名称	说明
	输入框	框内写出输入变量名
	输出框	框内写出输出变量名
	处理框	框内写出处理名或语句名
	子程序框	子程序处理框，框内写出子程序名
	重复框	先判定，再重复，框内写出重复条件
	重复框	先执行，然后判定，再重复，框内写出重复条件
	定义框	框内写定义名
	选择框	可一路、二路、三路或多路选择，框内写条件
	语句标号	圆内写出语句标号
	定　义	用于 PAD 图的增加或分解

图 5.5　问题分析图基本符号

由问题分析图转换出相应的源程序，必须按照以下步骤进行：

1）根据问题解画出问题分析图；

2）把问题分析图看做横向生长的树，沿着树前进，写出源程序。

（四）类程序设计语言

类程序设计语言（program design language，PDL）又称为伪码，这是一个笼统的名称，现有多种不同的 PDL 在使用。PDL 是一种混杂语言，它使用一种结构化程序设计语言（如 Pascal、C）的语法控制框架，而在内部却可灵活使用一种自然语言（如英语）来表示数据结构和处理过程。PDL 虽然没有图形工具描述的直观清晰，但用来表示算法灵活自由，且便于翻译成高级语言程序，是介于自然语言与程序设计语言之间的一种伪码。PDL 是用正文形式表示数据和处理过程的设计工具，一方面具有严格的关键字外部语法，用于定义控制结构和数据结构；另一方面，又具有灵活自由的内部语法，以适应各种工程项目的需要。PDL 与实际的高级程序设计语言的区别在于：PDL 的语句中嵌有自然语言的叙述，是不能被计算机识别和编译的。

总体上，PDL 具有以下特点：

1）关键字的固定语法，提供所有结构化构造、数据说明以及模块化的手段。

2）自然语言的自由语法，用于描述处理过程和判定条件。

3）数据说明的手段，既包括简单的数据结构（例如变量和数组），又包括复杂的数据结构（例如链表）。

4）模块定义和调用的技术，提供各种接口描述模式。

下面的实例是用 PDL 定义一个“drawing”数据类型，其中，“drawing”必须是全局变量，能为多个模块所应用，是由特定层次的不同数据类型组成的。使用 PDL 描述的具体形式如下：

```
TYPE drawing IS STRUCTURE DEFINED
  number IS STRING LENGTH（12）;
  geometry DEFINED
    lines:（x, y）start;（x, y）end; line. type;
    circle:（x, y）center, radius, arc. angle;
    point:（x, y）;
    curve:（x [i], y [i]）for i>2;
  notes IS STRING LENGTH（256）;
  BOM DEFINED
    part. sequence IS LIST;
    part. no: STRING format aa-nnnnnn;
    pointer IS PTR;
END drawing TYPE;
```

注意：上面的“drawing”描述的不是用一种编程语言来描述的，很显然，要把 PDL 转换成编程语言的源代码必须遵循严格的语法，设计人员应当根据整个 PDL 语法（syntax），可以以任何相应的方式定义“drawing”的所有组成部分。以“drawing”定义为例，数据结构的定义采用的结构为：TYPE<variable-name> IS<qualifier-1><qualifier-2>。其中，<variable-name>是一个模块内定义的变量名，或是在所有模块中全局使用说明的变量名；<qualifier-1>表示具体的数据结构，包含一些关键字，如 ARRAY、LIST、STRING、STRUCTURE 等；<qualifier-2>则表示在一个模块或整个程序中这些变量名是怎样使用的。

PDL 的过程元素是块结构，这种块结构作为单一的实体执行。一个块结构可以用下列的方式确定：

```
BEGIN<block-name>
   <pseudocode statements>;
END
```

其中，<block-name>可以用来为引用这个块结构提供一种方式。<pseudocode statements>则可用其他所有的 PDL 构造组成。例如：

```
BEGIN<draw-line-on-graphics-terminal>
   get end-points from display list;
   scale physical end-points to screen coordinates;
   DRAW a line using screen coordinates;
END
```

一般地，可将<pseudocode statements>作为注释直接插在源程序代码中，这样做能促使维护人员在修改程序代码的同时也相应地修改 PDL，从而有助于保持文档和程序的一致性，提高了文档的质量。现在已经有自动处理程序存在，而且可以自动由 PDL 生成程序代码。当然，PDL 不如图形工具形象直观，描述复杂的条件组合与动作间的对应关系时，不如判定表或判定树等清晰直观。

二、面向对象的系统详细设计工具

系统详细设计是软件工程中的主要阶段，详细设计细化了高层抽象的体系结构，分析和设计系统的动态结构，并且建立相应的动态模型。动态模型描述了系统随时间变化的行为，它主要是建立系统的交互图和行为图。交互图包括序列图和协作图，行为图包括状态图和活动图。

序列图用来显示对象之间的关系，并强调对象之间消息的时间顺序，同时显示对象之间的交互。协作图主要用来描述对象间的交互关系。状态图通过对类对象的生存周期建立模型来描述对象随时间变化的动态行为。活动图是一种特殊形式的状态机，用于对计算流程和工作流程建模。

本节中主要讨论序列图和活动图。

（一）序　列　图

1. 基本概念

序列图描述了一个交互，它由一组对象和它们之间的关系组成，并且还包括在对象间传递的消息。序列图是强调消息时间顺序的交互图。它描述类和类之间的关系，是将这些交互建模成消息交换，也就是说，序列图描述了类以及类间相互交换以完成期望行为的消息。

交互是指在具体语境中为实现某个目标的一组对象之间进行交互的一组消息

所构成的行为。一个结构良好的交互过程类似于算法，简单、易于理解和修改。交互通常为两种情况进行建模，分别是为系统的动态方面进行建模和为系统的控制过程进行建模。在为系统面向动态方面进行建模时，该机制通过描述一组相关联、彼此相互作用的对象之间的动作序列和配合关系，以及这些对象之间传递、接收的消息来描述系统为实现自身的某个功能而展开的一组动态行为；在面向控制流进行建模时，可以针对一个用例、一个业务操作过程、系统操作过程、整个系统。描述这类控制问题的着眼点是消息在系统内如何按照时间顺序被发送、接收和处理的。

序列图将交互关系表示为一个二维图，其中纵向是时间轴，时间沿竖线向下延伸。横向代表在协作中独立对象的角色。角色使用生命线进行表示，当对象存在时，生命线用一条虚线表示，此时对象不处于激活状态，当对象的过程处于激活状态时，生命线是一条双道线。序列图中的消息用一个对象的生命线到另一个对象的生命线的箭头表示。箭头以时间顺序在图中从上到下排列。

序列图作为一种描述在给定语境中消息是如何在对象间传递的图形化方式，在使用其进行建模时，可以将其用途分为以下三个方面。

1）确认和丰富一个使用语境的逻辑表达：一个系统的使用环境就是系统潜在的使用方式的描述，也就是它的名称所要描述的。一个使用环境的逻辑可以是一个用例的一部分或是一条控制流。

2）细化用例的表达：序列图的主要用途之一就是把用例表达的需求转化为进一步、更加正式层次的精细表达。用例常常被细化为一个或者更多的序列图。

3）有效的描述如何分配各个类的职责以及各类具有相应职责的原因：可以根据对象之间的交互关系来定义类的职责，各个类之间的交互关系构成一个特定的用例。

2. 组成

序列图由对象、生命线、激活和消息等构成。序列图的目的就是按照交互发生一系列顺序显示对象之间的交互。

（1）对象

序列图中的对象可以是系统的参与者或者任何有效的系统对象。对象使用包围名称的矩形框来标记。所显示的对象及类的名称带有下划线，二者用冒号隔开，即“对象名：类名”的形式。

如图 5.6 所示，对象为项目信息。

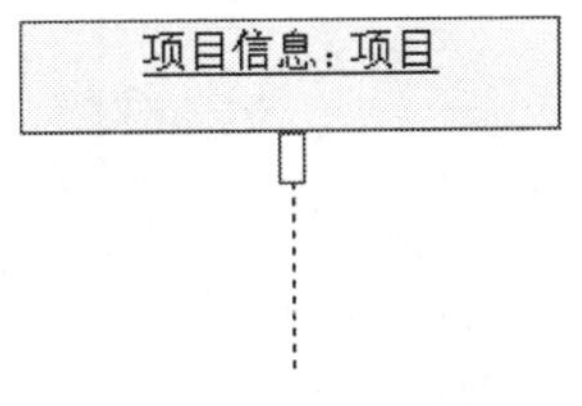

图 5.6　对象示例

（2）生命线

生命线是一条垂直的虚线，用来表示序列图中的对象在一段时间内的存在。每个对象底部的中心位置都带有生命线。生命线是一个时间线，从序列图的顶部一直延伸到底部，所用时间取决于交互持续的时间，也就是说生命线表现了对象存在的时段。

如图 5.6 所示，项目信息对象的下部有一条垂直的虚线称为生命线。

(3) 激活

序列图可以描述对象的激活，激活是对象操作的执行，它表示一个对象直接或通过从属操作完成操作的过程。它对执行的持续时间和执行与其调用之间的控制关系进行建模。在传统的计算机和语言上激活对应帖的值。激活是执行某个操作的实例，它包括这个操作调用其他操作的过程。在序列图中激活使用一个细长的矩形框表示，它的顶端与激活时间对齐，而底端与完成时间对齐。

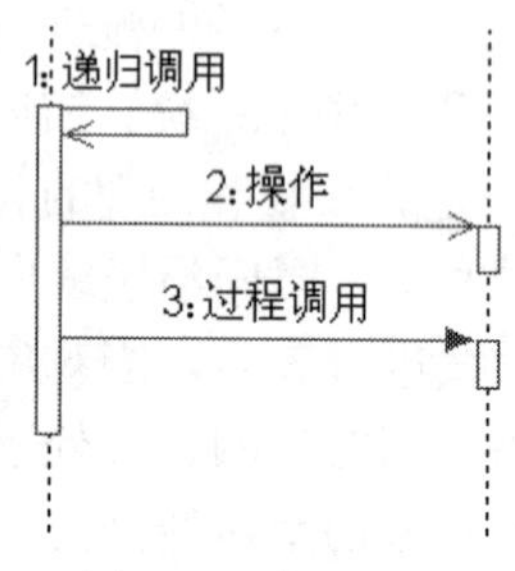

图 5.7　激活示例

图 5.7 中包含一个递归调用和两个其他操作。

(4) 消息

消息是从一个对象向另一个或其他几个对象发送信息，或由一个对象调用另一个对象的操作。它可以有不同的实现方式，如过程调用、活动线程间的内部通信、事件的发生等。

从消息的定义可以看出，消息由三个部分组成，分别是发送者、接收者和活动。发送者是发出消息的类元角色；接收者是接收消息的类元角色，接收消息的一方也被认为是事件的实例。在序列图中消息的表示形式为从一个对象（发送者）的生命线指向另一个对象（目标）的生命线的箭头（图 5.8）。

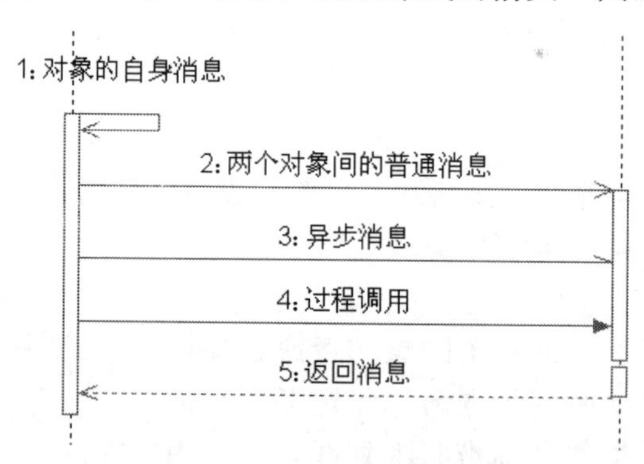

图 5.8　序列图中常见的消息表示

（二）活　动　图

1. 基本概念

活动图是一种用于描述系统行为的模型视图，它用来展现参与行为的类的活动或动作。它可用来描述动作和动作导致对象状态改变的结果，而不用考虑引发状态改变的事件。通常活动图记录单个操作或方法的逻辑、单个用例或商业过程的逻辑流程，它强调计算过程中的顺序和并发步骤，活动图所有或多数状态都是活动状态或动作状态。

活动图是模型中的完整单元，表示一个程序或工作流，常用于计算流程和工作流程建模。活动图着重描述了用例实例、对象的活动，以及操作实现中所完成的工作。

在活动图中，活动的起点用来描述活动图的开始状态，用黑的实心圆来表示。活动的终止点用来描述活动图的终止状态，用一个空心圆来表示。活动图中的活动既可以是手动执行的任务，也可以是自动执行的任务，用圆角矩形表示。

活动图的作用主要体现在以下几点。

1）描述一个操作执行过程中所完成的工作，说明角色、工作流、组织和对象是如何工作的。

2）活动图对用例描述尤其有用，它可建模用例的工作流、显示用例内部和用例之间的路径；可以说明用例的实例是如何执行动作以及如何改变对象状态的。

3）显示如何执行一组相关的动作，以及这些动作如何影响它们周围的对象。

4）活动图有利于理解业务处理过程。活动图可以画出工作流用以描述业务，有利于与领域专家进行交流。通过活动图可以明确业务处理操作是如何进行的，以及可能产生的变化。

2. 活动图的组成

活动图主要由如下元素组成：动作状态、活动状态、组合活动、分叉与结合、分支与合并、泳道、对象流。

(1) 动作状态

动作状态是原子性的动作或操作的执行状态，它不能被外部事件的转换中断。动作状态的原子性决定了动作状态要么不执行，要么就完全执行，不能中断。动作状态不可以分解成更小的部分，它是构造活动图的最小单位。动作状态一般用于描述简短的操作。它使用平滑的圆角矩形表示，动作状态表示的动作写在矩形内部。图 5.9 表示打印回执单这个动作状态，这个动作状态允许在活动图中多次出现。

图 5.9　动作状态示例

(2) 活动状态

活动状态是非原子性的，用来表示一个具有子结构的纯粹计算的执行。活动状态可以分解成其他子活动或动作状态，可以使转换离开状态的事件从外部中断。活动状态可以有内部转换、入口动作和出口动作。活动状态至少具有一个输出完成转换，

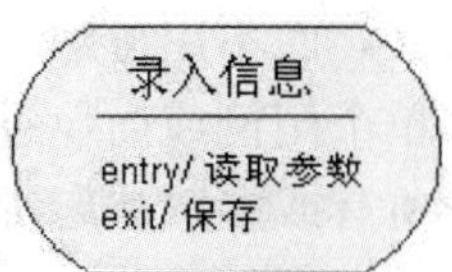

图 5.10　活动状态示例

当状态中的活动完成时该转换激发。活动状态用于描述持续事件或复杂性的计算，它与动作状态的表标图标相同。两者的区别是活动状态可以在图标中给出入口动作和出口动作等信息。图 5.10 表示录入信息的活动状态，入口动作将调用读取参数方法，出口动作将调用保存方法。

(3) 组合活动

组合活动是一种内嵌活动图的状态。把不含内嵌活动或动作的活动称之为简单活动，把嵌套了若干活动或动作的活动称之为组合活动。一个组合活动表面上看是一个状态，但其本质却是一组子活动的概况。一个组合活动可以分解为多个活动或动作的组合。一般当流程复杂时将组合活动图单独放在一个图中，然后让活动状态引用它。图 5.11 组合活动表示申请材料录入系统是一个活动状态，但是申请材料录入系统时不但有基础信息入库，还包括面积信息、图斑信息的入库。这样，在申请材料录入系统这个活动状态中就又内嵌了三个活动，所以申请材料录入系统就是一个组合活动。

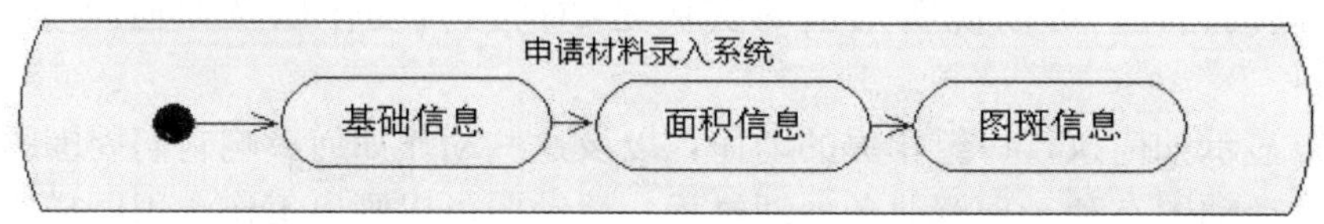

图 5.11　组合活动示例

(4) 分叉与汇合

并发指的是在同一时间间隔内有两个或者两个以上的活动执行。对于一些复杂的大型系统而言，对象在运行时往往不只存在一个控制流，而是存在两个或者多个并发运行的控制流。为了对并发的控制流建模，引入了分叉和结合的概念。分叉用于表示将一个控制流分成两个或者多个并发运行的分支。结合用来表示两个或多个并发控制同步发生，当所有的控制流都到达汇合点时，控制才向下进行。图 5.12 所示是关于接件人员录入建设用地申请信息的活动图。从初始状态开始，然后转换到活动状态“进入接件子系统”；接下来自动迁移到分支，这产生两个并发工作流，“检查用地申请材料”和

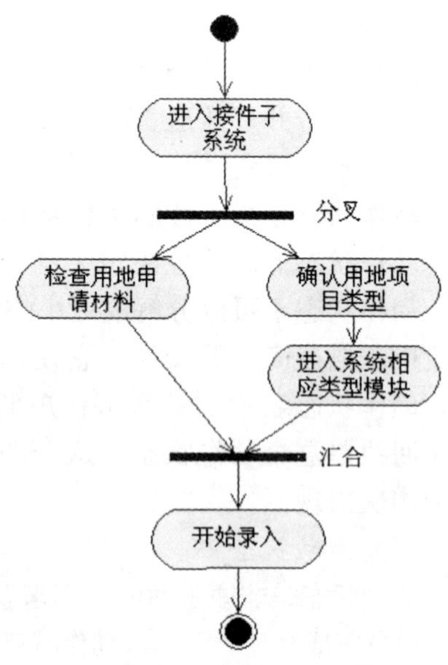

图 5.12　分叉与汇合示例

“确认用地项目类型”；在确认了项目类型后，进入活动状态“进入系统相应类型模块”，因为系统录入从类型分为批次建设、单独选址建设、农村村民宅基地，所以在确认了用地项目类型后，再进入相应模块；只有当“检查用地申请材料”和“进入系统相应类型模块”都完成时，转换汇合到“开始录入”。

(5) 分支与合并

分支在活动图中很常见，它是转换的一部分，它将转换路径分成多个部分，每一部分都有单独的监护条件和不同的结果。当动作流遇到分支时，会根据监护条件的真假来判定动作的流向。分支的每个路径的监护条件应该是互斥的，这样可以保证只有一条路径的转换被激发。在活动图中离开一个活动状态的分支通常是完成转换，它们是在状态活动完成时隐含触发的。

合并指的是两个或者多个控制路径在此汇合的情况。合并是一种便利的表示法。合并和分支常常成对使用，合并表示从对应分支开始的条件的行为结束。在活动图中，分支与合并都是用空心的菱形表示。如图 5.13 所示，在是否符合土地利用总体规划审查中，符合规划和不符合规划将有两个分支“生成规划审查表格”、“检索是否符合规划修改条件”，而且在流向中，检索是否符合规划修改条件也有两个分支“生成意见并转至规划修改环节”、“生成规划审查意见”。最终如上三个分支在流向完毕后在同一结点进行了合并，活动状态也结束。

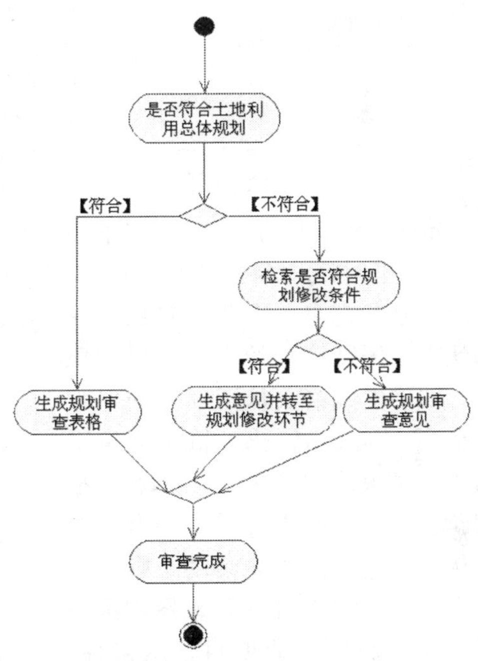

图 5.13　分支与合并示例

(6) 泳道

为了对活动的职责进行组织而在活动图中将活动状态分为不同的组，称为泳道。每个泳道代表特定含义的状态职责部分。在活动图中，每个活动只能明确地属于一个泳道，泳道明确地表示了哪些活动是由哪些对象进行的。每个泳道都有一个与其他泳道不同的名称。

每个泳道可能由一个或者多个类实施，类所执行的动作或拥有的状态按照发生的事件顺序自上而下的排列在泳道内。而泳道的排列顺序并不重要，只要布局合理、减少线条交叉即可。在活动图中，每个泳道通过垂直线与它的邻居泳道相分离，在泳道的上方是泳道的名称，不同的泳道中的活动既可以顺序进行也可以

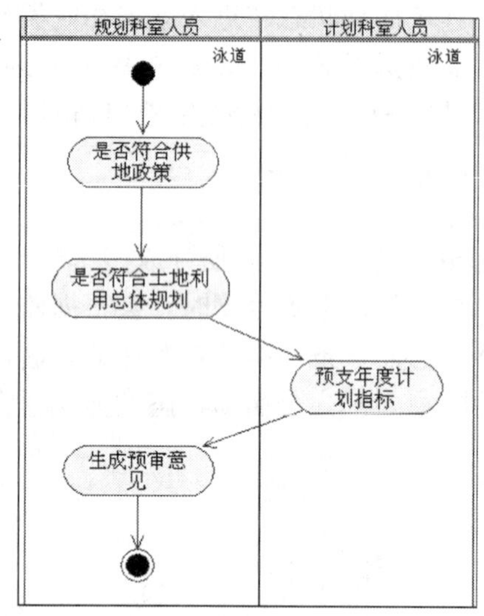

图 5.14 泳道示例

并发进行。如图 5.14 所示，一个精简的用地预审流程中，将规划科室人员、用地计划科室人员分为两个泳道。预审中的“是否符合供地政策”、“是否符合土地利用总体规划”在规划科顺序进行，然后流转到计划科室预支年度计划指标，完成后再流转到规划科生成预审意见。

（7）对象流

活动图中交互的简单元素是活动和对象，控制流就是活动和对象之间的关系的描述。控制表示动作与其参与者和后续动作之间、动作与输入和输出对象之间的关系。而对象流就是一种特殊的控制流。对象是类的实例，用来封装状态和行为。对象流中的对象表示的不仅仅是对象自身，还表示了对象作为过程中的一个状态存在。

活动图中的对象用矩形表示，其中包含带下划线的类名，在类名下方的中括号内则是状态名，表明了对象此时的状态。用带箭头的虚线连接对象流，如果虚线箭头从活动指向对象流状态，则表示输出。输出表示了动作对对象施加了影响，影响包括创建、修改、撤销等。如果虚线箭头从对象流状态指向活动，则表示输入。图 5.15 所示的活动图中描述了对象（用地申请项目）从接件、预审、公示的工作流。用地申请项目被接件科接件并核查后，发送至预审科；规划科接收项目后开始按步骤预审，生成预审意见后预审结束，并将结果发送至接件科；接件科室将项目预审结果公示。

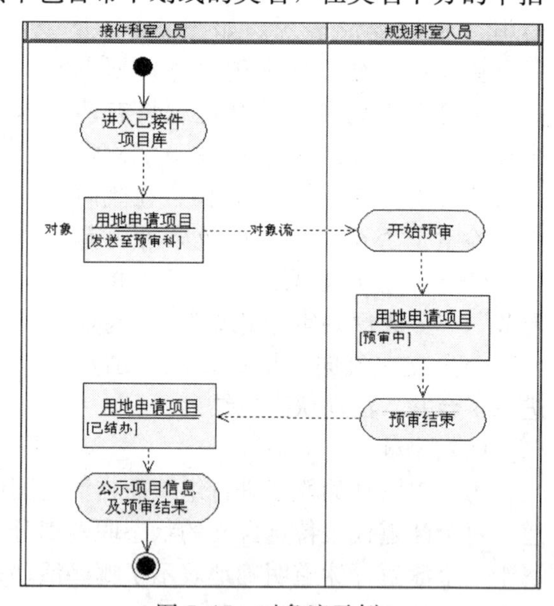

图 5.15 对象流示例

第三节 GIS 系统详细设计报告

GIS 系统详细设计报告（类似于计算机软件工程中的“系统详细设计报告”）描述系统各组成部分的内部结构。根据国家标准 GB 8567—88 的规定，GIS 系统详细设计规格说明书包括以下三部分内容。

一、GIS系统详细设计规格说明书内容体系

详细设计规格说明书用来描述和表达详细设计的成果，其具体内容见表5.1。

表5.1　详细设计规划说明书主要内容

1 引言

　1.1　背景

　　说明该软件系统名称、开发者、详细设计原则和方法

　1.2　参考资料

　　列出有关参考资料名称、作者、发表日期、出版单位

　1.3　术语和缩写语

　　列出本文件中专用的术语、定义和缩写语

2 GIS程序（模块）系统的组织结构

　　用图表列出本程序系统内每个模块（或子程序）的名称、标识符，以及这些模块（或子程序）之间的层次关系

3 GIS模块（或子程序）1（标识符）设计说明

　　从本文件3开始，逐个给出上述每个模块（或子程序）的设计考虑

　3.1　GIS模块（子程序）描述

　　简要描述本模块（子程序）的目的意义、程序的特点

　3.2　GIS功能

　　详细描述此模块（子程序）要完成的主要功能

　3.3　GIS性能

　　描述此模块（子程序）要达到的主要技术性能

　3.4　输入项

　　描述每一个输入项的特征，如：标识符、数据类型、数据格式、数值的有效范围、输入方式

　3.5　输出项

　　描述每一个输出项的特征，如：标识符、数据类型、数据格式、数值的有效范围、输出方式

　3.6　GIS处理过程

　　详细说明模块（子程序）内部的处理过程，采用的算法、出错处理

　3.7　GIS接口

　　分别列出和本模块（子程序）有调用关系的所有模块（子程序）及其调用关系，说明与本模块（子程序）有关的数据结构

　3.8　存储分配

　3.9　注释设计

　3.10　限制条件

　　说明本模块（子程序）运行中受到的限制条件

　3.11　测试计划

4 模块（或子程序）2（标识符）设计说明

　　用类似3的方式，说明第二个模块（子程序）乃至第 N 个模块（或子程序）的设计考虑

二、GIS模块说明表

GIS模块说明表是对规划说明书中简要介绍的模块进行详细的全面的描述，并设计出它们的实现算法，其具体内容见表5.2。

表5.2 GIS模块说明表

制表日期： 年 月 日

<table>
<tr><td colspan="4">模块名：</td><td colspan="2">模块编号：</td><td>设计者：</td></tr>
<tr><td colspan="4">模块所在文件：</td><td colspan="3">模块所在库：</td></tr>
<tr><td colspan="7">调用本模块的模块名：</td></tr>
<tr><td colspan="7">本模块调用的其他模块名：</td></tr>
<tr><td colspan="7">功能概述：</td></tr>
<tr><td colspan="7">处理描述：</td></tr>
<tr><td colspan="7">引用格式：</td></tr>
<tr><td colspan="7">返回值：</td></tr>
<tr><td></td><td>名 称</td><td>意 义</td><td>数据类型</td><td>数值范围</td><td colspan="2">I/O标志</td></tr>
<tr><td>内部接口</td><td></td><td></td><td></td><td></td><td colspan="2"></td></tr>
<tr><td></td><td>名 称</td><td>意 义</td><td>数据类型</td><td>I/O标志</td><td>格 式</td><td>媒 体</td></tr>
<tr><td>外部接口</td><td></td><td></td><td></td><td></td><td></td><td></td></tr>
<tr><td>用户接口</td><td></td><td></td><td></td><td></td><td></td><td></td></tr>
</table>

三、GIS详细设计评审报告审议项目列表

详细设计完成之后，需要对设计的成果进行评审，以保证设计的质量。表5.3所示为GIS详细设计评审报告审议项目列表。

表5.3 GIS详细设计评审报告审议项目列表

审议项目内容：
详细说明书是否与总体设计说明书一致？
模块设计质量：模块独立性、接口关系、规模是否适中？逻辑是否清晰简单？数据结构、输入与输出是否合理？
是否按结构化程序设计原则进行设计？
规定符号的使用、确定命名规则；
模块测试用例合理性、完整性；
文档齐全并符合有关标准规定。

思 考 题

1. 系统总体设计阶段确定软件模块结构和接口描述，详细设计阶段将为每个模块设计具体的实施方案。请详细说明系统总体设计的任务、内容以及详细设计需要遵循的基本原则。

2. 详细设计的主要表达工具有哪些？各自有什么特点？

3. 试说明关系型数据库建库三个范式的内涵。

4. 数据库建设是GIS设计的重要内容，对于非地理数据通常采用的是关系型数据库技术，请说明关系型数据库建设的工作内容。

5. 详细设计规格说明书是详细设计阶段的成果文档，请说明详细设计说明书的构成和内容。

参 考 文 献

布奇，兰宝，雅各布. 2006. UML用户指南. 第二版. 邵继忠，麻志毅译. 北京：人民邮电出版社.

普里斯特. 2005. 面向对象设计UML实践. 第二版. 北京：清华大学出版社.

王占全，赵斯思，徐慧. 2005. 地理信息系统（GIS）开发工程案例精选. 北京：人民邮电出版社.

谢星星，沈懿卓. 2009. UML基础与ROSE建模实用教程. 北京：人民邮电出版社.

第六章　空间数据库设计

第一节　空间数据库设计的目的与任务

空间数据库设计是GIS软件设计的核心内容，不论是小型单机版GIS还是复杂的企业级GIS都需要使用空间数据库来存储和维护空间数据，空间数据库的性能是衡量GIS软件性能的重要指标。

空间数据库设计的目的是在充分考虑空间数据特性及数据库系统特性的基础上，严格按照软件工程学方法，设计具有安全性、可靠性、正确性、完整性、独立性、共享性、低冗余度、可扩展的空间数据库，实现空间数据高效存储管理，支撑GIS软件的设计与应用。

进行空间数据库系统设计的主要任务是确定空间数据库的数据模型以及数据结构，并提出空间数据库相关功能的实现方案；空间数据库系统实现的主要任务是将设计的空间数据库系统的结构体系进行编码实现，并将收集来的空间数据入库，建立空间数据库管理信息系统。

第二节　空间数据的组织与管理

一、空间数据特征

空间数据有三大基本特征：空间特征、时间特征和属性特征。其中，空间特征是空间数据独有的，指的是空间对象的位置、形状、大小等几何特征以及与相邻地物之间的拓扑关系；时间特征和属性特征是一般信息系统中的数据都具有的，空间数据库建库过程中需要考虑空间数据的时效性，尽量采用现势性强的数据。下面重点谈空间数据的空间特征。空间数据的空间特征包括比例尺、坐标系和投影类型等，它们也是空间数据库的宏观定义，建立空间数据库时必须着重考虑。

1. 比例尺

比例尺是指空间数据库入库前原始图件的比例尺，而数字化后的地图可在一定范围内按任意比例尺显示。空间数据库的比例尺通常取决于用户对空间数据的精度要求及所研究区域的大小。精度要求越高，地图比例尺就越大，内容越详细，数字化工作量和存储量也就越大。一般来说，城市GIS的比例尺较大，通常在1∶5000以上。应指出的是，整个空间数据库未必建立在同一比例尺之上，因为有些GIS应用会同时需要不同比例尺的空间数据。

2. 坐标系

空间数据库中常用的坐标系有地理坐标系和平面直角坐标系。

(1) 地理坐标系

地球表面上任意一点的位置都可由经纬度（φ，λ）来确定，从通过格林威治天文台的子午面向东为东经（0°～180°），向西为西经（0°～180°）；从赤道面算起，向北为北纬（0°～90°），向南为南纬（0°～90°）。在空间位置要求很明确的 GIS 中，空间数据库一般建立在地理坐标系之上，因为经纬度不仅能标示空间对象在地球表面上的位置，还能显示其地理方位以及所处的时区、两地间的时差等。另外，小比例尺大区域的且经常需要进行投影变换的 GIS，也需要考虑采用地理坐标系。

(2) 平面直角坐标系

平面直角坐标系定义一个原点（0，0）及 x，y 轴方向，然后通过（x，y）值确定某个地理实体的位置。在这个坐标系中，统计面积、距离量算等较为方便，在测绘中应用较广，如房产测绘等。它适合于大比例尺小区域的 GIS 应用。

3. 投影

上面两种坐标系可以通过地图投影来建立联系，即地球表面任一由地理坐标（φ，λ）确定的点，在平面上必然有一个由平面直角坐标（x，y）确定的点与它相对应。在大比例尺地图上，两种坐标网都可表示。

在 GIS 应用中，选择地图投影类型的首要标准是经纬线形状和变形性质能否满足 GIS 对数据的要求；其次是投影的变形要小且分布均匀，使等变形线大致与区域轮廓一致；再则就是经纬网形状不复杂，便于识别和投影计算、转换等。表 6.1 给出了不同类型投影的特点及其适用领域。

表 6.1　不同类型的投影特点及其适用领域

投影类型	特点	适用领域
等角投影	方位准确，小区域的图形能与实地相似	航空、航海、气象、洋流和军事等方面
等积投影	面积正确，方便分析信息间的对比关系	行政区划、自然或经济区划、人口密度、土地利用、农业、经济和某种自然现象分布等方面
等距方位投影	距离准确，方便对一定半径范围进行控制	城市防空、地震台、雷达站等方面

在各种地图投影中，高斯-克吕格投影（简称高斯投影）是目前使用较广泛的地图投影，它以地球椭球体面为原面，实行等角横轴切椭圆柱投影。高斯-克吕格投影具有投影公式简单、各带投影性质相似等优点，适合大区域的制图，为许多国家所采用，同时，它采用 6°或 3°分带法进行分带投影，这样可以控制变形，提高地图精度，减少坐标值的计算工作量等。在高斯投影坐标网上，还可绘

上经纬网和方里网。我国于1952年开始将其正式作为国家大地测量和五十万分之一及更小比例尺的国家基本地形图的数学基础。

在GIS应用中需进行高程分析，还应该考虑所选用的高程系，我国的高程系有1956年黄海高程系和1985年国家高程系，在利用一些旧的地形图数据的时候可能需要进行高程系的转换。

二、空间数据标准化

空间数据标准包括空间数据的分类和编码标准以及空间元数据标准等。

1. 分类

空间数据分类的目的是为了便于计算机存储、编码和检索空间数据。分类体系划分是否合理和规范，直接影响到GIS数据的组织以及GIS之间数据的传输与共享，并最终影响GIS产品的质量。因此，空间数据分类是系统设计和建立空间数据库前的一项极为重要的工作。空间数据分类一般采用宏观的全国分类系统与详细的专业分类系统相递归的分类方案，即低一级的分类系统必须能归并和综合到高一级的分类系统之中。

2. 编码

编码是将分类的结果用一种易于被计算机和人识别的符号体系表示出来的过程，是人们统一认识、统一观点和相互交换信息的一种技术手段。编码的直接产物是代码，即表示特定信息的一个或一组有序排列的符号，是计算机鉴别和查找信息的主要依据，也是计算机输入、存储及数据间交换、共享的基础。代码一般由数字、字符或数字字符混合组成，编码的原则是：①编码按国家的规范和标准执行；②杜绝多义性；③码位不宜过长，以较少的代码提供丰富的信息。

例如，江苏省县级土地利用总体规划数据库要素分类编码中，大类采用面分类法，小类以下采用线分类法，根据分类编码通用原则，将土地利用总体规划数据库数据要素依次按大类、小类、一级类、二级类、三级类和四级类划分，分类代码采用十位数字层次码组成，其结构如下：

XX	XX	XX	XX	X	X
|	|	|	|	|	|
大类码	小类码	一级类要素码	二级类要素码	三级类要素码	四级类要素码

其中：①大类码为专业代码，设定为二位数字码，其中，基础地理专业代码

为 10，土地专业代码为 20。②小类码为业务代码，设定为二位数字码，空位以 0 补齐。土地利用的业务代码为 01，土地利用遥感监测的业务代码为 02，土地利用规划的业务代码为 03，基本农田的业务代码为 05。③一至四级类码为要素分类代码，空位以 0 补齐，其中，一级类码为二位数字码，二级类码为二位数字码，三级类码为一位数字码，四级类码为一位数字码。④基础地理要素的一级类、二级类、三级类和四级类要素码引用 GB/T 13923－2006 中的基础地理要素代码结构与代码。⑤各要素类中如含有“其他”类，则该类代码直接设为“9”或“99”。

3. 空间元数据

空间元数据是指描述空间数据的数据，它描述空间数据集的内容、质量、表示方式、空间参考、管理方式以及数据集的其他信息，是空间数据正确使用的基础，也是空间数据标准化与规范化的保证，在一定程度上为空间数据的质量提供了保障。在 GIS 空间元数据中，主要设计两大类元数据：一类是管理元数据，它是对 GIS 源数据及其内容、主题、数据转换和各种操作信息的描述；另一类是用户元数据，它帮助用户查询、理解信息，并了解这些数据的组织方式等。

目前国内外空间元数据标准的研究尚处在探索阶段，无成形的元数据标准可依。我国在广泛吸收国际先进标准草案的基础上提出了我们自己的元数据标准建议草案。该标准是国家“九五”科技攻关项目——国家空间数据基础设施研究的内容之一，目前提出的草案由两层组成：一层是目录层，它提供的是元数据复合元素和数据元素，是国家空间数据交换中心管理与查询空间数据所需的元素，是元数据体系中比较宏观的信息；第二层是元数据标准的主体，它由八个标准部分和四个引用部分组成（表 6.2），包括了全面描述空间信息的必选项、条件必选项以及可选项的内容。

表 6.2　元数据标准的组成

标准部分	标识信息	标识空间数据的名称、由谁开发的、是关于哪个区域的、包括的专题、现势性如何、对数据的使用和获取有何限制等
	数据质量信息	属性精度、逻辑一致性、完备性报告、空间位置精度和垂直精度报告等
	空间数据表示信息	空间表示类型、矢量空间表示信息、栅格空间表示类型和影像空间表示类型等
	数据集继承关系	数据源信息、数据源范围和处理步骤等
	空间参照信息	空间参照系类型、地理标识码参照系统、水平坐标系统定义和垂直坐标系统定义等
	实体和属性信息	实体类型定义、类型名称、类型标识码、属性定义、属性名称和属性标识码等
	数据集发行信息	发行部门、发行日期、订购程序等
	元数据参考信息	元数据日期信息、联系地址、限制条件和安全信息等

续表

引用部分	引用信息	标题、作者、参考时间、出版信息和版本等
	时间范围信息	起始和结束日期等
	联系信息	联系人、联系地址和联系单位等
	地址信息	国家、省、市、县、邮编、联系电话、电子邮件地址和网址等

在大力发展地理信息共享和互操作性GIS的今天，空间元数据是必不可少的。设计空间元数据时，主要还是按照元数据标准，结合当前的空间数据库的特征需求来进行。

三、空间数据的逻辑预处理

空间数据逻辑预处理包括对空间数据进行分幅、分层、分专题要素等处理。图6.1是分幅和分层示意图。

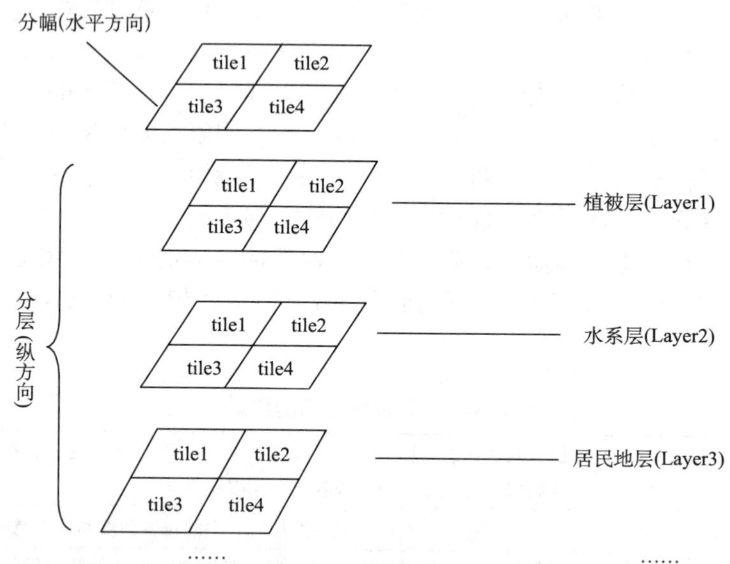

图6.1　空间数据分幅和分层示意图

1. 分幅

当GIS空间数据库的比例尺较大时，图幅的范围也就较大，为了便于数据的存储、检索、显示与分析，有必要对整个地图进行分幅。如在房产测绘信息系统中，它的比例尺一般是1∶500，若不进行分幅处理，一个市区的地图幅面将大得惊人，计算机存储和检索的速度将受到很大影响。

分幅的方式可以是按矩形，也可以是按行政区划。例如，在规划国土样区系统中（修文群等，1999），采用的是按矩形分幅方法，分别按格网大小分幅：一是按原有 1∶1000 的图幅分幅，另一种按 1 平方千米分幅，具体分幅如图 6.2 所示。

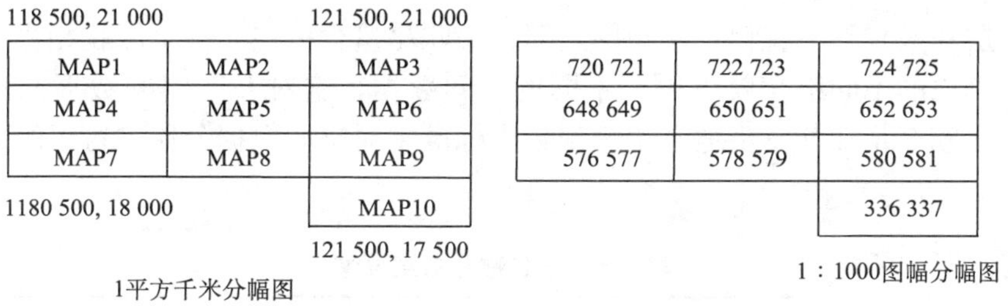

118 500, 21 000　　121 500, 21 000

MAP1	MAP2	MAP3
MAP4	MAP5	MAP6
MAP7	MAP8	MAP9
		MAP10

1180 500, 18 000　　121 500, 17 500

1平方千米分幅图

720 721	722 723	724 725
648 649	650 651	652 653
576 577	578 579	580 581
		336 337

1∶1000图幅分幅图

图 6.2　规划国土样区系统的分幅示意图

在城市 GIS 应用中，除了按矩形和行政区划分幅外，还可按城市管理分幅（如电信分幅、污水系统分幅、消防分幅等）、交通管理分幅、邮政分幅、环保分幅等，即按自己部门管辖范围进行分幅。一个分幅可能跨几个行政区。

分幅可能会带来数据无缝处理的问题，即相邻两幅图之间数据的完整性与一致性问题。

在数据分幅处理过程中，应注意以下问题：

1）存取数据的要求，确定典型用户常用的查询范围；

2）选择适当的数据量，每幅中包含的数据量不宜过大也不宜过小；

3）分幅时往往需要经过典型试验以确定最佳方案。

2. 分层

分层是在分幅的基础上进行的，它按地图内容进行划分，不同的内容属于不同的层。分层的目的是为了更有效地组织和管理空间数据。GIS 软件都有分层的概念。

空间数据分层过程中应注意以下问题：

1）按要素类型分层，性质相同或相近的要素应放在同一层。主要分层依据是国家相关信息分类标准，如行政区、水系、道路、土壤、植被、地貌、地质等；

2）数据与数据之间的关系，如哪些数据有公共边，哪些数据之间有隶属关系等，这些因素都将影响层的设置；

3）基础信息数据的分层较细，各种专题信息数据一般放在单独的一层或较少的几层中；

4）考虑用户视图的多样性；

5）分层时应考虑数据与功能的关系，如哪些数据经常在一起使用，哪些功能是起主导作用的功能等；

6）分层时应考虑更新的问题，因为更新一般以层为单位进行处理，所以应考虑将变更频繁的数据分离出来；

7）分层时应顾及数据量的大小，各层数据的数据量最好比较均衡；

8）尽量减少冗余数据。

分层一般宜细不宜粗，层与层之间的关联尽量少一些。一个层就相当于一个模块，模块的不同组合就可得到不同的空间数据，这对GIS空间数据的表达很有利。表6.3是江苏省土地利用规划建库标准中对空间数据分层进行组织管理的结果。

表6.3　层名称及各层要素

序号	层名	层要素	几何特征	属性表名	约束条件
1	水系	水系（面状）	Polygon	MZSX	O
		水系（线状）	Line	XZSX	O
		水系注记	Annotation	SXZJ	O
2	居民地	居民地（点状）	Point	JMDDZ	O
		居民地（面状）	Polygon	JMDMZ	O
		居民地注记	Annotation	JMDZJ	O
3	交通	公路	Line	GOLU	O
		铁路	Line	TILU	O
		交通注记	Annotation	JTZJ	O
4	境界与政区	行政区	Polygon	XZQ	M
		行政界线	Line	XZJX	M
		行政注记	Annotation	XZZJ	M
5	地貌	等高线	Line	DGX	O
		等高线注记	Annotation	DGXZJ	O
		高程注记点	Point	GCZJD	O
6	土地利用	基期地类图斑	Polygon	JQDLTB	M
		基期线状地物	Line	JQXZDW	O
		基期零星地类	Point	JQLXDL	O
7	土地用途分区	土地用途区	Polygon	TDYTQ	M
		土地用途区注记	Polygon	TDYTZJ	M
8	建设用地空间管制	空间管制边界	Line	KJGZJ	M
		空间管制区	Polygon	KJGZQ	M

续表

序号	层名	层要素	几何特征	属性表名	约束条件
9	土地整治规划	土地整治重点区	Polygon	TDZZQ	M
		土地整治重点项目区	Polygon	TDZZXM	M
		增减挂钩项目区	Polygon	ZJGGXMQ	O
		基本农田整备区	Polygon	JBNTZBQ	O
		土地整治规划要素注记	Annotation	TDZZZJ	O
10	重点建设项目用地	面状重点建设项目	Polygon	JSXMMZ	O
		线状重点建设项目	Line	JSXMXZ	O
		点状重点建设项目	Point	JSXMDZ	O
		重点建设项目要素注记	Point	JSXMZJ	O
11	基本农田保护区域	基本农田保护区	Polygon	BHQ	M
		基本农田保护块	Polygon	BHK	M
		基本农田保护注记	Annotation	BHZJ	O
12	风景旅游	面状风景旅游资源	Polygon	LYZYMZ	O
		线状风景旅游资源	Line	LYZYXZ	O
		点状风景旅游资源	Point	LYZYDZ	O
13	基础设施	面状基础设施	Polygon	JCSSMZ	O
		线状基础设施	Line	JCSSXZ	O
		点状基础设施	Point	JCSSDZ	O
14	其他环境	主要矿产储藏区	Polygon	ZYKC	O
		蓄洪、滞洪区	Polygon	XHZH	O
		地质灾害易发区	Polygon	DZZH	O
		环境要素注记	Annotation	HJZJ	O

3. 分专题要素

空间数据的另一种组织方式是按专题要素来组织，即根据某部门所感兴趣的对象，如商店、银行、有污染的工厂等来组织地理实体集合的几何与属性数据，同一层中可能会有不同种类的地理对象。

分幅、分层和分专题要素的结果都要以文档形式体现出来，它们都是空间数据建库的重要依据（如分幅的图幅编号、分层和分专题要素的名称与含义等）。此外，空间数据的分幅、分层和分专题要素的处理，对空间数据的网络传输和产品输出等都大有好处。

第三节 空间数据库设计工具

在数据库设计的早期，数据库的设计工作主要是由知识渊博、经验丰富的设计人员手工完成的。然而随着数据采集技术的发展，数据的种类、结构及数量的快速膨胀，空间数据尤甚。这自然使得数据库的规模更加庞大，逻辑关系更加复杂。原始的手工作坊式的设计方法已经不能满足现代大型数据库设计的要求。在这种情况下，各种计算机辅助软件工程软件（CASE）应运而生。CASE工具为数据库的设计及开发提供了一些自动化的支持软件。辅助数据库设计人员和管理人员尽可能高效的开发数据库。

CASE工具的目的是提高设计的效率，缩短设计周期，降低设计成本，提高系统设计的有效性，提高数据库的用户满意度，并且有助于系统的标准化和改善系统文档的质量。因此，优秀的CASE工具应当具有以下特性：①友好的操作界面；②分析执行任务的功能；③评估设计方案的启发因素；④权衡比较多种设计方案；⑤丰富的结果表达形式；⑥设计验证以检验设计结果是否符合最初要求(Singh，2010)。

一般来说，CASE工具可以为数据库设计者提供以下功能：①创建数据字典，存储数据库应用程序数据；②支持数据分析的设计工具；③开发企业数据模型、概念和逻辑数据模型的工具；④使用E-R图和其他各种符号（如实体型、联系型、属性和关键字等）绘制概念模式图；⑤分解和规范化；⑥建立索引；⑦建立应用程序原型的工具；⑧性能控制和统计（Singh，2010）。数据库设计中常用的CASE工具见表6.4。

表6.4 数据库设计中常用的CASE工具

CASE工具	功能	供应商
Developer 2000 and Designer 2000	数据库建模 应用程序开发	Oracle
ER Studio	用E-R模型进行数据库建模	Embarcadero Technologies
DB Artisan	数据库管理 空间管理 安全管理	Embarcadero Technologies
Enterprise Application Studio	数据建模 业务逻辑建模	Sybase
System Architect 2001	数据建模 对象建模 过程建模 结构化系统分析与设计（SASD）	Popkin Software

续表

CASE 工具	功能	供应商
Platinum Enterprise Modelling Suite	数据建模 业务逻辑建模 过程建模	Platinum Technology
Powertier	将面向对象模型映射为关系模型	Persistence Inc
Visio Enterprise	数据建模	Visio
RW Metro	将面向对象模型映射为关系模型	Rogue Ware
Rational Rose	UML 建模 用 C++和 Java 生成应用程序	Rational
XCase	概念建模到代码维护	Resolution Ltd

PowerDesigner 是 Sybase 发布的软件分析设计工具，是目前最为流行的数据库辅助设计工具之一。它为用户提供了完整的分析和设计工具，包括数据库建模工具，业务处理模型，面向对象模型等，是少数的能在一个环境下支持多种建模技术的 CASE 工具之一。PowerDesigne 采用以结果为导向、以数据为中心的业务处理模型，这使业务人员和设计人员能顺利合作，确保项目能满足业务需求。PowerDesigner 还提供了对所有 UML 图及主流平台的全方位支持。

利用 PowerDesigner 可以以图形的方式直观的描述复杂的空间数据模型，并且可以生成高效的建库代码。PowerDesigner 设计灵活，允许使用结构化的方法有效地创建数据库和数据仓库。PowerDesigner 提供了直观的符号以简化数据库的创建过程，并且使得项目组内的交流更加简单和准确。PowerDesigner 还支持多种客户端开发工具及 40 多种主流的数据库管理系统，能够满足各级别的数据库建模需求。

如图 6.3 所示，构建数据库模型的方法和步骤如下：①建立数据库概念模型 CDM（conceptual data model），概念模型的设计是建模的基础和关键，此阶段

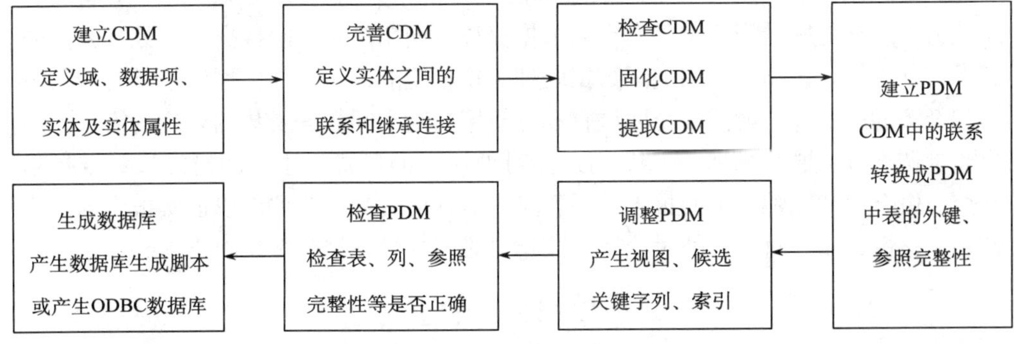

图 6.3 PowerDesigner 数据库建模步骤

把现实的数据和信息抽象为实体和联系，产生实体联系图。②从概念数据模型生成逻辑和物理模型 PDM（physical data model），可以同时指定主键索引名、外键索引名、索引临界值、表前缀等，同时还可以对数据的完整性、一致性和数据库的性能和安全性进行设计。③检查物理模型，包括检查所有 PDM 中表、列、参照完整性，根据检查结果改正 PDM，直至检查通过。通过 Generate Database 模块，选择目标数据库，产生数据库生成脚本，或生成 ODBC 数据库。

第四节　空间数据库的概念设计

在空间数据库设计过程中，需求分析和概念模型设计是紧密相关的。本节首先介绍空间数据库需求分析，着重介绍空间数据库概念模型设计。

一、空间数据库需求分析

如图 6.4 所示，空间数据库需求分析包括三个步骤：一是用户需求调查；二是空间数据现状分析；三是系统分析。各步骤又包含一些具体的工作。

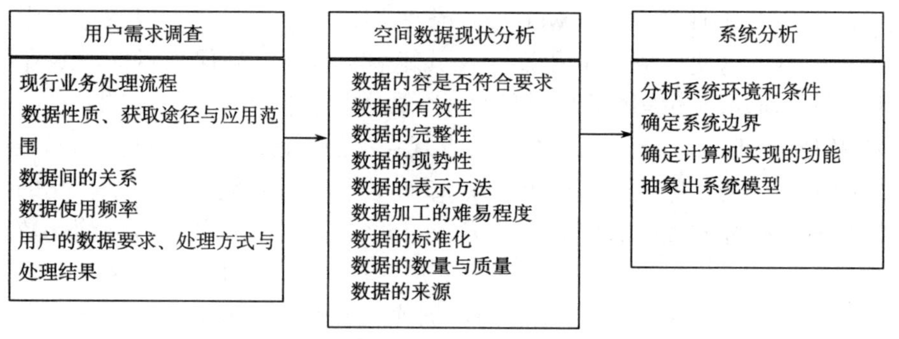

图 6.4　空间数据库需求分析示意图

其中，用户需求调查在空间数据库需求分析中具有重要地位。建立空间数据库是为了用户更好地利用和共享空间数据资源，而用户对空间数据及其处理方法的需求多种多样，繁琐复杂的空间数据处理工作希望能通过空间数据库给予有效、灵活和经济的解决，这就需要全面调查和分析用户对空间数据及数据处理的需求。用户需求调查方法通常采取与 GIS 用户面对面讨论的形式为主，调研的最终结果是提交一份全面和完整的书面报告。报告完成后，应送交用户评议以证实报告的准确性和完整性，用户对报告的讨论及修改建议必须在最终报告中反映出来。

二、E-R 模型

实体-关系数据（entity-relation data model，E-R 模型）模型由实体类（简

称实体）、关系类（简称关系）和属性三个抽象概念组成，是构建信息系统或数据库概念模型的一种有效工具或有效方法（也称为 E-R 方法）。虽然近几年面向对象数据模型十分流行，但 E-R 方法仍很实用，且得到了不断发展。下面分别介绍基本 E-R 方法、扩展 E-R 方法、空间 E-R 方法以及用空间 E-R 方法建立 GIS 空间数据库概念模型的一般步骤。

1. 基本 E-R 方法

基本 E-R 模型（E-R data model）由 Peter Chen 于 1976 年提出，它的特点是强调实体间的关系，而非实体的属性。其目的有：①试图建立一个统一的数据模型，以概括层次、网状和关系三个传统的数据模型；②作为三种传统数据模型相互转换的中间数据模型；③作为超脱数据库管理信息系统的一种概念模型，以比较自然的方式描述现实世界。基本 E-R 方法用实体、属性、关系/联系来描述现实世界，并在此基础之上转换为数据模型。

（1）实体（entity）

它是所关心的客观事物的抽象，并且可以被唯一地标识。这些客观事物可以是任何一类的人、物或概念，是信息系统管理、操作的对象。识别实体的原则是：其一，如果数据类相对独立，并可唯一标识，且具有自己的属性，则该数据类可能是一类实体，如果它仅是某类实体的特征，则它是一类属性；其二，如果数据类与已识别的实体间存在关系/联系，则该数据类（已是一类实体的属性除外）可能是一类实体。

（2）属性（attributes）

属性是实体的特征。一个实体总是通过其属性来描述的，对实体的管理和分析的操作是通过对属性的操作来实现的。

（3）关系/联系（relationship）

实体之间的联结称之为关系或联系。因为现实世界中的客体是彼此联系的，因此信息世界中的实体间也是有联系的。例如，职工和单位之间是存在联系的，职工在单位工作，属于该单位，而单位又必须有职工。关系的种类有拥有/属于关系、集/子集关系、父/子关系、实体的组成关系等，这些关系又可分为一对一、一对多、多对一、多对多等关系类型。而且实体有自己的属性，关系也可以有自己的属性。一般地，实体和属性是数据库的存储对象，而关系是数据库所要进行的查询操作。

E-R 模型要通过 E-R 图表现出来。图 6.5 是土地利用规划管理信息系统中用户管理模块的部分 E-R 模型的示例，图中共有 7 个实体，即用户、角色、权限、用户详情、操作记录、申请用地项目流转、办理详情。另外，图 6.5 中还给出了这 7 个实体间的关系。

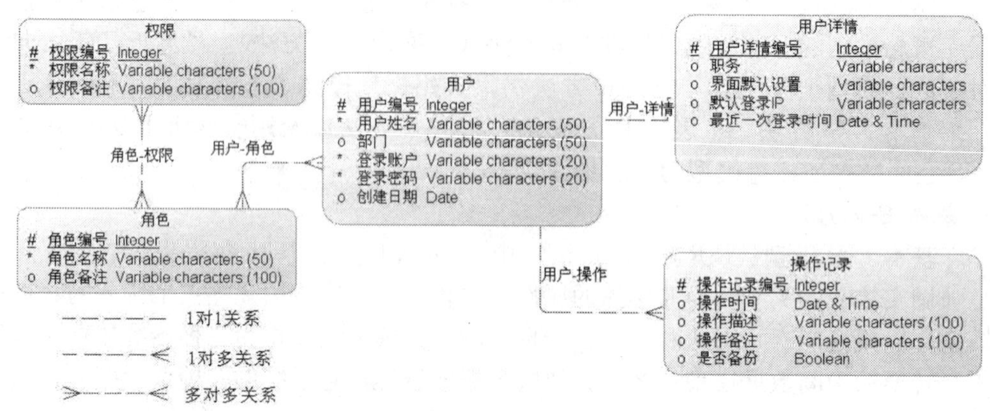

图 6.5　E-R 模型示例图

用户实体是对系统用户基础信息的建模，包括用来唯一标识用户的用户编号和用户姓名、部门、登录账户、登录密码、创建日期等用户信息。用户详情实体进一步细化了用户的信息。用户和用户详情之间是一对一的关系，即每个用户只能对应一个用户详情，每个用户详情只对应一个用户。

角色实体是对用户对应角色的建模。每个用户可以拥有多种角色，如副局长也有可能同时是某个科室的主任；每种角色也可以由多个用户来充当，如办事员可能不止一人。因此用户和角色之间是多对多的关系。同样，每个角色又对应着多种的权限，角色和权限之间也是多对多的关系。这样，当部门角色对应权限需改变时，只需修改角色的权限，而不必修改具有该角色的每个用户的权限；当部门用户人事变动时，只需回收用户原角色，重新授予用户新职务所对应的角色；当部门中添加新职员时，系统管理员只需创建该用户，并根据其实际职位为他分配相应角色；当职员离开某部门时，只需撤销该用户的所有角色即可。

操作记录是描述每个用户对系统操作记录的实体，每个用户对应他的一个或者多个操作记录，每个操作记录都对应一个它的用户。因此，用户和申请用地项目流转实体之间是一对多的关系。

2. 扩展 E-R 方法

扩展 E-R 方法（extended E-R data model）是在基本 E-R 方法的基础之上，引入下列抽象概念发展起来的：分化（specialization）与综合（generalization）、聚集（aggregation）、范畴/类（category）。它具有部分面向对象的色彩。

(1) 分化与综合

分化是把一个实体或类按某一特征分为几个实体集。设有实体集 E，如果 F

是 E 的某些真子集的集合，即 F＝ {Si | Si⊂E，i＝1，2，…，n}，则称 F 是 E 的一个分化，E 是 S1，S2，…，Sn 的超实体集，S1，S2，…，Sn 是 E 的子实体集。综合是分化的逆过程。

（2）聚集

由联系及参与联系的实体组合而成的新实体称为聚集，即 EER 有了聚集这个抽象概念允许联系参与联系，而在基本 E-R 方法中是不允许的。

（3）范畴/类

范畴/类是一种扩展实体关系模型，即 E-C-R（entity-category-relationship）模型中的一个抽象概念——“实体集的一个子实体集”。范畴/类与分化的概念有些相似，区别是前者涵盖的范围更为广泛，允许不同类型的实体组成实体集，如线状可以是河流，也可以是道路，而河流和道路是不同类型的实体。

3. 空间 E-R 方法

E-R 方法在 GIS 中的应用可以归纳为两类：第一类，直接应用，如属性数据库概念模型设计；第二类，根据空间数据的空间特性对基本 E-R 方法和扩展 E-R 方法进行改进，这种方法便称之为空间 E-R 方法，它最初由 Calkins 提出，在 GIS 中具有较成功的应用。下面介绍空间 E-R 方法。

（1）空间实体及其表达

空间数据描述的实体（即空间实体）与一般实体不同之处是它具有空间特性，即它除了作为一般实体的普通属性外，还具有不同于一般实体的空间属性。空间属性一般用点、线、面或 Grid _ cell、Tin、Image 象元表示。

Calkins 定义了三种空间实体类型：有空间属性对应的一般实体；有空间属性对应的需用多种空间尺度（类型）表达的实体，如道路在一些 GIS 中既表达为线，又表达为面；有空间属性对应的需表达多时段的实体，如十年的土地利用。上面三种空间实体分别用单个特定矩形框、两个交叠的特定矩形框、三个重叠的特定矩形框表示。

（2）空间实体的关系及其表达

与空间实体一样，空间实体间的关系也具有双重性，既具有一般实体间的关系，如拥有/属于关系、父/子关系等，又具有空间实体所特有的关系，如拓扑关系（包括点与点的相离、相等，点与线的相离、相接、包含于，面与面的分离、交叠、相接、包含、包含于、相等、覆盖、被覆盖等）。Calkins 把空间实体间的关系归纳为三类：一般关系（一般数据库都具有）；拓扑关系（相邻、联结、包含）；由空间操作导出的关系（邻近、交叠、空间位置的一致性），并分别用菱形、六边形、双线六边形表示。表 6.5 针对空间 E-R 方法的特点，将其与基本 E-R 方法进行了比较。

表 6.5　基本 E-R 方法和空间 E-R 方法的异同点比较

项目	基本 E-R 方法	空间E-R方法
实体构成	实体 → 一般实体及其属性	地理实体 → 一般实体及其属性 — 空间实体及其属性
例子	学生（姓名、性别、年龄、入学时间、住址）	宗地（产权人姓名、地址） 多边形（坐标、拓扑关系）
实体表达	学生	空间实体类型称 → polygon ｜ G ｜ T；宗地 ← 实体名 坐标标识　拓扑标识
实体类型	一种： 一般实体 （无空间实体对应）	三种：一般实体 （与空间实体对应） 多空间尺度/类型表达的空间实体 多时段表达的空间实体
关系类型	一种：	三种： 一般关系（拥有、参加） 拓扑关系（连通、相邻、包含等） 由空间操作导出的关系（邻近、交叠、跨越、空间一致性）
属性	姓名、性别……	产权人姓名、地址……

图 6.6 是用空间 E-R 方法建立 GIS 支持下的海洋渔业数据库中的渔政管理 E-R 图的实例。其中，矩形框代表的是实体，如“渔业公司”、“渔政局”、“渔船”、“共管区”等，普通矩形框代表的是一般实体，如“渔业公司”；带有空间实体类型、

坐标和拓扑关系的是空间实体，如“共管区”实体，该空间实体的空间实体类型是多边形（polygon），G 存放的是该实体空间坐标，T 存放的是该实体的拓扑关系。图 6.6 中的菱形框、六边形框和双线六边形是表示实体间的关系，其中，菱形代表实体间的一般关系，如“管理”；六边形代表的是空间实体间的拓扑关系，如“包含于”；双线六边形代表空间操作导出的关系，如“重叠”。

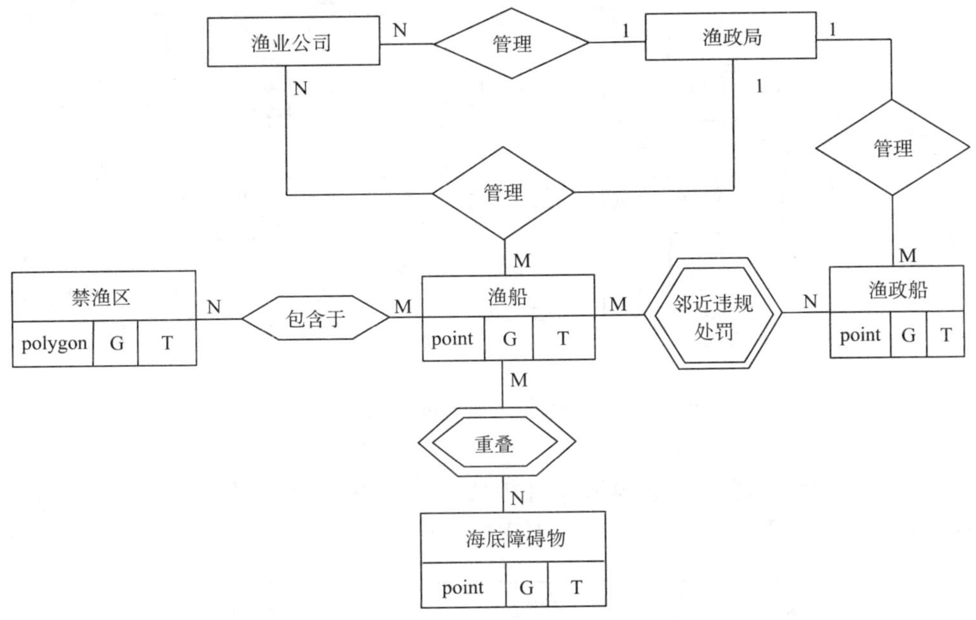

注：1、M、N表示实体间的联系。如：

它的含义为一个禁渔区内可以包含M艘渔船，一艘渔船又可以被N个禁渔区禁渔，即N : M的关系。

图 6.6　空间 E-R 方法建立 GIS 支持下的海洋渔业数据库中的渔政管理 E-R 图（邵全琴等，1998）

三．空间数据库的概念模型设计

数据库概念模型是数据库的全局逻辑数据视图，是数据库管理员所看到的实体、实体属性和实体间的联系。概念数据库设计的任务包括两个方面：概念数据库模式设计和事务设计。其中，概念数据库模式设计是以需求分析阶段所提出的数据要求为基础，对用户需求描述的现实世界通过对其中信息的分类、聚集和概括，建立抽象的高级数据模型（如E-R模型），形成概念数据库模式；事务设计是考察需求分析阶段提出的数据库操作任务，形成数据库事务的高级说明。图6.7是一般空间数据库概念模型设计示意图。

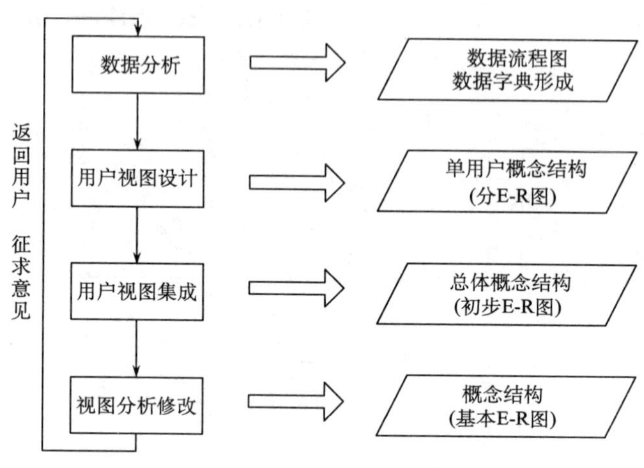

图6.7　空间数据库概念模型设计示意图

对于空间数据库的概念模型设计主要采用空间E-R方法来进行。图6.8显示了利用空间E-R方法建立空间数据库概念模型的步骤。

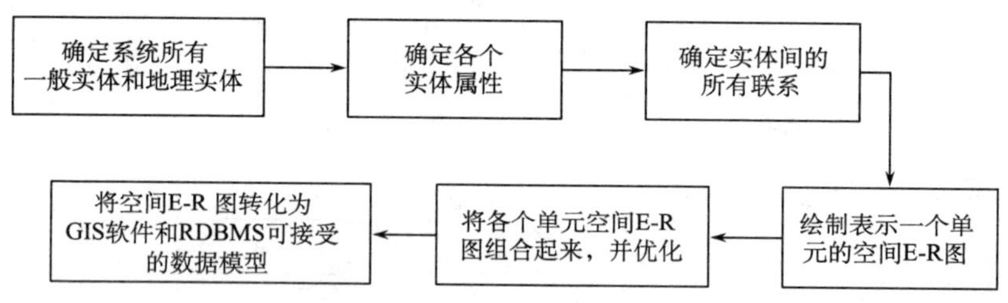

图6.8　利用空间E-R方法建立空间数据库概念模型

利用空间E-R方法建立空间数据库的概念模型可以分为以下六个步骤。

1）通过用户需求调查与分析，提取和抽象出空间数据库中所有的实体，包括一般实体和空间实体。

2）对提取和抽象出来的实体通过定制其属性来进行界定，即确定各个实体的属性。要求尽可能减少数据冗余，方便数据存取和操作，并能实现正确无歧义地表达实体。

3）根据系统数据流图及实体的特征正确定义实体间的关系，这一步骤是保证空间数据正确处理和操作的关键，因此，在定义过程中要仔细求证，确保无误。

4）根据提取、抽象和概括出的系统实体、实体属性及实体关系绘制空间 E-R 图。

5）因为空间 E-R 图涉及的实体、属性及关系复杂，在实际应用中，往往需要根据数据的关联程度将它们划分成许多小的单元，分别绘制 E-R 图。因此，最后需要根据划分的标准和原则对这些单元的 E-R 图进行综合，并对其进行调整和优化，使其能够无缝地形成一个整体。

6）将空间 E-R 图转化为适合 GIS 软件和数据库管理信息系统的数据模型，如关系模型、网络模型、层次模型或特殊的空间数据模型等。空间 E-R 模型是面向现实世界的，要将其在空间数据库中进行实现，必须转化成相关的 GIS 软件和数据库支持的模型。

第五节　空间数据库的逻辑设计

数据库逻辑设计的任务是把数据库概念设计阶段产生的概念数据库模式变换为逻辑数据库模式，即适应于某种特定数据库管理系统所支持的逻辑模型。数据库逻辑设计依赖于逻辑数据模型和数据库管理信息系统。数据模型可以分为传统的数据模型、面向对象数据模型以及针对空间数据的特征而设计的空间数据模型等，下面对这些模型和数据库管理信息系统进行分别介绍。

一、传统数据模型

传统数据模型分为层次模型、网络模型和关系模型三种主要类型。

1. 层次模型

层次模型是以记录类型为结点的有向树或者森林（图 6.9）。图 6.9 中每个方框代表一个结点记录，附有该结点的属性值，结点间的连线反映了它们之间的从属关系。如果把层次模型中的记录按照先上后下、先左后右的次序排列就得到了一个记录序列，称为层次序列，层次序列码能指出层次路径。按照层次路径查

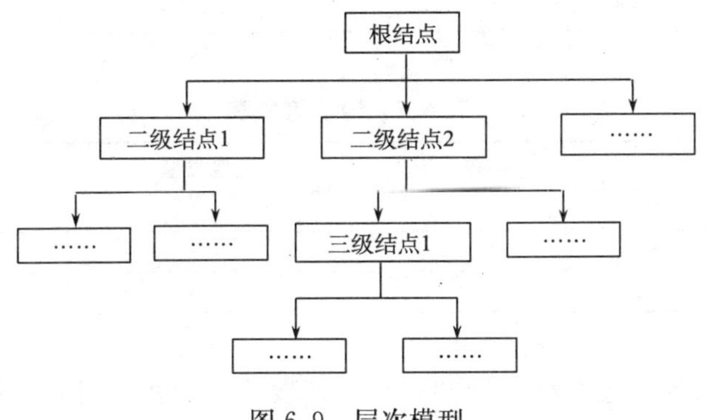

图 6.9　层次模型

找记录是层次模型的实现方法之一。

2. 网络模型

网络模型主要用于网络数据库的设计，它是以记录类型为结点的网络结构，如图 6.10 所示，每个方框是一个结点，代表一个实体，每个实体用一个记录表示，不同实体之间的联系用网络连接。网络模型中通常用循环指针来连接网络中的结点。

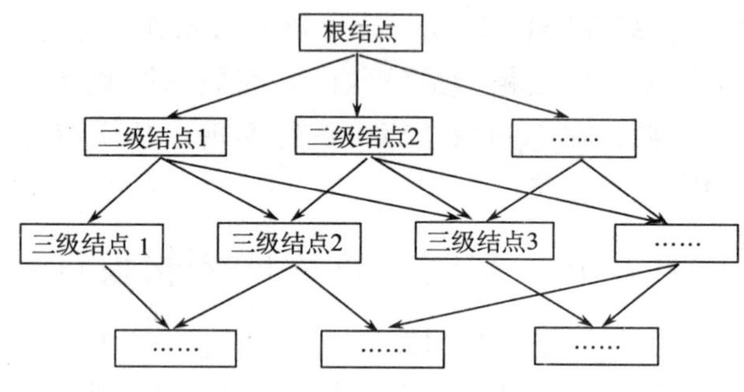

图 6.10　网络模型

3. 关系模型

关系模型是一种数学化的模型，它将数据的逻辑结构归结为满足一定条件的二维表，亦称为关系，一个实体由若干关系组成，而关系表的集合就构成了关系模型。表 6.6 和表 6.7 就是关系模型的关系表，其中，前者表达了实体“用地项目”的属性及其与实体“地块”的关系。

表 6.6　用地项目信息表

用地项目编号	用地单位	地块编号	……
1		地块 1	
2		地块 2	
……		……	

表 6.7　地块信息表

地块编号	面积	用地类型	……
地块 1			
地块 2			
……			

表 6.8 所示为上述三种模型的比较，在表 6.8 中我们对三种传统数据模型的结构特征和优缺点作了比较。

表 6.8　三种传统数据模型的比较

比较项目＼类别	层次模型	网络模型	关系模型
结构特征	父结点与子结点的关系必须是一对一或一对多	一个子结点可以有两个或多个父结点，两个结点之间可以有两种或多种联系	实体间的联系通过公共值隐含地表达，并用关系代数和关系运算来操作
优　点	结构清晰，较容易实现	可以表示多对多的关系，冗余度较小	结构简单灵活，数据修改和更新方便，容易维护和理解
缺　点	不能表示多对多的联系，难以顾及数据共享和实体间的拓扑关系，数据冗余度大	采用循环指针来联系结点，结构复杂，难以修改和维护，更新较为困难	难以处理复杂的目标，效率、数据语义和目标标识等方面还有不足

基于关系模型的逻辑模型设计就是将概念模型中的实体和实体间的关系按照一定的规则转换为关系表的过程。

二、面向对象数据模型

面向对象数据模型吸收了传统数据模型和语义数据模型的优点，同时具有面向对象的特性，其框架如图 6.11 所示。

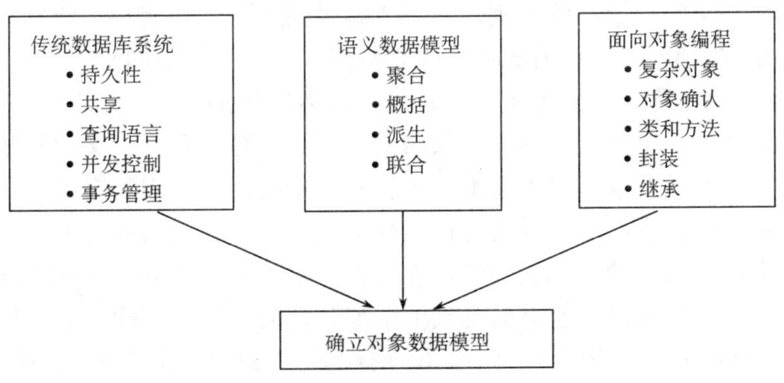

图 6.11　面向对象数据模型的框架图

根据面向对象数据模型的框架可以看出面向对象数据模型具有以下特点：

1）支持复杂对象，具有对简单对象运用各种构造符组成复杂对象的能力；

2）具有对象标识，对象独立于它的值存在；

3）具有封装性，数据库对象中既封装数据又封装程序，从而达到信息隐蔽，同时也是逻辑数据独立性的一种形式；

4）支持类型和类的概念，类型概括了具有相同特性的一组对象的共同特性；

5）支持类或类型的层次结构，具有继承关系；

6）允许重载，即将同一名字用于不同类型的数据操作；

7）通过与现有程序设计语言的合理连接达到计算完备性；

8）具有扩充性。

面向对象数据模型中的对象包含了数据集和操作集两部分内容，将数据和操作封装起来管理。面向对象数据模型具有以下特征。

1）封装性。在面向对象的系统中，所有的实体都可以模型化为对象。对象是由描述该目标状态的一组数据和表达它的行为的一组操作（方法）组成，即某种相关的数据和行为的组合，这种行为就是对象的封装性。在面向对象的系统中，对象作为独立的实体，一经定义就带有唯一的标识号，且独立于它的值而存在。使用对象的标识号可以实现目标共享和目标更新。例如，地块 A 是某用地建设项目的一块用地，同时它也是年度计划用地的一块用地，此时，通过对象的标识号（此处是地块 A 的标识号）可以确定这两块地是否是同一目标，这样，该地块对象只需存储一次，某用地建设项目对象和年度计划用地对象可以共享该地块对象的信息，同时，由于标识号独立于它的值存在，因此，地块对象信息的更新也将作用于两个对象。

2）类。类是同类对象的集合，即具有相同属性和操作的目标的组合。类描述了该类对象的共同属性和共同的操作（方法），避免了对象的重复定义工作。每个对象都是类的一个具体实例，同一个类中的对象结构相同（即具有相同的属性项目和操作类型），但是内部具体的值不同（即属性值不同）。

3）超类和继承。由于定义类的时候，很多实体的属性项和操作项不完全相同，往往是其中几个属性项和操作项相同。因此，存在重复定义的问题，造成说明和存储上的大量冗余。引入超类的概念是为了减轻类的重复定义问题，方便类的管理。超类的概念简单的说就是将几种类型中某些具有共同特征的属性项和操作抽象出来，形成一种更一般的类，即超类。超类中所有的属性项和操作都赋予子类，同时，子类可以在超类的基础上添加其他的属性项和操作。例如

超类 Super C=（属性 1、属性 2、属性 3、操作 1、操作 2、操作 3）

Super C 的子类 Class1=（属性 4、操作 4）

其中，Class1 的属性项包括从 Super C 继承来的属性 1、2、3 和自己定义的属性 4，操作包括从 Super C 继承来的操作 1、2、3 和自己定义的操作 4。

在超类和子类之间，要使子类能够获得超类的属性项和操作，必须引进继承的概念。继承是一种有力的建模工具，它有助于进行共享说明和应用的实现。继承分为单个继承和多个继承，单个继承指子类只能继承一个超类的属性项和操作；多个继承指子类能够继承多个超类的属性项和操作。

三、空间数据模型

1. 混合数据模型

混合数据模型是指在空间数据库建设中，采用将空间图形数据和相关联的属性数据分离开来管理的模式，空间数据与属性数据通过关键字连接。它要求分别对空间图形数据管理和属性数据管理进行设计。如图 6.12 所示。

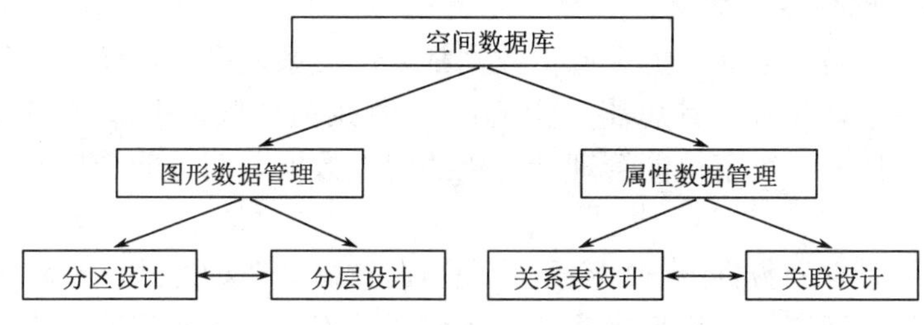

图 6.12 混合型空间数据库模型示意图（杜云艳等，1998）

就图形数据而言，由于 GIS 采用高级语言编程，可以通过打开/关闭直接操纵数据文件，图形用户界面和图形文件处理是一体的。

属性数据通过关系数据库管理系统进行管理。以 Arc/Info 8.0 以前版本为例，“INFO” 是一个完整的简单关系数据库系统，它的属性表设计包括一般属性表（用户定义的属性表）与标准属性表（系统定义的属性表）。一般属性表与标准属性表之间的关系有两种：①物理上、逻辑上均相联，即用户定义的属性就添加在 PAT 或 AAT 上；②物理上分开、逻辑上相关联，即把用户定义的属性单独存储，然后用关系或指针与 PAT 或 AAT 相联。因为前一种方式简单、易操作，其应用较广。但也存在很多弊端：①属性只能依赖空间要素而存在，空间要素改变时，其属性也随着变换，因而无法保留其属性的历史记录；②易造成数据冗余；③易导致数据的更新异常，对于同一种类型要素的属性的更改，需在很多地方都要做更新；④对带有扩充属性表的 Coverage 进行操作时，需要更多的时间和空间资源。若采用第二种方式，不仅可以避免以上弊端，而且用户定义的属性还可以存放在第三方的关系数据库系统中，如 Oracle，也利于数据的重用和共享。

用以描述空间要素属性的一般属性表的设计也有两种：①把描述某一空间要素的所有属性放在一张属性表中；②把描述某一空间要素的属性分别放在若干个逻辑上相互联系、符合第三范式的属性表中。第一种方式固然简单省事，但它是非规范化的，会带来数据冗余、更新异常等问题。因此，需要根据属性项之间的依赖关系进行分解，使之成为逻辑上有联系的，但物理上分离的多个属性表。

关于空间图形数据和属性数据之间的交互，可以通过属性数据库提供的高级编程语言接口，使得 GIS 在高级编程语言环境下，直接操纵属性数据，并显示属性数据；或是通过接口调用 SQL 语句，查询属性数据库，并在 GIS 用户界面下，显示查询结果。在这种工作模式下，并不需要启动一个完整的属性数据库管理系统，属性数据库管理系统的调用完全是在后台执行，图形数据和属性数据的查询与维护在同一界面下实现。

2. 全关系型空间数据模型

该数据模型是指空间数据和属性数据都采用关系模型进行设计，建立全关系型空间数据库管理系统。其思路是由 GIS 厂商在关系型数据库管理系统的基础上进行开发，使该系统不仅能管理结构化的属性数据，而且能管理非结构化的图形数据。

采用全关系空间数据库管理系统管理图形数据有两种方式：一种方式是将空间实体的空间特征用关系模型来表达，制作关系表。由于空间特征由点、线、面组成，因此可以制作三种表单：一是多边形的关系表（表 6.9）；二是线段的关系表（表 6.10）；三是结点的关系表（表 6.11）。由于关系连接运算相当费时，该方法在空间对象处理显示方面效率很低。

表 6.9 多边形关系表

多边形编号	名称	线段编号	属性项
Polygon1		Line1、2、3、…	
Polygon2		Line5、6、7、…	
…		…	

表 6.10 线段关系表

线段编号	名称	结点编号	属性项
Line1		Node1、2、3、…	
Line2		Node3、4、5、…	
…		…	

表 6.11 结点关系表

结点编号	X 坐标	Y 坐标	属性项
Node1			
Node2			
…			

另一种方式是将图形数据的变长部分处理成 Binary 二进制块 Block 字段，如将图形的坐标数据当成一个二进制块，交由关系数据库管理系统进行存储和管理。这种方式虽然省去了第一种方式的大量关系连接操作，但是二进制块的读写效率要比定长的属性字段低的多，特别是牵涉对象的嵌套，速度更慢。

3. 对象-关系型空间数据模型

由于全关系型空间数据模型的实现较为繁琐，功能受限，而且处理效率不高，因此，许多数据库管理系统的软件商纷纷在关系型数据库中扩展，通过定义一系列操作空间对象（如点、线、面等）的 API 函数，来直接存储和管理非结构化的空间数据。这种空间数据库管理模式称为对象-关系型空间数据管理系统。它的实现途径是对关系数据库管理系统进行扩展，增加面向对象特性，主要是对基类进行扩充，增加复杂对象继承性和规则系统的支持等。这样实现的面向对象数据库系统是关系数据库技术与面向对象技术的融合，支持查询语言 SQL 的超集，具备关系数据库系统的基本功能，同时又支持面向对象特性。它适合于复杂数据、复杂查询的应用，但是，这种空间数据管理方式也有一些不足之处，如这些可供操作的空间对象的数据结构都是预先定义的，用户使用时必须满足它的数据结构要求，不能自定义空间对象。它的空间处理效率虽然比采用二进制块的管理高得多，但是它是以用户的使用受限为代价的，而且，对象的嵌套问题仍没有解决。

4. 面向对象空间数据模型

根据上文对面向对象数据模型的分析，可知面向对象数据模型不仅支持变长记录，而且支持对象的嵌套、信息的继承等，面向对象的空间数据库管理系统还允许用户定义对象和对象的数据结构以及它的操作。

面向对象空间数据库管理系统的实现途径是以面向对象程序设计语言为基础，增加数据库功能，主要是持久对象和数据共享。这样实现的面向对象数据库系统与面向对象的程序设计语言紧密结合，容易被熟悉面向对象语言的开发设计人员所接受，具有较高的执行效率。其不足之处在于缺乏数据库基本特性，尤其是缺乏与 SQL 兼容的查询功能，在安全性、完整性、并发控制、开发工具等方面也比关系数据库产品差。

需指出的是，面向对象数据模型的出现与发展，不会完全取代混合数据模型。今后很长一段时间内将是混合数据库系统、面向对象数据库系统和对象-关系数据库系统并存的局面。用户可以根据自己的应用要求和当前的条件去选择适合于自己的数据库产品。

四、逻辑设计——E-R 模型到逻辑模型的映射

逻辑设计就是将 E-R 模型转化为逻辑模型的过程。E-R 模型可以按规则转

换为多种类型的逻辑数据模型。关系模型是当前使用最为广泛的逻辑模型，大多数商业数据库系统都是关系型的。

在基于关系数据库系统的数据库设计过程中需要将需求分析产生的 E-R 模型按照关系模型的要求进行规范化和标准化设计，包括实体、实体关系以及关键字的设计等。

E-R 模型到关系模型的映射主要有以下步骤。

1）将每个实体映射成一个单独的关系。实体的属性映射成关系的属性。

2）对于基数为 1∶1 的联系，将任一实体的码属性作为其他关系的一个主码。

3）如果联系的基数是 M∶1，把“1”侧的关系的主码作为“M”侧关系的外码。

4）对基数为 M∶N 的联系，则处理方式不同。每个 M∶N 联系被映射成一个新的关系。关系的名称就是联系的名称，而关系的主码由参与实体的主码对组成。如果联系有属性的话，则成为新关系的属性。

5）对于多值属性，创建一个具有两个列的新的关系：一列对应该多值属性，另一列对应拥有多值属性的实体的码。

图 6.13 显示了 E-R 模型经过转换得到的关系模型图。

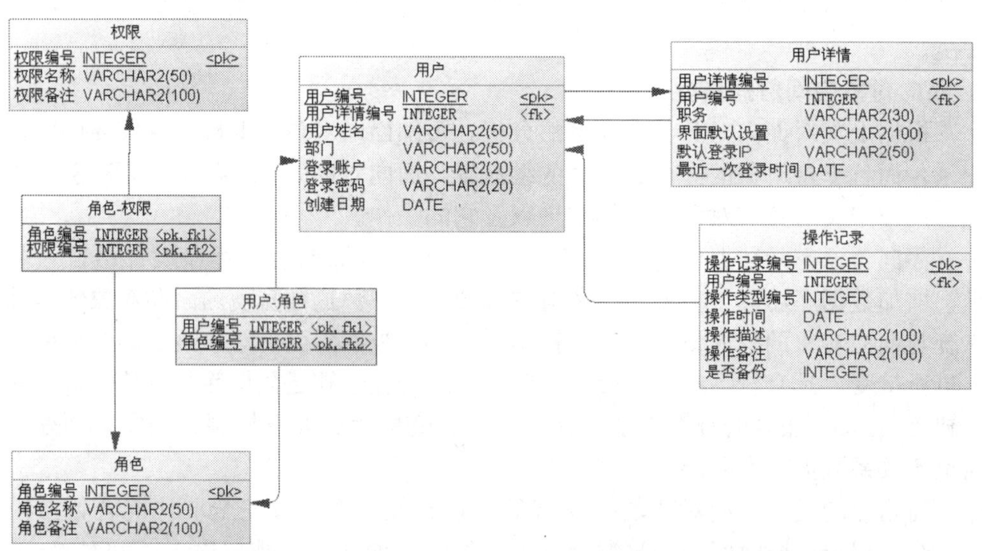

图 6.13　关系模型示例图

首先，E-R 模型中的每一个实体对象都被转换为一个关系模式，然后进行 E-R 模型到关系模型的映射。例如：

1）用户和用户详情之间是一对一的关系，在建立用户关系表和用户详情关系表时，分别将详情编号和用户编号作为它们的一个外键。

2）用户和申请用地项目流转之间是 1 对 M 的关系，将关系中“1”侧关系表“用户”的主键“用户编号”作为“M”侧“申请用地项目流转”关系表的外键。

3）用户和角色之间是多对多的关系，因此需建立一个独立的关系表。关系表名称就是联系的名称“用户-角色”，关系表中包括了“用户”关系表的主键“用户编号”和“角色”关系表的主键“角色编号”两个属性。

第六节　空间数据库的功能设计

一、空间数据输入设计

空间数据输入包括图形数据的输入和属性数据的输入。图形数据有地图、遥感图像、实测数据等；属性数据是有关空间实体的属性信息。图形数据的输入主要是完成数字化工作，数字化主要采用两种形式：手扶跟踪数字化和扫描数字化（屏幕跟踪），它们各有优缺点，此外，还有几何坐标输入（如 COGO）和现有数据转换输入。而属性数据的输入一般采用表格形式，以 ID 码实现与图形数据的连接。空间数据输入设计主要考虑如下几点因素。

1）数据的组织和存放。整个目录结构要很清晰，图 6.14 所示为某数据组织存放目录结构示意图。

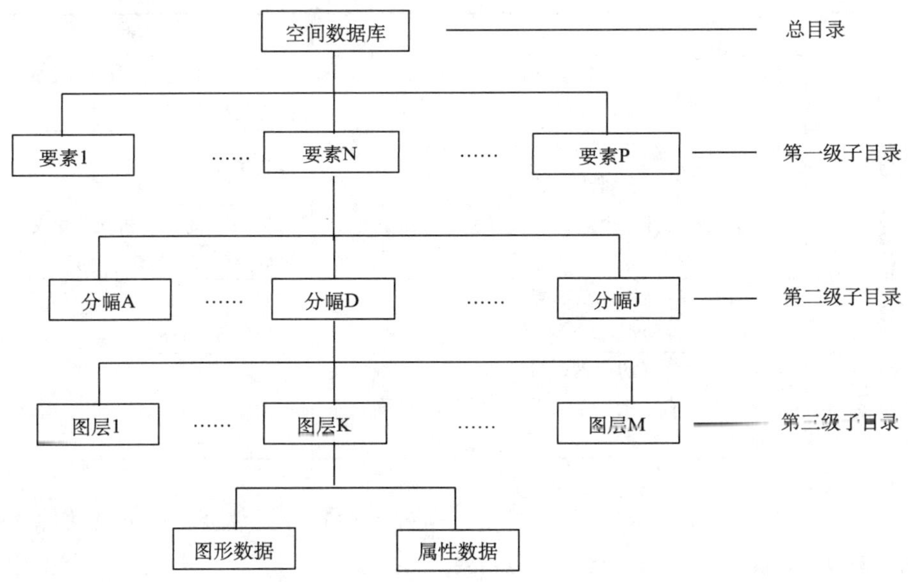

图 6.14　数据组织存放目录结构示意图

2）设计并建立完整的符号库，包括点状符号、线状符号、面状符号和特殊的符号。

3）良好的输入界面和数据接口。

良好的空间数据输入设计必须遵循以下原则：

1）良好的交互性。如确认输入、确认删除、确认取消等都为用户提供反馈信息和帮助信息；

2）允许用户进行简单的数据编辑；

3）提供恢复功能，允许恢复到错误输入前的正确状态；

4）对于表格数据的输入，要提供缺省值、输入格式、有效性检验等功能，使用户快速而准确地输入数据。

二、空间数据检索设计

空间数据检索的目的是从空间数据库中快速高效地检索出所需要的数据，其实质就是按一定条件对空间实体的图形数据和属性数据进行查询检索，形成一个新的空间数据子集。检索设计主要根据 GIS 应用的实际要求，用 SQL 语言、扩展 SQL 语言和具有检索功能的 GIS 命令（如 Arc/Info 中的＃Merge、＃Overlay、＃Select、＃Polygon、＃Assess 等）来实现。表 6.12 归纳了 GIS 应用中的各种数据检索类型。

表 6.12 数据检索类型及其特点

检索类型	检索方法	特点
鼠标定位检索	鼠标定位于图形区域得到相应属性数据；鼠标指向属性数据则高亮显示相应图形数据	实现了图形数据和属性数据的双向查询检索
分层检索	在分层组织和存储的 GIS 数据中，检索某一特定图层的图形数据和属性数据	提高了检索速度
开窗检索	在屏幕上任意开一个窗口，检索窗口内的图形数据和属性数据	对于 GIS 叠置分析大有好处，也可进行缓冲区检索
条件检索	根据属性条件来检索图形数据，常用的地址匹配检索属于条件检索之一	用属性数据的数据项与运算符来构建条件表达式
空间检索	是基于空间关系的检索，包括拓扑关系、顺序关系（如左、右、上、下、前、后等）、度量关系（如距离）	目前还不是很成熟

其中，空间检索是目前空间数据检索研究的热点，最常见的空间数据检索是基于拓扑关系（包括邻接、关联、包含等）的空间检索。下面列出了主要的基于拓扑关系的空间检索分类：

1）面-面关系检索。面-面的关系有 8 种，面-面关系检索主要是查询并判断多个面实体之间是否相邻、包含、相交以及方向距离关系等。例如，查询与鄱阳湖邻接的土地利用类型有哪些，与江苏省相邻的省份有哪些等。

2）线-线关系检索。线-线关系有33种，它的检索主要是查询并判断线与线之间是否有邻接、相交、平行、重叠以及方向距离关系等。例如，查询河流的支流，就是查询同主流相交的河流。

3）点-点关系检索。主要是查询并判断点与点之间距离、方向以及重叠等关系，如检索某消防支队方圆5公里内的化工厂。

4）线-面关系检索。主要是查询并判断线与面之间距离、方向、相交及重叠等关系，如沪宁高速公路穿越的行政区有哪些。

5）点-线关系检索。主要是查询并判断点与线之间距离、方向、相交及重叠等关系。例如，从湖北到上海区段内，长江上有哪几座大桥；有哪几条高速公路及河流贯穿上海。

6）点-面关系检索。主要是查询并判断点与面之间距离、方向及包含等关系。例如，在西北干旱地区，检索某县内所有的水井。

7）边缘匹配检索。它指空间检索在多幅地图的数据文件之间进行时，需要应用边缘匹配处理技术，建立跨越图幅边界的多边形，提取与查询相关联的图幅数据，然后将这些数据自动地组织到连续的窗口范围内。

当空间数据库的图幅很多时，数据检索可能会涉及多图幅，因此，图库的管理和图幅之间数据的无缝处理便成为空间数据检索的核心内容之一。要进行这两项任务处理，图库必须建立在统一的坐标体系、统一的坐标原点、统一的投影类型下，每个图幅至少要有四个控制点，并要对各个图层建立空间索引等。

三、空间数据输出设计

空间数据输出是指按实际应用的要求和可视化原则，将GIS操作和分析的结果展示在屏幕上或打印到图纸上的过程。空间数据输出设计应注意的因素有：

1）应从美学原则出发，布局图中各个内容的位置，调配大小和色彩，设计优美的地图整饰等。

2）空间数据的输出应带有很大的灵活性，允许用户对输出内容进行动态组合。例如，在土地利用规划管理信息系统中，有时要输出某小区域的宗地图，有时要输出土地利用分布图。

3）为常用的输出格式设计模板以方便用户。

4）输出数据的表达形式尽可能多样化，如采用多媒体技术等。

四、空间数据更新设计

空间数据更新设计是GIS空间数据库设计的重要内容，因为数据更新是GIS

的活力源泉之一。随着 GIS 应用的深入，数据成为制约 GIS 发展的瓶颈，因此，迫切要求数据获取手段和数据更新手段不断得到完善。

空间数据包括几何数据、属性数据和拓扑数据三种，在空间数据更新过程中，往往不是所有的特征数据都发生变化，通常是其中一种或是多种发生变化，因此，根据空间数据发生变化的数据类型，可以将空间数据的变更分为三种类型，如表 6.13 所示。其中第二、第三种的几何数据的改变很可能导致拓扑数据的改变，从而导致拓扑数据也要随之更新。

表 6.13 数据更新形式

种类	几何数据	属性数据	宗地数据举例
第一种	不变	改变	一块宗地形状未变，权属变了
第二种	改变	不变	一块宗地形状变了，权属不变
第三种	改变	改变	一块宗地形状变了，权属也变了

根据空间数据更新的类型划分，可以设计有效的数据更新方法，从而减少空间数据更新的工作量，降低空间数据存储的冗余度。但是，随着 GIS 应用要求的提高，越来越多的系统要求数据更新设计要考虑历史数据问题，以便可追溯到某一时段的历史数据，进行时空序列分析等。尤其是在地籍管理信息系统中，历史数据还是地籍纠纷的法律依据之一。

综合以上的分析，在 GIS 应用中，进行空间数据的更新设计很少采用对整个数据库进行彻底更新的方法，而更多的是进行局部的几何数据或属性数据的更新。下面介绍常用的三种数据更新模型。

(1) 连续快照模型

连续快照模型是用一系列状态所对应的地图来反映地理现象的时空演化过程。连续快照就像照相一样，仅代表地理现象的状态，而缺乏对现象所包含的对象变化的明确表现，因此它不能确定地理现象所包含的对象在时间上的拓扑联系。由于连续快照是对状态数据的完整存储，易于实现，但数据冗余度很大。

(2) 底图修改模型

底图修改模型首先确定数据的初始状态，然后仅记录时间片段后发生变化的区域，通过叠加操作来建立现时的状态数据，其中，每一次叠加则表示状态的一次变化。

(3) 时空合成模型

时空合成模型是在底图修改模型的基础上发展起来的，其设计思想是将每一次独立的叠加操作转换为一次性的合成叠加。这样，变化的积累形成最小变化单元，由这些变化单元构成的图形文件和记录变化历史的属性文件联系在一起，则可较完整地表达数据的时空特征。

在属性数据更新上，除了记录属性变化外，还要在表中添加一列“时间信息”，它表示了属性数据的生存期。

五、空间数据共享设计

空间数据共享是 GIS 界一直关心的问题，目前尚未完全解决。影响它的有技术因素，也有非技术因素。非技术因素涉及政策与社会问题，根据谁投资谁受益的原则，可以考虑让空间数据商品化来解决该问题。我们要着重考虑的是空间数据共享的技术因素，即数据的规范化与标准化。下面列出了三种可能的数据共享途径。

1）数据转换，包括有语义约束的数据格式转换和没有语义约束的数据格式转换。由于不同的软件表达空间实体的方式往往有差异，不能保证所有的信息都能转换成功，存在数据损失，因此，在数据转换前后还需进行手工编辑。

2）基于元数据的空间数据网络查询和应用，是指在网络环境下通过元数据的支持对空间数据的查询、下载和应用。

3）GIS 互操作，它是以消息机制为基础实现空间数据共享的行为，采用该方式不仅能实现空间数据共享，还可以实现功能的互操作。

目前以第一种共享途径为主，不同的系统之间通过数据转换（导入/导出）来达到空间数据共享的目的，但是该方法有很大局限性（如数据损失等）。因此，研究其他共享途径来实现空间数据的共享对 GIS 的发展具有极大的意义，目前，颇为一致的意见是建立空间数据基础设施（SDI）。

第七节　空间数据采集建库

一、建库前准备工作

1. 数据源的选择

GIS 的数据源，一是要求可靠，二是具备更新能力。因此，GIS 和空间数据库的建立，首先应考虑数据源的科学基础及更新的技术保证。就全国范围来看，部门、地区之间数据源及其质量是很不平衡的。主管部门应充分考虑本行业和本地区的具体条件，因势利导，在数据源和更新条件有保障的部门和地区逐步试建数据库。在设计系统数据源的时候要根据应用要求保证数据的精度和获取途径。

2. 数据采集存储原则

数据采集存储原则是：一般只采集储存基本的原始数据，不储存派生的数据，根据应用的频率，实现最少的冗余度。例如，只存储地形高程，不存储派生的（如坡度、坡向、单元高差等）地形因子，但如果某因子的使用频率很高，也应作基本数据存储。

分类分级应采用或参照国际标准或国家主管权威部门的划分标准。通常国家都委托各主管部门制定其主管行业的分类分级标准，遇到分类分级标准不能统一时，应努力协商解决。如仍有困难，不能达到一致意见时，优先参照国家有关标准，包括国家强制性标准、国家参考标准及有关行业标准、地方标准。对特定应用单位来说，分类分级首先应满足本单位的工作需要。

3. 建库的数据准备

从获取原始数据至数据入库，其中每个环节的失误都会影响到数据质量。为此，每一步骤均应建立数据的质量标准和数据管理的责任制度。

(1) 数据源的准备

GIS的数据类型随应用领域的不同而有所差异，但与管理信息系统相比都有数据类型繁多、数据量大的特点。从数据源的种类来分，可包括以下几种。

1）实测数据。例如，野外实地勘测、量算数据；台站的观测记录数据；遥测数据等。

2）分析数据。利用物理和化学方法进行分析而获取的数据。

3）图形数据。各种类型的专题地图以及地形图的图形记录资料等。

4）统计调查数据。各种类型的统计报告，社会调查数据等。

5）遥感/GPS数据。利用遥感/GPS技术获得的大量模拟或数字资料等。

(2) 数据的质量标准

空间数据库应建立专业性的数据质量控制体系，作为鉴定和验收数据质量的依据。包括：

1）数据的分类系统；

2）数据类型（或项目）的名称和定义；

3）数据获取方法的评价；

4）数据获取所使用的仪器设备及其精度的规定；

5）数据获取时的环境背景和测试条件的规定；

6）数据的计量单位（量纲）和数据精度分级的规定；

7）数据的编码或代表符号的规定；

8）数据的更新周期的规定；

9）数据的密级和使用数据的规定。

各类数据质量标准的制定原则：凡已有的国家质量标准或国际通用质量标准应优先采用；目前尚无国家质量标准的数据，可采用权威专业部门拟订的质量标准。

(3) 数据预处理

所选择的数据源资料，一般要经过预处理才能借助数字化或其他途径转换成空间数据库可用的数据。预处理工作的内容应视数据源本身的情况而定，包括对源数据的取舍、增强、分离、证实、加工以及再生产。表 6.14 概括了数据预处理的主要内容及目的。

表 6.14　数据预处理的内容及其目的

方式 比较项目	目　的
现势更新	在预处理前对数据进行现势更新，使之尽可能好地反映现势情况
专题地图转绘	调整各种专题地图在坐标系统、精度等方面与背景基础地形图的差异以方便配准
图面处理	通过标绘不清晰或遗漏的图廓角点，将模糊不清或因模拟形式的局限而中断的各种线状图形进行加工等手段来减少数字化和数据编辑处理的工作量
统计报表整理	进行规范化和标准化处理
数据转换	用作数据源的现有数据或数据库，需要根据系统设计的要求，对现有数据（库）进行调整和处理，将数据记录格式进行转换等。对于图形数据有时可能还需要做投影转换。对遥感数据还需要进行几何校正和分类处理，以满足系统设计的要求
制作预处理图	对地形图或专题地图上需采集的要素，按规定的分类编码进行选取和描绘，制作预处理图，以便于数字化作业

4. 数据库入库的组织管理

在空间数据库建库工作中，应成立相应的数据管理组来负责入库数据（包括新数据和更新数据）的鉴定、审批和管理入库工作。凡入库的数据应同时提交数据说明书，数据管理组根据该类数据的质量标准，对数据说明书的内容逐项进行检查和鉴定，鉴定合格的数据方可批准入库。数据入库时，应有数据的鉴定意见和鉴定小组的签名，并注明入库日期。数据入库后，还应建立相应的数据安全和保密体系。

二、数字化方案的制定

目前，较常使用的数字化方法有手扶跟踪数字化、扫描数字化和屏幕数字化三种。表 6.15 从设备要求、使用要求和使用时的注意事项三个方面对三种数字化方式进行了比较。

表 6.15　三种常用数字化方式的比较

方式 比较项目	扫描数字化	手扶跟踪数字化	屏幕数字化
设备要求	需要一定的扫描设备和配套的栅格编辑和矢量化软件	要求特定的手扶跟踪数字化仪器	扫描数字化设备以及屏幕数字化软件
使用特点	速度快、精度高、劳动强度低	处理简单图形要素效率较高；也适用于更新和补充少量内容	精度较高，劳动强度较低
注意事项	需规定最低分辨率和采点密度。扫描影像时，应考虑软硬件的承受能力和查询显示速度	分为点方式和流方式，应结合图形特点分别选用，一般多采用点方式	选择适当比例进行数字化，在精度要求下尽量减少数字化的工作量

虽然三种数字化方式各有优劣，但是不论采用何种方式采集数据，都应注意以下几个方面。

1）采集精度符合质量控制要求。

2）采点密度应合理。密度过大会增加不必要的数据量，密度过小会使图形几何失真，或经数学变换后变形误差增大。

3）点状要素应采集符号的几何中心点或定位点；线状要素应沿中轴线采集；面状要素应采集多边形边界和标识点，边线应严格闭合。避免按图形符号的图案进行采集，如圆形符号采集圆弧、双线符号采集两条并行线等。因为这种数据只适应于数字制图，而不适应于空间分析。

4）图上汉字应作为属性采集，一般不要处理为图面注记。

下面以 ArcGIS 中 Shapefile 的生成为例说明数字化的具体要求：

1）所有需要的要素特征都被数字化，没有遗漏数据；

2）减少冗余数据；

3）特征位置正确，弧有正确形状；

4）应该连接的特征保证确实连接；

5）所有多边形有且仅有一个标号点；

6）所有要素都保证在外部边界之内；

7）空间数据可用；

8）消除坐标错误同时保证拓扑关系正确，可以通过构建已有的空间关系（构造拓扑关系）、标识错误、改正错误、重构拓扑关系等工作来完成。

三、空间数据库建库流程

图 6.15 以 ArcGIS 的 Coverage 数字化建库过程为例，说明空间数据采集建库流程。如图 6.15 所示，在数字化建库过程中，首先，必须确定数字化的方法及工具；其次，准备数字化原图，并掌握该图的投影、比例尺、格网等空间信息；再次，按照分层要求进行一个 Coverage 的数字化，数字化的过程包括选择控制点、数字化控制点、确定投影信息、采集数据、编辑和修改数据等；再其次，对收集来的空间数据进行拓扑关系的建立，并给空间实体赋属性值；最后，进行坐标变换和地图接边处理就建成了分层管理的空间数据库。

四、地理编码

1. 地理编码定义及分类

任一种地理实体在平面上都可以用点、线、面（或多边形）三种基本图形要素来描述，而每一种图形要素又可以通过不同的方法进行编码和量化，以便存入数据库，提供应用。所谓地理编码即是为识别点、线、面的位置和属性而设置的

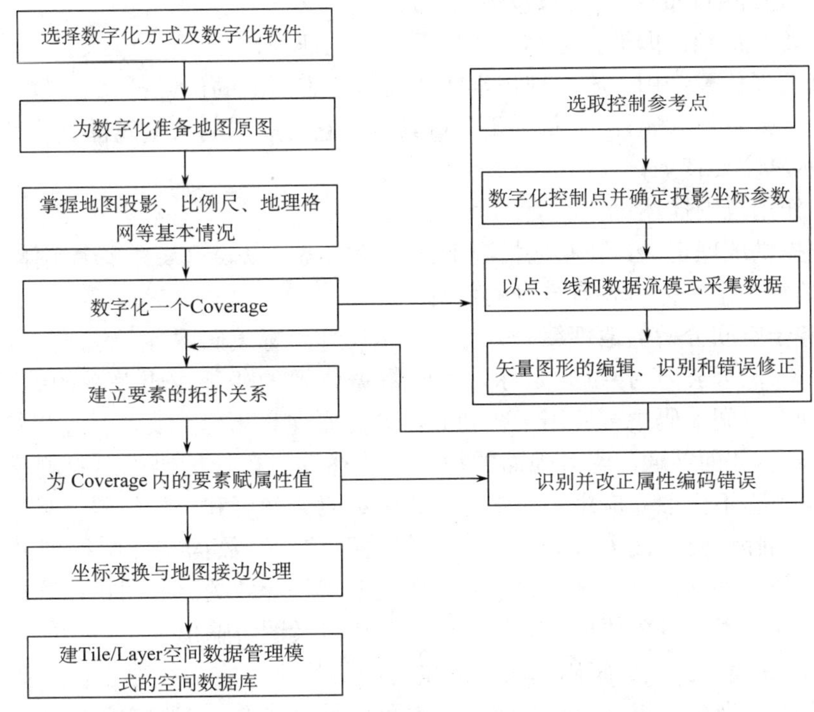

图 6.15　GIS 数字化建库流程图

编码，它将全部实体按照预先拟定的分类系统，选择最适宜的量化方法，按实体的属性特征和几何坐标的数据结构记录在计算机的存储设备上。地理编码可以反映空间实体的几何特征和属性特征（类型、等级和数量特征等）。空间数据的地理编码是 GIS 设计中最重要的技术步骤，是现实世界和信息世界之间的转换接口（黄杏元等，1989）。图 6.16 所示即为现实世界与信息世界之间通过空间数据的地理编码连接的示意图。

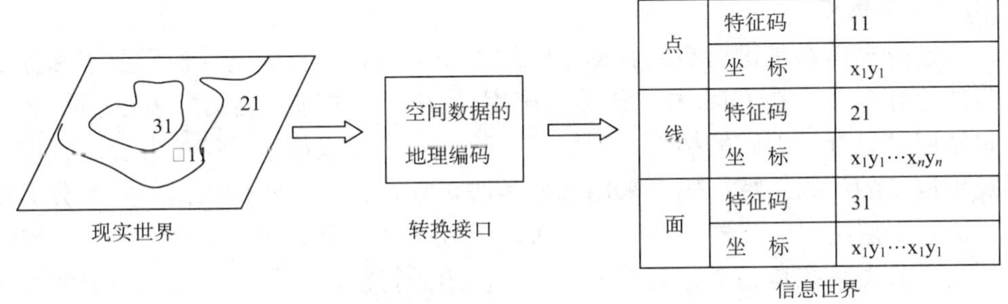

图 6.16　现实世界与信息世界之间的联接（黄杏元等，1989）

通用地理编码的基本要求包括以下几个。

1）要素识别：即地方名称、实体类型、地址等；

2）要素位置：用于唯一地识别实体在地球表面上的位置；

3）要素特征（属性）：每一要素可具有与它有联系的大量属性，这种属性可用于表示其主要特征；

4）作用范围描述；

5）提供地理定义：在某些情况下，地理代码可以表示某种多个实体的聚合，聚合中的每一个实体也各有自身的代码。

服务于空间分析的地理编码分为拓扑编码和坐标编码两种。

1）拓扑编码。拓扑编码是标识空间数据位置的相邻逻辑关系的编码方法。拓扑原理在空间编码中可应用于线和面，这些原理意味着“线”通过与其他线的连接来描述，“面”通过与其他面的相邻来描述等。拓扑编码可以跟测量的顺序尺度相比，它不作独立应用，通常作为冗余编码方案，和坐标编码一起应用于误差检验。拓扑编码能使多种地物及其相邻关系在一个数据文件中得到系统的描述，用拓扑语言描述时，分类关系和重叠关系都是等效的。采用拓扑结构，可以进行选择性检索、有关数据的集结、逻辑对比以及图解输出。

2）坐标编码。坐标编码相应于测量的间隔尺度，它必须建立在某些坐标系统的基础上。坐标编码可以是隐含的，也可以是显式的。正如空间框架一样，只要数据文件内次序是有规律的，给出一个起始坐标，并已知坐标格网的特征（格网的宽度和方向等），则应用一个规则的坐标格网就能提供一个隐含的坐标编码。而显式编码意味着空间实体的位置直接用坐标描述，一个点的位置用一对坐标给出，一条线的位置用一串坐标表示，一个面可用一个闭环线来编码。

在模拟的状态下，空间数据是以图形形式呈现的，人们能一目了然地发现错误。但在计算机存储环境里，空间数据是不可见的。拓扑编码以冗余为代价对空间数据进行自动校核，否则数以亿计的数据就会因没有校验措施而失去质量控制，那将是不可想象的。

2. 拟定分类体系

拟定分类体系是进行空间数据编码的工作基础，其目的是为识别要素和提供要素的地理含义。在 GIS 中，分类系统用特征码（或称分类码）表示。特征码就是按照信息分类编码的结果，利用一组数字、字符或数字字符的混合来标记不同类别信息的代码。特征码多采用线分类法，它是将空间实体根据一定的分类指标形成若干层次目录，构成一个分层次、逐级展开的分类体系。

由于分类系统是一个分级系统，因此使用的特征码必须采用统一拟定的编码系统，并符合各行业领域的分类分级体系。拟定的特征码要能为多用途数据库提供足够的实用信息，并使冗余数据最少。

图 6.17 是美国地质调查局（United States Geological Survey，USGS）制订的《数字线划图形标准》的例子。其中，采用七位数字的代码结构，前三位为主码，后四位为子码。该编码具有分类逻辑性强、代码信息量丰富和便于要素间关系的推理判别等特点。

主码			子码			
A_1	A_2	A_3	B_1	B_2	B_3	B_4

A_1、A_2、A_3为主码，B_1、B_2、B_3、B_4为子码；

A_1、A_2又称层次码，A_3是子码的解释位，如果A_3为0，则表示子码是要素的分类码，如果非0，则表示子码是要素的参数值或称参数属性代码，如地形高程、河流长度等；

子码中，B_1通常为0(作为备用位，便于扩充)，其余三位数字标识要素的图形类型(点状、线状或面状)、分类分级(计曲线、间曲线或助曲线等)和其他特征(如洼地、冰川或河流的左右岸等)

图 6.17　USGS《数字线划图形标准》采用的代码结构

中国 1∶100 万地形数据库的数据分类体系采用三级结构，即代码由三段码组成：归属码、分类码和标识码。归属码说明数据来源，包括提供数据的单位、系统名称和数据库名称等，它除在不同系统之间交换或转换数据外，一般不使用；分类码说明实体所属的类别，它完全按照《国土基础信息数据分类与代码》(GB13923—92）国家标准；标识码也称识别码，用于标识主要的要素实体，如县级以上居民地及其行政区界线、铁路、主要公路、主要河流和湖泊等，用于对这些实体进行检索，标识码由 6 位字符和数字混合构成。

总体来说，可以参考已形成国家标准的地理信息方面的分类代码体系，并遵守一些原则进行地理编码，这些原则包括：

1）标准化和通用性；

2）唯一确定性：每一个代码都唯一确定的代表某个具体的地理要素或属性；

3）编码系统结构清晰，编码有明确的分类体系；

4）代码系统具有可扩充性和稳定性；

5）便于计算机处理与信息交换；

6）易于识别和记忆；

7）适度的代码长度。

思　考　题

1. 空间数据有哪些特征？
2. 试述在 GIS 设计中制定空间数据规范与标准的重要性。
3. 试述空间数据的逻辑预处理的步骤，及各步骤中应注意的问题。

4. 空间数据库的概念设计包括那几个部分？其中空间需求分析主要包括哪些内容？
5. 试比较基本E-R方法、扩展E-R方法、空间E-R方法的异同。
6. 空间数据库的概念模型设计的任务是什么？包含哪些主要步骤？
7. 面向对象数据模型的特点？它与传统数据模型有什么区别？
8. 空间数据模型哪些？它们之间有什么异同？
9. 空间数据库功能设计包括那几个部分？进行空间数据库功能设计时应注意什么？
10. 进行空间数据采集建库前要做那些准备工作？并描述建库流程。

参考文献

杜云艳，周成虎，邵全琴. 1998. 实用化的GIS数据库设计法——以海洋渔业GIS综合数据库设计为例. 地理研究，17（增刊）：91-99.

韩鹏. 2005. 地理信息系统开发：ArcObjects方法. 武汉：武汉大学出版社.

黄杏元，马劲松，汤勤. 1989. 地理信息系统概论. 北京：高等教育出版社.

李满春，邱友良，欧阳宏斌. 1995. 城镇宗地地价评估信息系统设计与实践. 经济地理，15（3）：46-49.

李响，李满春. 1999. 面向对象数据模型构建GIS一体化数据库的应用研究. 地球信息科学，（1）：26-32.

毛锋，程承旗，孙大路. 1999. 地理信息系统建库技术及其应用. 北京：科学出版社.

邵全琴，周成虎，杜云艳. 1998. 海洋渔业数据建模的E-R方法研究. 地理研究，17（增刊）：108-115.

汤国安，赵牡丹. 2000. 地理信息系统. 北京：科学出版社.

唐世渭，杨冬青. 1996. 面向对象数据库应用开发——开发工具Informix-NewEra. 北京：清华大学出版社.

毋河海. 1991. 地图数据库系统. 北京：测绘出版社.

吴信才. 2009. 地理信息系统设计与实现. 第二版. 北京：电子工业出版社.

吴信才. 2009. 空间数据库. 北京：科学出版社.

吴秀芹. 2007. ArcGIS 9地理信息系统应用与实践. 北京：清华大学出版社.

张新长，马林兵，张青年. 2010. 地理信息系统数据库. 北京：科学出版社.

Dangermond J. 1986. Geographic database system. Geo-Processing，1（3）：17-29.

Laxton J L，Becken K. 1996. The design and implementation of a spatial database for the production of geological maps. Computers & Geosciences，7（22）：723-733.

Martin H，Daniel S. 1999. Spatial data standards in view of models of space and the functions operating on them. Computers & Geosciences，25（1）：25-38.

Silberschatz A. 2000. 数据库系统概念. 北京：机械工业出版社.

Singh S K. 2010. 数据库系统概念、设计及应用. 何玉洁，王晓波，车蕾译. 北京：机械工业出版社.

Zeiler M. 2004. 为我们的世界建模：ESRI地理数据库设计指南. 张晓祥，张峰，姚静译. 北京：人民邮电出版社.

第七章　地理模型库设计

地理模型是对地理实体的特性及其变化规律的一种概括或者抽象表示。它是基于一定的研究目的，采用适当的抽象化手段，对地理实体的特定特征进行概括，并采用适当的表示规则进行简洁描述的定量化模型。通过地理模型，我们可以了解地理实体的本质，便于对地理现象与地理过程进行定量分析和科学处理。

地理建模的过程就是运用数学语言、地理知识和程序设计工具，对地理实体加以信息提取、数据转换、空间分析与制图输出等的程序化过程。地理模型的建立一般经过问题定义、模型假设、演绎求解及推断过程，给出数学上和地理上的分析、预报、决策或控制，再经过解译回到现实世界中，完成“实践—理论—实践”的循环。如果检验结果正确或可行，即可用于 GIS 分析和操作；否则就要重新进行分析、归纳与修改地理模型，直至得到满意的检验结果。

地理学研究的对象是地理空间系统，这是一个随时空动态变化的复杂巨系统。目前的 GIS 平台能较好地解决部分空间分析问题，如缓冲区分析、叠置分析、网络分析等静态分析功能，但在过程建模方面具有局限性，对复杂地理空间系统建模和模拟方面较为欠缺，已不能满足当前地理研究和应用的需要。一般而言，我们可以把 GIS 作为提供支持建模的计算分析与图形显示的基础环境，集成其他空间建模工具，则可以开发面向领域的地理模型及模型库系统。

对于应用型 GIS 而言，它作为 GIS 在专业领域进行空间分析与制图的基础平台，应具备较好的面向领域问题的空间系统综合分析能力，不仅要完成管理海量地理数据的任务，更为重要的是要完成地理分析、评价、预测和辅助决策等任务。因此，在应用型 GIS 建设过程中开发适用的地理分析模型，是 GIS 软件走向实用的关键。

第一节　地 理 模 型

一、地理模型概述

地理模型是用来描述地理系统各地学要素之间的相互关系和客观规律信息的语言的或数学的或其他表达形式，通常反映了地学过程及其发展趋势或结果。对于 GIS 来说，专题分析模型是根据关于目标的知识将系统数据重新组织，得出与目标有关的更为有序的新的数据集合的有关规则和公式，这是应用 GIS 进行生产和科研的重要手段。模型化是将主观性的思考，以模型的形式反映出来，不同的理论观点，不同的体系可以产生不同的结果。

在建立地理模型时，必须遵守以下原则。①相似性：在允许的精度范围内，较好地反映地理实体的客观本质。②抽象性：在深入认识地理实体的前提下，抽象出更深层次的理性表达。③简洁性：既是地理实体的抽象表达，又必须是地理实体的简化，以降低求解难度。④准确性：必须使模型的运行结果与所模拟的地理实体的演变有较高的精确度。⑤可控性：以地理模型所表示的地理环境，要能进行控制下的运行及模拟。

二、地理模型的特点

地理模型是联系 GIS 基础软件与专业领域应用的纽带，具有以下四个特点。

1）地理模型的建立不仅是纯数学或技术性问题，还必须以坚实而广泛的专业知识和专门研究为基础，对领域问题研究的深入程度决定着所建模型的质量和效果。

2）地理模型是综合利用 GIS 系统中大量数据的专业化模块，在系统中存储有大量形式不同的数据源。它们的综合处理、分析应用主要是通过系统中模型的作用来实现的，即系统中数据的使用效率与深度，很大程度上取决于地理模型的数量和质量。

3）地理模型是 GIS 应用系统解决各种实际问题的武器。一般来说，应用模型能有效地帮助人们从各种因素之间找出其因果关系或内在规律，促进问题的解决。然而，由于许多问题十分复杂，完全依靠数学模型的定量方法往往很难圆满解决，所以，要结合使用人机交互的方法，采用从定性到定量的综合集成法。

4）地理模型是 GIS 应用系统向更高技术水平发展的基础。大量模型的研究、开发和应用，凝聚和验证了各领域专家的经验和知识，也为一般 GIS 应用系统向专家型系统的发展奠定了基础。

三、地理模型在应用型 GIS 设计中的作用

应用型 GIS 都是为一定的应用目标而建立的，必须根据具体需要采用适用的地理模型指导 GIS 总体设计，主要包括以下几方面内容。

1）空间数据库数据内容的选择。根据应用型 GIS 的任务目标，结合地理模型的数据要求，在数据库建设时预先规划好数据采集的范围、精度、量测方法等，如果毫无选择地录入数据，只会使系统增加负担，降低效率，无法突出主要因素，甚至因为数据采集周期过长而失去意义；同时，在设计数据结构时也应以最好地表示地理现象和易于模型实现为标准。

2）GIS 硬件环境的选择，根据地理模型的输入、输出和运算方法选择经济实用的硬件支持。

3）GIS 软件功能的选择，根据地理模型的管理和运行设计适用的软件功能。

以通用 GIS 平台软件 ArcGIS 为例，它提供了一个处理地理任务的工具箱，称之为 ArcToolbox。传统的 GIS 空间处理操作是输入一个数据集，执行一个操作（如数据转换、缓冲区分析等），返回一个输出结果，再等待进入下一次操作。ArcGIS 则提供了一种新的地理处理的任务框架机制，它可以把多个操作结合在一起，采用一种类似于批处理的模式进行处理，并且可通过多种方式来进行运行。可以单独使用其中的某一个工具，也可以围绕某一任务（如基于 DEM 的流域提取任务）把多个相关工具连接起来建立一个专题地理模型。同时，还可以把这些空间处理工具引用到应用系统开发中，作为定制脚本引入，从而可以在专业 GIS 系统中创建自己的专业工具集或工具箱（如土地规划工具箱、水文分析工具箱等）。

四、地理模型的分类

GIS 凭借功能丰富的软件模块、客观表达地理空间的数据模型以及易用的图形化用户界面，使系统具有广泛的用途。地理模型就是根据具体的应用目标和问题，借助于 GIS 自身的技术优势，使现实世界中抽象形成的概念模型具体化为信息世界中可操作的定量化模型与过程。这种模型的构建，不但是解决实际复杂问题的必要途径，而且也是 GIS 取得经济和社会效益的重要保证。

地理模型的作用，正是用一定程度的简化和抽象，通过逻辑演绎，去把握地理系统各要素之间的时空关系、本质特征及可视化显示。

1. 按空间对象分类

地理模型根据所表达的空间对象的不同，可将模型分为三类，如表 7.1 所示。

表 7.1　应用模型的空间对象分类（陈述彭，1999）

模型分类	理论依据	应用领域（举例）	模型示例
理论模型	物理或化学原理	地表径流	运动方程
经验模型	启发式或统计关系	水土流失	统计、回归
混合模型	半经验性	资源分配	运输方程

1）理论模型：是基于物理或化学原理的理论模型，一般应用数学分析方法来建立数学表达式，反映地理过程本质的理化规律，如地表径流模型、海洋和大气环流模型等。近年来，随着地理信息系统应用的深入，面向不同领域的数学模型将进一步分化，以物理模型为理论基础的专业化模型将是近期地理分析模型的主流。例如，遥感图像识别中有关图像几何纹理的数学模型在分解混和像元的基

础上展开；农业估产模型的建立已深入到植物光合作用机理的研究；目前常见的分布式水文模型，也是建立在降水与下垫面交互作用机制研究的基础上。虽然目前统计分析在建立模型和参数分析上仍然发挥着重大作用，但是单纯的数学分析模型的重要性正在相对减少。

2）基于变量之间的统计关系或启发式关系的模型，这类模型统称为经验模型，是通过数理统计方法和大量观测实验建立的模型，如水土流失模型、适宜性分析模型等。

3）基于理论原理和经验的混合模型。这类模型中既有基于理论原理的确定性变量，也有应用经验加以确定的不确定性变量，如资源分配模型、位址选择模型等。

以上三种模型相比较而言，理论模型由于因果关系清楚，可以精确地反映系统内各要素之间的定量关系，易于用来对自然过程施加控制，但通常难以包括太多的要素，而常常是大大简化的理想情形，因而削弱了其实用性；经验模型可以通过大量的实践建立，具有简单实用、适用性广、可以处理大量相关因素的特点，缺点是过程不清，一般宜采用“黑箱”或“灰箱”方法建立；混合模型则结合上述两种模型的特点，在地理建模中应用较为广泛。

2. 按对象状态分类

按照研究对象的瞬时状态和发展过程来划分，可将地理模型分为静态地理模型、动态地理模型两大类。

1）静态地理模型：面向地理空间格局分析，用于分析地理现象及要素的空间相互作用。这是目前较为常见的地理模型，大部分 GIS 平台都具备较好的空间分析工具用于静态模型的应用。

2）动态地理模型：主要面向地理过程研究，用于预测研究目标的时空动态演变及趋势。地理现象的时空发展过程往往形成地理空间格局及分布的变化，如城市扩展、土地利用变化、人口迁移、疾病扩散、火灾蔓延、洪水淹没等。只有清楚地了解地理事物的发展过程，才能够对其演化机制进行深层次的剖析，才能获取地理现象变化的规律。这是应用型 GIS 进行地理建模应重点关注的内容。

目前，GIS 技术的应用，已经从数据存储管理、数据查询、静态空间制图发展到以时空分析为主体，向着支持区域系统空间结构演化的预测、动态模拟及其空间格局的优化的发展新阶段。科学预测、动态模拟和辅助决策是 GIS 应用的高层次阶段，构建区域空间动力学应用模型将是区域可持续发展研究和 GIS 应用向纵深发展的新阶段。

3. 按功能分类

按照地理模型的功能，可以将其分为统计分析模型、预测模型、决策模型、模拟模型、GIS 空间分析模型等。

第二节　地理模型的建立

在应用型 GIS 建设中，一般采用在通用型 GIS 平台（如 ArcGIS）上进行二次开发的建设模式。在这种情况下，地理模型的建设也是基于通用型 GIS 平台所提供的空间处理与分析设计基础环境进行，表 7.2 列出 GIS 平台所具备的主要空间数据处理与空间分析功能。

表 7.2　GIS 平台所具备的主要空间数据处理与空间分析功能

种类	功能
GIS 空间数据处理	① 编辑处理：图形数据和属性数据的编辑，图形数据的拼接和分割等； ② 变换处理：投影变换、坐标变换、比例尺变换、几何校正等； ③ 编码和压缩处理：数据编码、多余节点去除以及栅格数据压缩等； ④ 数据的插值：点的内插、区域的内插等； ⑤ 数据类型转换：矢量与栅格数据转换、系统间数据格式的转换等
GIS 空间分析设计	① 查询分析：如拓扑查询、条件查询等； ② 几何分析：如面积周长距离量算、开窗分析、多边形合并等； ③ 地形分析：如空间内插分析、等值线分析、坡度和坡向分析、分水岭分析、淹没分析、流域分析：如地形剖面分析、三维地形显示与分析等； ④ 叠置分析：如多边形叠置分析、视觉信息复合分析、条件与非条件叠置分析等； ⑤ 邻域分析：如缓冲带分析、走廊分析、泰森多边形分析、拟合分析等； ⑥ 网络分析：如最佳路径分析、时空规划分析、网络流量模拟分析等； ⑦ 图像分析：如图像增强、图像分割、图像细化、空间滤波、高程影像叠置分析等； ⑧ 多元分析：如聚类分析、主成分分析、判别因子分析、趋势面分析、回归分析等； ⑨ 应用模型分析：与 GIS 应用密切相关的各种应用模型分析

一、地理建模的一般过程

在掌握 GIS 的一般空间数据处理和空间分析功能之后，要想在实践中使用 GIS 进行空间分析还需要针对特定的应用需求进行 GIS 地理建模。一般而言，地理建模通常是在地理研究实践中通过不断观察和总结，首先形成研究实体的概念模型，在积累经验的基础上采用数理统计方法摸索统计规律，上升到理论模型；然后再采用综合方法建立实用的分析模型。

GIS 地理模型的设计是 GIS 设计的核心内容之一，其优劣直接影响到系统功能运行效率。好的 GIS 地理模型，要求设计者具有较为丰富的地理知识（包括 GIS 知识）、数学知识和专业知识。

地理建模同时也是一项复杂而具有创造性的活动（改造已有模型或创造新模型），建立地理模型没有固定的模式，图 7.1 大致归纳了地理建模的一般过程。

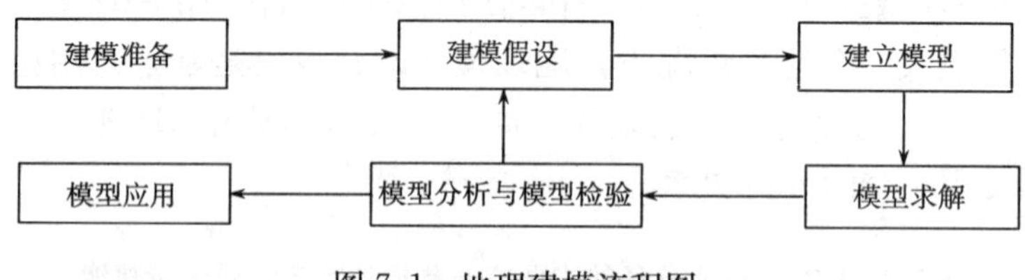

图 7.1　地理建模流程图

（1）建模准备

建模准备包括了解地理问题的实际背景、明确地理建模的目的、掌握地理对象的各种信息（如数据资料等）以及搞清对象的特征。针对不同的领域问题，建模者需要进行深入细致的调查研究，特别是在具体问题解决方面要虚心与领域专家开展学习与交流，按模型的需要有目的地收集所需资料。

（2）模型假设

模型假设是根据地理对象的特性和建模的目的，对问题进行必要的简化，并用精确的语言作出假设。这是地理建模的关键，假设过于详细，试图把复杂的实际现象的各个因素都考虑进去，可能使得建模者很难继续下一步的工作。因此要善于辨别问题的主要和次要方面，尽量将问题均匀化、线性化。

（3）建立模型

建立模型是指根据所做的假设，利用适当的数学工具，确定各因子之间的联系，通过表格、图形或是其他数学结构建立地理模型。这是地理建模的第三步。为了完成这项地理建模的主体工作，建模者需要掌握较为广泛的数学知识，有时还要用到规划论、排队论、图论、对策论等知识，但并不要求建模者对数学的每个分支都精通。事实上，建模的一个原则就是尽量采用简单明了的数学工具，供更多的人了解和使用。

（4）模型求解

对以上建立的模型进行数学上的求解，包括解方程、画图形、逻辑推理、稳定性讨论等。模型求解不仅要求建模者掌握相应的数学知识，还要掌握一些常用数据分析软件，如集计算和可视化于一体的 Matlab 软件及用于统计分析的 SPSS 软件等。

（5）模型分析

对模型求解的结果进行数学和地理上的分析。这一阶段有时需根据地理问题的性质，分析各变量之间的依赖关系；有时要求对结果进行预测、最优决策或控制等。

（6）模型检验

用实际现象或数据检验模型的合理性和适用性，即检验模型的正确性。若检验结果正确，模型即可用；若检验结果有误，则需修改或重新建模。经验表明，模型假设是最易导致结果有误的环节。

二、地理建模常用方法

地理建模的具体方法有很多，按照地理模型的功能，可以将其分为统计分析模型、预测模型、决策模型、过程模拟模型、GIS空间分析模型等。常见的建模方法有：统计分析模型有主成分分析法、回归分析模型、相关分析模型和时间序列分析模型等；预测模型包括灰色预测方法、马尔可夫预测法；决策模型包括层次分析法、多目标规划法；过程模拟模型有元胞自动机、人工神经网络、系统动力学方法；空间分析模型包括常规 GIS 空间分析、空间自相关分析、空间回归分析、地统计分析方法等。在实际建模过程中，一般综合使用多种方法。

下面简要介绍地理建模中常见的几种方法。

1. 主成分分析法

主成分分析法（principal components analysis，PCA），又称为主分量分析或主成分回归分析法，这是一种基于降维技术的统计方法，借助于一个正交变换，将其分量相关的原随机向量转化成其分量不相关的新随机向量，这在代数上表现为将原随机向量的协方差阵变换成对角形阵，在几何上表现为将原坐标系变换成新的正交坐标系，使之指向样本点散布最开的 P 个正交方向，然后对多维变量系统进行降维处理，使之能以一个较高的精度转换成低维变量系统。

地理问题往往涉及大量相互关联的自然和社会要素，而要素众多常常会给模型构造增加难度，同时也增加了运算的复杂性。主成分分析法通过分析，求得各要素间线性关系实质上有意义的表达式，将众多的要素信息压缩表达为若干具有代表性的合成变量，这就克服了变量选择时的冗余和相关。主成分分析法用较少的几个综合指标替代原来较多的变量指标，而且要求这些较少的综合指标既能尽量多的反映原来较多变量所反映的信息，同时它们之间又是彼此独立的。然后选择信息最丰富的少数因子进行各种聚类分析，构造应用模型。

主成分分析法主要的计算步骤包括：①建立观测值矩阵；②计算相关系数矩阵；③计算特征值与特征向量；④计算主成分贡献率及累计贡献率；⑤计算主成分载荷，最终得到各主成分的得分。

2. 系统聚类分析法

系统聚类分析（cluster analysis）是将类由多变少的一种方法，其基本原理是：假设要评价的地理要素有 n 个评价单元，每个单元测得 P 个指标（变量）评价值，首先将 n 个单元（或样本）各自看成一类，然后根据单元（或样本）间的相似程度，将最相似的两类加以合并；然后计算新类与其他类之间的相似程度，再选择最相似者并类，这样每合并一类，就减少一类，继续这一过程，直至将所有相似单元（或样本）合并为一类为止。其相似程度由距离或相似系数定义，主要有绝对值距离、欧氏距离、切比雪夫距离、马氏距离、兰氏距离、相似系数、指数相似系数和定性指标的距离等。

3. 层次分析法

层次分析法（analytic hierarchy process，AHP）以其科学、简明、实用的特点在许多地理决策建模中得到广泛的应用。地理决策问题关联着很多因素因子条件，每个因素之间的重要程度是不同的，因素内部各因子的权重也不一，将问题分成不同的层次，同层次因子的综合影响程度反映了上一级层次对决策问题影响程度上所占的分量，决策问题的认识从最低层次开始，逐步上升到高层次的因素分析，最终得到因素因子的综合影响。

AHP方法把相关联的要素按隶属关系划分为若干层次，请有经验的专家们对各层次、各因素的相对重要性给出定量指标，利用数学方法综合众人意见给出各层次、各要素的相对重要性权值，作为综合分析的基础。AHP法将复杂问题的各个因素划分为相互联系的有序层次，使之条理化，然后客观的判断每一层次各因素的相对重要性，确定出每一层次相对重要性的权值。

层次分析方法的一般步骤是：①建立层次结构模型。将有关的各个因素按照不同属性自上而下地分解成若干层次，最上层为目标层，最下层通常为方案或对象层，中间可以有一个或几个层次，通常为准则或指标层。②构造成对比较阵。从层次结构模型的第2层开始，对于从属于（或影响）上一层每个因素的同一层诸因素，用成对比较法和1-9比较尺度构造成对比较阵，直到最下层。③计算权向量并做一致性检验。对于每一个成对比较阵计算最大特征根及对应特征向量，利用一致性指标、随机一致性指标和一致性比率做一致性检验。④计算组合权向量并做组合一致性检验。

4. 模糊综合评价法

模糊综合评价（fuzzy synthetic evaluation）是一种运用模糊数学原理分析和评价模糊系统分析方法。它是一种以模糊推理为主的定性与定量相结合、精确与非精确相统一的分析评价方法。模糊数学把经典集合论中的只能取0和1两个值的特征函数，拓展到在［0，1］闭区间上取值得到隶属函数，把绝对的属于与不属于的“非此即彼”扩展为更加灵活的渐变函数。在地理学中，模糊现象、模糊概念和模糊逻辑问题是大量存在的。模糊数学被广泛用于地理区划、地理模式识别、资源与环境及生态评价、区域发展规划和决策等许多问题的定量化研究。

模糊综合评价方法在处理各种难以用精确数学方法描述的复杂系统问题方面，所表现出的独特的优越性，近年来已在许多学科领域中得到了广泛的应用。

在地理学中，模糊综合评判方法常常被用于资源和环境条件评价、生态评价、区域可持续发展评价等方面。

5. 地统计分析方法

地统计学是以区域化变量理论为基础，以变异函数为主要工具，研究那些在空间分布上既有随机性，又有结构性，或空间相关性和依赖性的的自然现象的一门科学。地统计学最基本的两个函数，协方差函数和半变异函数，是以建立区域化变量理论为基础而建立起来的。而地统计的主要插值方法之一——克里格（Kriging）方法，就是建立在边缘函数理论和结构分析基础之上的。

在地统计分析方法中有几个重要概念。

1）区域化变量：也称为区域化随机变量，区域化变量与普通的随机变量的不同之处在于，普通随机变量的取值符合某种概率分布，而区域化随机变量则根据其在区域内的位置不同而取不同值。也就是说，区域化随机变量是普通随机变量在一个区域内确定位置上的确定取值，它是与位置有关的函数。区域化变量具有两个最重要的特性，即随机性和结构性。

2）空间协方差：它反映区域化变量间的差异，用下式表示：

$$c(h)=\frac{1}{N(h)}\sum_{i=1}^{N(h)}[Z(x_i)-\overline{Z}(x_i)][Z(x_i+h)-\overline{Z}(x_i+h)]$$

式中，h 为两样本点的空间分隔距离；$Z(x_i)$为 $Z(x)$在空间位置 x_i 处的实测值，$Z(x_i+h)$是 $Z(x)$在 x_i 处距离偏离 h 的实测值 $i=[1，2，\cdots，N(h)]$，$N(h)$是分隔距离为 h 时的样本点总对数，$\overline{Z}(x_i)$ 和 $\overline{Z}(x_i+h)$ 分别为 $Z(x_i)$ 和 $Z(x_i+h)$的样本平均数。

3）半变异函数：半变异函数又称半变差函数或半变异矩。是地统计分析所特有的工具。区域化变量 $Z(x)$在点 x 和 $x+h$ 处的值 $Z(x)$和 $Z(x+h)$差的方差的一半，称为区域化变量 $Z(x)$的半变异函数，记为 $r(h)$。

4）克里格插值方法：克里格法，是地统计学的主要内容之一。它建立在变异函数理论和结构分析基础之上，是一种在有限区域内对区域化变量的取值进行无偏最优估计的方法。

在使用克里格方法进行插值前，需要先确定区域化变量是否存在空间相关性。因此在插值之前，要先对区域化变量进行变异分析。如果变异函数和结构分析的结果表明区域化变量存在空间相关性，则可以利用克里格方法对未知抽样点或未知抽样区域进行估计；否则，不适用。其实质是利用区域化变量的原始数据和变异函数的结构特定，对为采样点的区域化变量的取值进行线性无偏、最优估计。

具体而言，克里格法是根据待估样本点有限邻域内若干已测定的样本点数据，在考虑了样本点的形状、大小和空间相互位置关系，与样本点的相互空间位置关系，以及变异函数提供的结构信息之后，对待估样本点值进行的一种线性无偏最优估计。目前，克里格方法主要有：普通克里格、简单克里格、泛克里格、协同克里格、对数正态克里格、指示克里格、概论克里格、析取克里格等。

6. 人工神经网络方法

人工神经网络，是具有高度非线性的超大规模连续时间的动力系统，它是由大量神经元广泛互联形成的网络，具有自学习功能、联想存储功能和高速寻找优化解能力三大优势。在现代地理学中，人工神经网络方法特别适合用于地理模式识别、地理过程模拟和预测、复杂地理系统的优化计算等问题的研究。

人工智能技术在处理多变量非线性系统上有很好的能力，能执行以前从来没有提出的输入方式。最近几年基于人工智能的神经网络方法在工程、农业和环境科学中的应用迅速发展。人工神经网络基于并行处理机制，从结构上对人类的思维过程进行模拟，从而实现人类思维，如学习、逻辑推想、联想记忆和自组织等模型的处理能力，这种能力主要由网络的拓扑结构和网络节点的功能所决定。假如给定一系列样本，一个人工神经网络是一个能够学习、描述和计算多变量空间的一个权重或映射，对于输入的训练数据，神经网络模型比传统的统计分析方法更为敏感。与回归模型相比人工神经网络具有以下优点：①神经网络是非线性的，不要输入变量和输出数据之间的先验函数关系；②神经网络技术可以出来非常复杂的数据模型，包括连续的、近似连续的或者明确的、模糊的输入数据，以及数据实现多元输出；③神经网络的分析训练和检验阶段一旦成功，产生的算法很容易运用于实践。

7. 元胞自动机模型

元胞自动机（cellular automata，CA）是以空间中有规则排列的元胞（cell）为数据单元，每个元胞有一个状态（state）。CA 模型中元胞的下一个状态取决于所有相邻元胞的状态和转换规则（O'Sullivan，2001），这是一种时间、空间、状态都离散，空间相互作用和时间因果关系皆局部的网格动力学模型，其特点是通过简单的局部转换规则来模拟出复杂的空间结构（周成虎等，1999）。

CA 的基本特征是在时间、空间上都不连续，元胞的状态是离散和有限的，且同一时刻元胞的状态的转化是由同一转换规则决定，而转换规则则由元胞邻域范围内的元胞的状态所决定。元胞自动机最基本的组成要素包括元胞空间（lattice）、状态空间（state）、邻居（neighbor）及转化规则（rule）四部分，可以利用形式语言以一个四元组描述如下：

$$M_{\mathrm{CA}} = (L, S, N, f)$$

式中，M 为元胞自动机；L 为规则划分的网格空间，也就是元胞空间，每个格网单元就是一个元胞；S 为元胞处于的状态集合；N 为元胞的邻域环境；f 为局域转换规则函数，其基本原理就是一个元胞下一个时刻的状态是上一个时刻其邻域状态的函数。

元胞空间指元胞分布的空间，元胞空间通常是一维或者二维空间，但理论上可以是任意正整数维的欧式空间。元胞空间在各维度方向上可以是无限延伸的，但是在实际应用中，现有的计算机技术无法实现这种理想条件，因此需要定义边界条件。边界条件主要有三种类型：周期型、反射型和定值型。

元胞的状态空间是指元胞在某离散的时刻的状态取值的集合，每一个元胞可以对应多个状态变量，它是一个离散的有限集合，$S=\{s_0, s_1, \cdots, s_i, \cdots\}$，简单的元胞自动机模型中，元胞的状态空间可以是{0，1}的二元状态集合。元胞的状态也可以包含向量来表示各种属性。

元胞的邻居是指元胞周围按一定形状划定的元胞集合，元胞的演化即是由周围这些元胞的状态来决定，要确定由周围哪些元胞的状态来决定，则必须定义一个邻域结构来明确一个元胞的邻域范围。通常二维元胞自动机邻域有如下几种常用的类型：①冯·诺依曼（Von. Neumann）型；②摩尔型（Moore）；③扩展的摩尔型。

在元胞自动机中只有加入了转换规则，才能模拟复杂的动态空间现象，因此转换规则可以算是元胞自动机的核心。转换规则是一个状态转移函数，是根据当前时刻本元胞及其邻居的状态确定下一个时刻本元胞状态的动力学函数。这个函数构造了一个简单的、离散的空间/时间范围的局部物理成分，其数学表达式为（周成虎，1999）

$$f: S_t^{t+1} = f(S_i^t, S_N^t)$$

式中，S_N^t为t时刻的元胞空间邻域的状态集合。

三、地理模型的建立

1. 地理模型建模途径

一般的GIS软件都具有一定的空间分析、评价功能模型。但对不同类别的用户来说，一些模型往往难以直接使用。像ArcGIS这样的通用软件，由于着眼于模型的通用性，必将难以适应用户多种多样的特殊要求，因此，许多具体专业领域的的地理模型需要用户自己开发。

用GIS求解问题的过程实际包括目的导向（goal-driven）分析和数据导向（data-driven）操作两个过程。目的导向分析是将要解决的问题与专业知识相结合，从问题开始，　步步地推导出解决问题所需要的原始数据、精度标准、模型的逻辑结构和方法步骤。数据导向操作是将已经形成的模型逻辑结构与GIS技术相结合，从各类数据开始，一步步地将数据转换为问题的答案，必要时还需要进行反馈和修改，直到取得满意的结果，最后以图形或图表的形式输出最终结果。

地理建模往往是建立在对地图图层（layer）数据的操作上，所以又可称为

"地图建模"（cartographic modeling），可通过组合空间分析命令操作，回答有关空间现象问题的过程。一般地，具体是通过作用于原始数据和派生数据的一组顺序的、交互的空间分析操作命令，对一个空间分析过程进行的模拟实现。地图建模的结果是得到一个地理模型，它是对空间分析过程及其数据的一种图形或符号表示，目的在于帮助分析人员组织和规划所要完成的分析过程，并逐步制定完成这一分析过程所需的数据。

大多数的GIS软件提供了宏语言或脚本描述语言，可以将上述建立的各种地理模型表示成GIS的操作命令序列，自动批处理完成整个模型流程。另外，一些GIS软件还提供了可视化地图建模辅助工具（如ArcGIS Model Builder建模工具），用户只需要使用其提供的工具在窗口中绘出模型的流程图，制定流程图的意义、所用参数等就可以完成地理模型的设计。可视化地图建模工具为用户提供了高层系的设计工具和手段，可使用户将更多的精力集中于专业领域的研究。

地理模型的构建途径大致可分为以下三大类。

（1）在GIS环境内构建地理模型

这种方法又可以分为两种，一是由GIS软件商直接提供，如ESRI公司提供的水文分析模块。二是GIS应用者利用GIS软件提供的宏语言、应用函数库（API）或功能组件（COM）等，发展各自所需的空间分析模型。这种方法是将由GIS软件支持的功能看做模型部件，按照分析目的和标准，对部件进行有机的组合。这种方法所发展起来的空间分析模型，源于GIS软件，能充分利用GIS软件本身所具有的资源，开发的效率较高。从面向对象的方法角度看，由于GIS软件所提供的开发工具自然理解它本身的数据结构和对象类型，因而GIS用户比较容易理解和应用。

（2）在GIS环境外构建地理模型

这种结合方法基本上是将GIS当作一个空间数据库来用，空间模型分析的功能则利用其他软件（如SAS、SPSS、GLIM）或计算机高级程序语言，如C、C++等来编写。根据不同的数据共享方法，它又可以分为两类，第一类是不与空间数据库共享数据，而是将GIS的空间数据输出作为一个中介文件，空间分析模型以此中介文件作数据源；然后，仍以此中间文件作为媒介，将空间分析结果返回到GIS的空间数据库中。鉴于目前绝大多数GIS软件均提供简便易用的输出功能，而且均可以用ASCII文件存储，用户很容易理解和使用。这种方法可以充分利用现有的分析软件，如SAS、SPSS、GLIM等，同时又可以利用计算机高级语言来发展新的分析功能的模块。例如，Kilborn等（1992）连接地下水模型（WHPA）与GIS软件System 9时，均采用这种结合方法。这种结合方法比较容易实现，但时间和空间效率均不高，尤其对比较大的空间数据库系统。

因为中介文件需要占用比较大的存储空间，正是由于这样，使用空间分析模型的运行效率受到了很大的影响。第二类方法是空间分析模型和GIS空间数据库共享数据。例如，Kehris（1989）连接Arc/Info和GLIM时，就采用这种方法。其主要缺点是GIS用户必须非常清楚GIS的内部数据结构，并发展相应的模块去存取GIS空间数据库。

总之，这种方法的最大优点是，可以利用现有的空间分析软件（如各种各样的水文、地下水分析模型），无需在GIS环境中重编这些分析模型。

（3）独立开发构建地理模型

独立开发实现一个GIS应用软件系统，如国产的MAPGIS、SuperMap、GeoStar等软件就包含了很多自行开发实现的应用分析模型。

2. 地理建模实例

为便于地理模型的快速开发，提高模型建设的质量以及规范地理模型与GIS平台的集成应用，图形化地理建模工具的使用成为目前地理建模的主要方式。地理建模工具即包括专业化的地理模型语言、图形化的建模窗体界面，甚至包括具有智能化水平的模型管理系统。它们既可以作为独立体存在，也可以与遥感和地理信息系统有机的结合在一起。

（1）ArcGIS Model Builder 简介

在ArcGIS 9.2中就提供了一种便捷构造地理模型的图形化建模工具——模型生成器（Model Builder），它可以简化复杂地理模型的设计和实施。Model Builder的技术特色优势表现在：①空间处理流程自动化，Model Builder把分析和准备数据过程所用到的所有分析工具和数据通过流程化结合在一起，每次更新操作都可以保存，并且重新运行；②方便共享地理处理知识，地理模型中数据、工具都通过图形方式表示，通俗易懂，并且可以保存下来与别人共享，还可以保存在SDE数据库中，或通过ArcGIS Server实现互联网共享；③方便添加复杂处理模型，模型可以包括复杂的处理过程，而一个模型中还可以包含子模型，实现更复杂的应用。如图7.2所示，模型生成器窗口由菜单栏、工具条和图形窗口三部分组成。

模型生成器工具条面板中包含了17个常用的图形编辑工具。通过Model Builder生成的模型主要由三部分组成：输入数据、输出数据和空间处理工具，输入数据和输出数据的类型可以是栅格数据集、Shape文件、Coverage等。不同的空间处理工具要求的数据不同，不同的应用目的也会得到不同类型的输出数据。空间处理工具包括ArcToolbox中的所有工具集，也可以使用模型（model）、由脚本（如python）定制的工具或其他工具箱中的系统工具。只有将上述模型要素有机的连接起来，才能组成一个完整的图解模型。Model Builder的元素如图7.3所示。

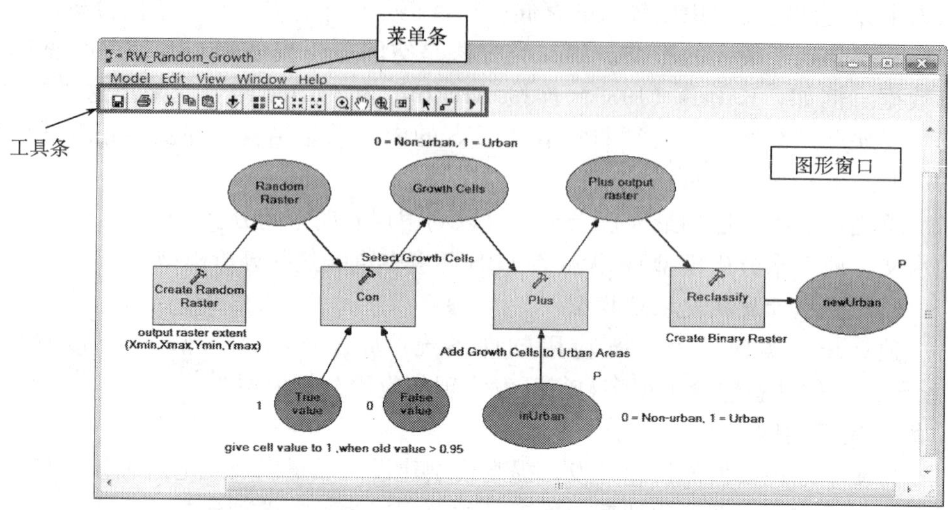

图 7.2　Model Builder 的图形化编辑器（另见彩图）

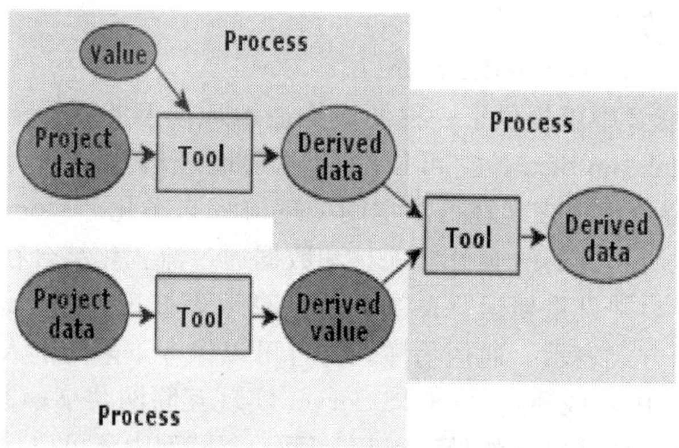

图 7.3　Model Builder 元素示意图（另见彩图）

Tool（工具）：与 ArcToolbox 一样，可以直接拖拽到 Model 中来使用，在 Model 中，默认用金黄色的方框表现。

Project data（业务数据）：在工具执行之前存在的任何数据，Project data 作为工具的输入数据，用深蓝色的椭圆来表现。

Derived data（中间生成数据）：是根据上述业务数据与工具分析之后生成的新数据，如图 7.3 中“Derived data”。衍生数据中间生成作为业务数据来作另一个处理，一般用绿色的椭圆来表现。

Value（值）：参考工具参数而不是数据集，如缓冲工具的缓冲距离，Value

一般用浅蓝色椭圆表现。

Derived value（中间生成参数）：运行工具以后创建的参考值。例如，计算默认簇容限工具的输出值，用浅绿色椭圆表现。

（2）ArcGIS Model Builder 建模示例

下面利用某地区的流域分析为例来进行建模工作，作业步骤包括：①确定工作目标，加载数据；②创建模型；③编辑模型；④模型调试与执行。

工作目标：利用 DEM 数据提取子流域；

工作数据：研究区行政边界（polygon 类型）、数字高程模型（GRID，100m）等；

作业步骤如下：

1）在 ArcMap 中新建地图文档，添加 DEM、行政边界等数据（图 7.4），并设置地图显示样式。

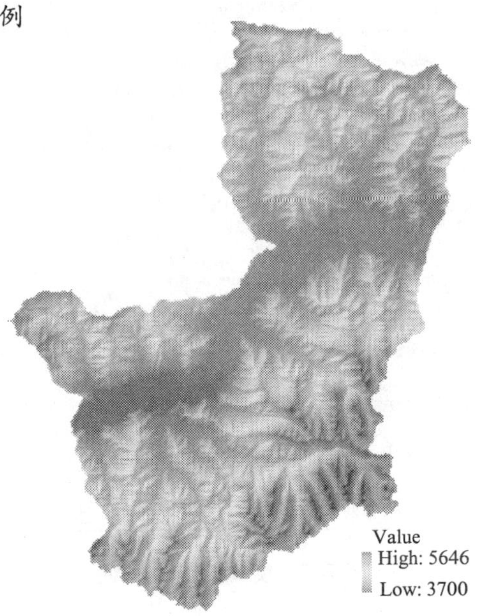

图 7.4　研究区 DEM 数据（另见彩图）

2）打开 ArcToolbox，执行菜单命令："Tools"（工具）→"Options"（选项），打开设置对话框，设置"Geoprocessing"（空间处理）选项页中"My Toolboxes"（我的工具箱），指定模型存储工作路径，如"D：\ ArcGIS Models"，下面建立的模型将会被保存到该目录，文件后缀为 . tbx（图 7.5）。

3）在 ArcToolbox 中，右键点击根目标"ArcToolbox"，在右键菜单中执行"New Toolbox"（新的工具箱）命令，将会在上面定义的模型工作目录"D：\ ArcGIS Models"创建一个工具箱，将新建工具箱改名，如"MyFirst"（图 7.6）。

4）右键点击新建的工具箱"MyFirst"，在右键菜单中，执行命令："New"（新建）→"Model…"（模型），将打开"Model Builder"编辑窗口（图 7.6）；对已存在的模型，右键点击模型后，选择"Edit…"（编辑）也可以打开"Model Builder"窗口，对已存在的模型进行编辑。

5）在"Model Builder"窗口中，执行菜单命令："Model"（模型）→"Model Properties"（模型属性），在其中可对模型的名称及标注、Environment Settings（环境参数）、Diagram Properties（图解属性）等内容进行设置。

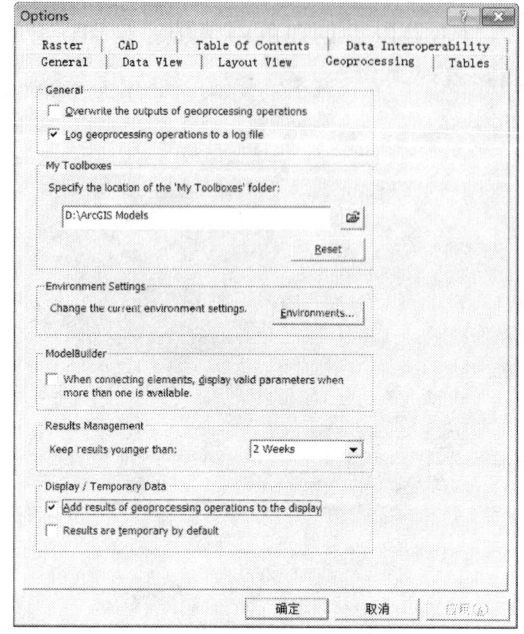

图 7.5　模型工作目录设置　　　　图 7.6　新建一个工具集（Toolbox）

6）应用 ArcToolbox 中“Spatial Analyst toolbox”→“Hydrology”工具集（图 7.7），使用工具条上的绘图工具（如选择、添加连接等）在编辑窗口绘制模型（图 7.8、图 7.9）。

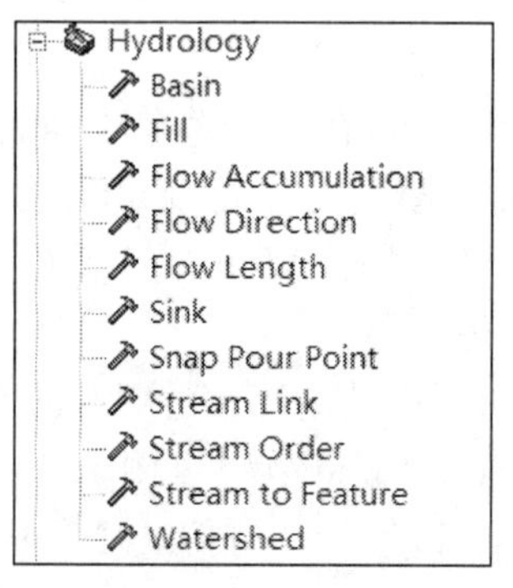

图 7.7　Hydrology 工具集

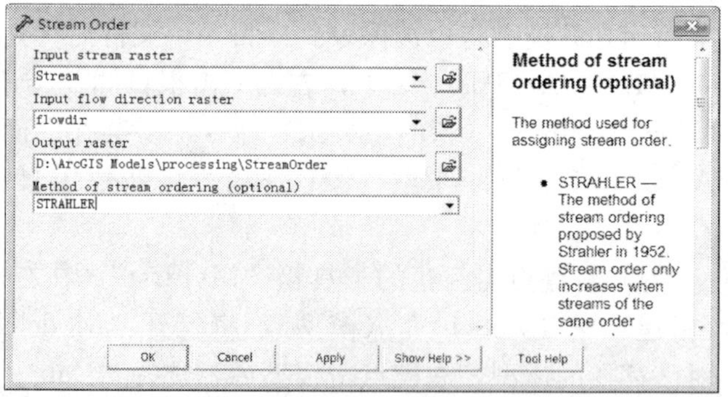

图 7.8　工具窗口参数设置（以 Stream Order 为例）

7）运行模型：在“Model Builder”窗口中执行菜单命令：“Model”（模型）→“Run Entire Model”（运行整个模型），耐心等待计算结果（图 7.10）。

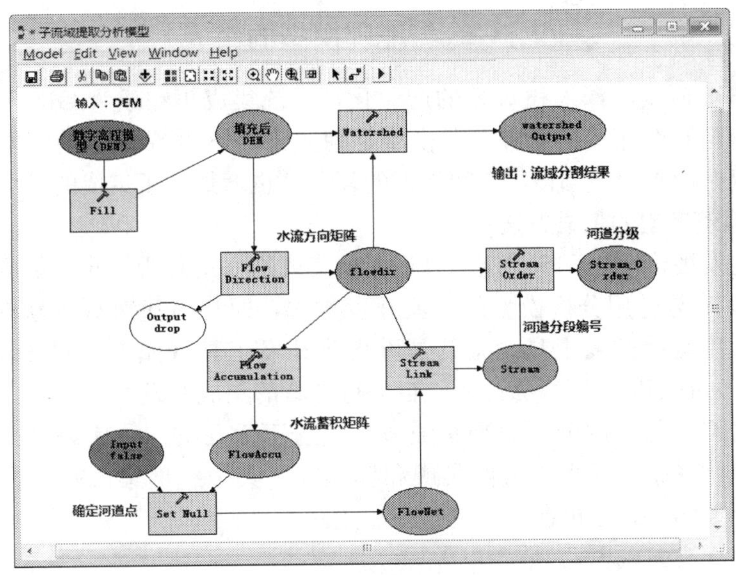

图 7.9　子流域提取分析模型（另见彩图）

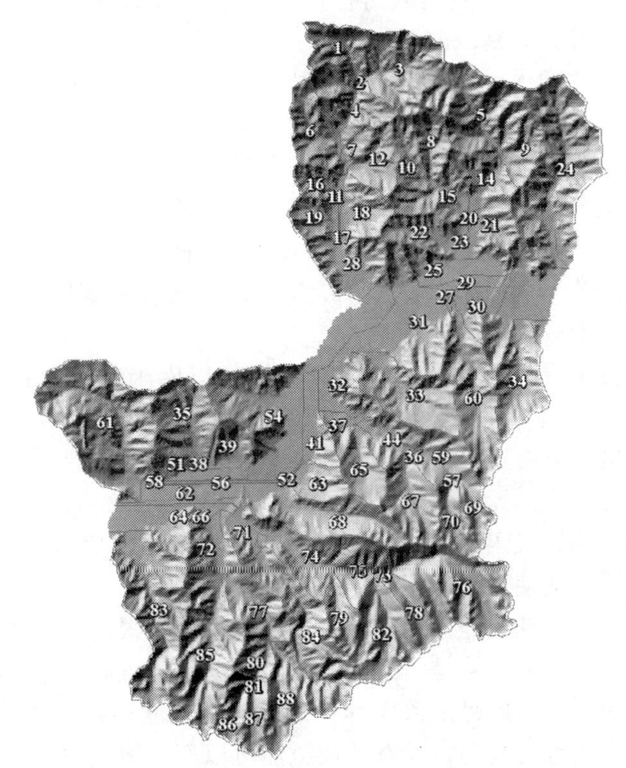

图 7.10　分析结果（另见彩图）

四、GIS与地理模型的集成

随着GIS应用的深入和GIS的产业化，系统集成正在成为GIS发展最具活力的热点。与GIS集成的各种专业模型是独立于GIS并在各自的领域内发展起来的，其复杂度不亚于GIS，空间数据的复杂性也增加了子集成的难度。

1. GIS与地理模型的集成方法

不同的发展阶段，GIS与应用分析模型集成的方式有所不同。集成式二次开发是目前GIS与应用分析模型的主流开发方式，即利用基础GIS软件作为GIS平台，以通用软件开发工具，尤其是可视化开发工具（如Visual Studio、VB、Delphi、PowerBuilder等）为开发平台进行二者的集成开发。

现有的GIS与应用分析模型集成方式包含下面几类：源代码方式、函数库方式、可执行程序、DDE、组件集成和模型库。其中组件集成是现在常用的集成方式，模型库方式是正在研究的一个热点。

（1）源代码集成方式

利用GIS系统的二次开发工具和其他的编程语言，将已经开发好的应用分析模型的源代码进行改写，使其从语言到数据结构与GIS完全兼容，成为GIS整体的一部分。这种方式是以前GIS与应用分析模型集成的主要方式。

源代码集成方式的优点在于：应用分析模型在数据结构和数据处理方式上与GIS完全一致，虽然此方式是一种低效率的集成方式，但比较灵活，也是比较有效的方式。

源代码集成方式的缺点在于：一是GIS的开发者必须读懂应用分析模型的源代码，并在此基础上改写源代码，在改写过程中可能会出错。二是GIS的开发者在对应用分析模型深入理解的基础上，编写应用分析模型的源代码（张犁，1996）。

（2）函数库集成方式

函数库集成方式是将开发好的应用分析模型以库函数的方式保存在函数库中，集成开发者通过调用库函数将应用分析模型集成到GIS中。现有的库函数类型包括动态连接和静态连接两种。函数库集成方式的优点是：GIS系统与应用分析模型可以实现高度的无缝集成。函数库一般都有清晰的接口，GIS开发者一般不必去研究模型的源代码，使用方便。而且函数库中的库函数是经过编译的，不会发生因改写错误而使模型的运行结果不正确的情况。

函数库集成方式的缺点是应用分析模型的状态信息很难在函数库中有效的表达；由于应用分析模型的结构是一个相对封闭的体系，虽然函数库提供的一系列函数在功能上是相关的，但是函数库本身的结构却不能很好地表达这种相关性。函数库的扩充与升级也是问题，动态连接虽然可以部分地克服这一问题，但是接口的扩展却仍然是困难的。静态连接依赖于编程语言和编译系统的映像文件，这就造成了很大的不方便（张犁，1996）。

（3）可执行程序集成方式

GIS 与应用分析模型均以可执行文件的方式独立存在，二者的内部、外部结构均不变化，相互之间独立存在。二者的交互以约定的数据格式通过文件、命名管道、匿名管道或者数据库进行。可执行程序集成方式可分为独立方式和内嵌方式两种。独立的可执行程序的集成方式是 GIS 与应用分析模型以对等的可执行文件形式独立存在，即 GIS 与应用分析模型系统两者之间不直接发生联系，而是通过中间模块实现数据的传递与转换。

独立的可执行程序的集成方式的优点是：集成方便、简单，代价较低，需要做的工作就是制定数据的交换格式和编制数据转换程序，不需太多的编程工作。

独立的可执行程序的集成方式的缺点是：由于数据的交换通过操作系统，所以系统的运行效率不高，用户必须在两个独立的软件系统之间来回切换，交互式设定数据的流向，自动化程度不高；由于系统的操作界面难以一致，系统的可操作性不强，视觉效果不好，同时这种方式受 GIS 的数据文件格式的制约比大，二者的交互性和亲和性受到影响。

内嵌的可执行集成方式其实质与独立的可执行程序的集成方式是一样的。为支持驱动应用分析模型程序，GIS 与应用分析模型程序之间的集成通过共同的数据约定进行，GIS 通过对中间数据与空间数据之间的转换来实现对空间数据的操作，系统具有统一的界面和无缝的操作环境。

内嵌的可执行程序的集成方式的优点是：对于开发者，集成是模块化进行的，符合软件开发的一般模式，便于系统的开发和维护。用此集成方式开发的系统其系统运行性能比独立的可执行程序的集成方式好；操作界面对于用户来说也是统一的，便于操作。

内嵌的可执行程序的集成方式的缺点是：这种集成方式的开发难度很大，开发人员必须理解应用分析模型运行的全过程并对模型进行正确合理的结构化分析，以实现应用分析模型与 GIS 之间的数据相互转换以及相互之间的功能调用。

Jankowski 和 Haddock（1996）实现的非点源污染模型系统就是一个采用嵌入的可执行程序的集成方式，将 GIS 与地学模型集成在一起的典范。该系统基于 DOS 环境运行，空间数据处理由 PC Arc/Info 通过宏语言 AML 程序实现，农业非点源污染模型（AGNPS）由 PASCAL 语言编程实现。系统将一组图层数据经 Arc/Info 处理转化为 AGNPS 的一个数据输入文件，经过 AGNPS 模型处理后，输出数据再转化为 PC Arc/Info 的图层，以满足显示制图的需要，系统的结构如图 7.11 所示。

内嵌的可执行程序的集成方式优点在于：对于开发者，这种集成方式符合模块化的原则，便于开发和项目的管理组织实施；对于用户可以得到基于良好操作

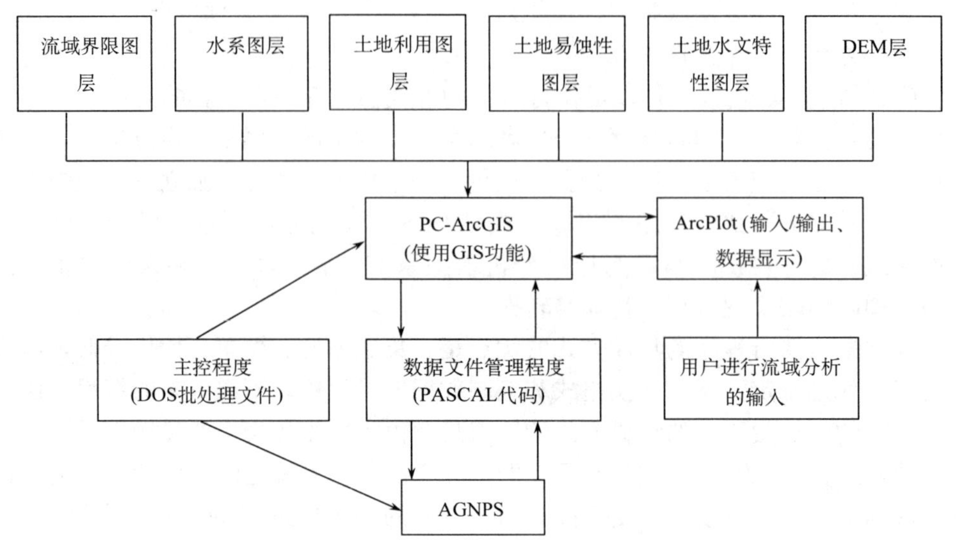

图 7.11　非点源污染模型集成框架（Jankowski and Haddock，1996）

界面的系统。虽然现在操作系统对于系统集成的支持越来越好，但是对大量的可执行应用模型程序，采用这种方案还是有很好的应用前景。

（4）DDE 和 OLE 集成方式

DDE 是指动态数据交换，该技术已经被它的提出者 Microsoft 公司淘汰。OLE 本来是指对象连接和嵌入，由于 Microsoft 公司已经推出了基于 COM 的 OLE2，使得原来的 OLE 含义也变化了。虽然支持这种集成的底层技术已经落伍，但是其集成的思路还是可以借鉴的。

进行 DDE 或者 OLE 操作时必须有两个主体存在，分别是服务器和客户，就是一方主体为另一方提供服务。对于 GIS 与应用分析模型的集成来说，GIS 和模型程序互为客户和服务器。DDE 或 OLE 方式的集成属于松散的集成方式，与内嵌的可执行程序的集成方式很相似，只是系统的数据交换使用了操作系统内在的数据交换支持，使得程序的运行更加流畅，所需的编程要看功能实现的复杂程度。

此种集成方式稳定性不高，效率低，并要求应用分析模型和 GIS 软件都要提供 DDE 或者 OLE 的数据操作协议。

采用 OLE/DDE 集成方式进行应用模型与 GIS 集成的一个例子是张犁（1996）开发的城市洪水分析与模拟信息系统（HAMIS），HAMIS 是建立在中国科学院地理科学与资源研究所资源与环境国家重点实验室与华东师范大学共同研制的 TrueGIS 之上的。HAMIS 包括了降雨-径流计算模型、一维洪水演进模型和二维洪水演进模型以及一个基本的水文分析工具库，模型内嵌了对于通用数据转换的操作，模型直接调用基本的水文分析工具库进行模型所必须的计算，包括水流路径的计算、下渗计算等。系统以 Windows 为基本的操作系统，通过 TCP/IP 协议与 SGI 的 UNIX 图形工作站相连接，形成了一个跨平台、多协议基于网络的集成系统。HAMIS 基于 Windows 平台，把城市洪水模型和 GIS 系统以 DDE 的方式连接起来。而对于 SGI 的图形工作站，通过 TCP/IP 将之与 Windows 系统连接起来。Windows 系统进行复杂的数据管理和模型的运行，SGI 的图形工作站负责计算结果的可视化，从而形成一个完善的模型与 GIS 集成系统。

(5) 基于组件的集成方式

组件技术是现在最流行的软件系统集成方法，随着技术的发展，GIS 和模型系统都在争相提供尽可能多的可以方便集成的软件模块。应用这些软件模块和支持组件编程的语言，如 VB、Delphi、VC 等可以很方便的开发 GIS 与模型集成系统。

目前的组件技术分为五大类，Microsoft 公司推出的 COM、Sun 公司的 JavaBeans、OMG 的 CORBA 技术、Microsoft 公司对 COM 技术的发展 COM＋和.Net 组件技术。现在 GIS 软件已经由平台化的时代过渡到了组件化的时代，主流的 GIS 厂商都提供了组件式的 GIS 软件，这符合了时代的发展潮流（张犁，1996；王文和李红，1999）。

在 Internet 领域 WebGIS 成为 GIS 发展的热点，OpenGIS 成为一种潮流。WebGIS 和 OpenGIS 都是基于组件思想的。在国内应用模型领域，组件化还刚刚起步，但是应用模型的组件化是发展的必然趋势，它将极大地促进 GIS 与应用模型集成应用的发展。

(6) 模型库集成方式

模型库是指按一定的组织结构存储的模型的集合体。模型库可以有效地管理和使用模型，实现模型的重用。模型库符合客户机/服务器（C/S）工作模式，当需要模型时，模型被动态地调入内存，按照预先定义好的调用接口来实现模型与 GIS 系统的交互操作。

模型库管理系统需要实现建库和维护等诸多功能，并解决两类不同方式的存储模型管理问题。对于基础模型库，可通过模型的分类模式，来完成基础模型的物理存取；实现方式可采用类似于树形目录的文件管理方式进行管理。对于应用模型库，需解决关系的输入、存储、检索等问题，以便充分利用操作系统的文件管理功能。对属性库和索引库可通过索引关键字进行操作，通过对属性库和索引库的操作进入相应代码库中的相应地址，达到执行所选模型的目的。

Leaveslsey 等（1996）开发的模块化模型系统（modular modeling system）就是一个将 GIS 与模块库（实质是一个单元模型库）集成的模型开发系统。其模块库包含了各种模拟水、能、生物过程等相互兼容的模块，这些模块可以组成更为复杂的环境模拟模型，GIS工具软件GRASS开发的GIS界面则提供模型生成前期的图形数据显示、空间数据前期的处理、输入参数文件的生成以及模型生成后的模型模拟结果显示和分析（张犁，1996）。

2. GIS与地理模型集成的三个层次

GIS与地理模型的集成大致可以分为三个层次：松散集成、紧密集成与完全集成（Batty and Xie，1994；Klosterman，1994）。

（1）松散集成

GIS功能与模型处理是两套系统，只是借助于数据文件的转换，通过各自的接口来实现模型与GIS环境之间的交互。例如，通过ArcGIS对空间对象处理和分析后，输出其属性数据，采用一些专业的应用分析软件SPSS、Excel、Matlab等，用其内置的应用模型对数据进行二次处理；或是先用SPSS、Excel、Matlab等软件进行属性数据的处理后通过关联导入到ArcGIS中，再进行空间分析和处理；或是两种软件互相穿插使用。

这种集成方式的优点是比较简单，容易实现，可以利用已有的平台软件，但是集成的效率低，操作复杂，数据结构不能统一，且用户操作的界面不能一致，难以满足GIS与模型集成的高层次要求，如专业模型与GIS的集成应用、更复杂的计算机智能化操作、模型的复用等。

（2）紧密集成

这种方式下通过建立支持模型的空间数据库，在GIS系统上或是一些应用软件系统上进行开发，这样系统拥有一个统一的交互界面，既可以为模型提供输入数据，又能对模型运算结构进行处理和显示。所有的数据转换通过交互界面自动进行。实现的方式，可以是基于GIS平台上的二次开发，或是基于专业应用软件二次开发接口嵌入GIS功能，如基于ArcGIS的提供的VBA接口通过宏语言实现GIS与模型的集成，在Excel中嵌入ArcEngine实现模型与GIS的集成。

这种方法的本质与松散集成方式没有区别，其优点是可以充分利用已有的平台软件，节约时间和成本，系统界面一致，操作简便。不足之处在于编程的工作量增大，对用户的开发能力要求较高，对于此种方式建立的GIS与模型，往往需要依附于平台软件之上，不利于模型更高层次的复用和系统软件的推广。

（3）完全集成

其具体实现可以是统一开发、函数库集成、基于组件的集成等多种方式。这样模型和GIS同在一个系统中，二者共用同一个数据库，不存在数据交换问题，模型和GIS系统完全兼容，用户可以灵活地建立各种模型并保持与业务逻辑的一致性，所有的功能都统一在一个系统中，系统的执行效率高。模型的修改和扩展更为容易，这样集成的缺点是需要从底层开发，系统开发周期长，对于模型应用的人员要求较高。

第三节　地理模型库

一、模型库系统概述

当前大多数 GIS 系统主要以数据库系统为驱动核心，地理模型和地理模型库在系统中还处于从属地位。目前在各个应用领域中的辅助空间决策过程中，GIS 主要提供数据级支持，而不是实质性的决策方案；另外，相关专业领域都已有了许多具有实用价值的应用模型（如水文学领域有许多成熟的应用模型，如新安江模型），这些模型为辅助决策提供了强有力的支持。但是这些模型一般都缺乏友好的交互界面，特别在地图显示与空间分析支持方面不足，致使模型的分析结果不形象、不直观。相反，GIS 在人机交互、可视化等方面则具备强大的优势。鉴于此，将专业应用模型集成到 GIS 系统中不仅能增强 GIS 的分析功能，同时也能提高已有模型的应用效率，实现 GIS 与应用模型的无缝集成，挖掘 GIS 在各领域应用的潜力。例如，GIS 与遥感技术支持下的分布式水文模型目前已成为学术界研究的热点。

基于地理模型库，建设空间决策支持系统（spatial decision support system，SDSS）是应用型 GIS 研制的一个重要发展方向。模型库技术的发展及其支持下的 GIS 与应用分析模型集成研究有助于推动空间决策支持系统的发展，从而使 GIS 真正成为辅助用户管理、决策的空间信息系统平台，进而推动 GIS 的深层次应用。

空间决策支持系统使得 GIS 系统的中心发生了变化，从以数据库及其管理系统为中心转变成以模型库及其管理系统为中心，模型在系统中已不再处于从属地位，而可能成为系统的核心。同时，空间决策支持系统也对地理模型库设计及 GIS 与应用分析模型的集成研究提出了更高要求。然而，目前模型库支持下的 GIS 与应用分析模型集成还存在一些问题。当前的模型库方式主要解决结构性较强的数学类应用问题，对于结构性较差的复杂决策问题则只能以提高系统开发复杂度，增加决策过程中的人工干预为代价，勉强应付。而事实上，一定领域的决策问题，总有一定的规则、约定和规律存在，如果把这些规则、约定、规律加上专家知识经验融入到决策系统中，即由模型与知识规则共同协作来完成对复杂问题的决策分析，那将使空间决策支持系统的智能性和空间决策能力上升到一个新的层面。因此有必要对纯粹的模型库支持下的 GIS 与应用分析模型集成体系作进一步扩展，使之更规范、更灵活、更高效、更智能（宫辉力等，2000）。

1980 年，Blanning 首次提出了模型库的概念，并设计了模型库查询语言（model query language，MQL）；1987 年，Geoffrion 设计了一套结构化模型构造语言；1988 年，Muhana 等又将系统论的概念用于模型管理系统；1993 年，K. M. Vanhee 建立了基于模型概念的模型运行环境系统；1996 年，Wesseling 设计了动态模型语言来支持空间数据结构；国内的王桥等专家也对模型标准化问题进行了较深入的研究。在地理模型与 GIS 集成开发方面，孙亚梅和张犁（1993）在 PC Arc/Info 平台上探讨了建立地理模型库系统的有关理论和技术，将它引入应用型地理信息系统环境，以支持用户对辅助决策功能的要求；在黄土高原三川河流域区域治理与开发信息系统中构建了地理模型库管理子系统；岳天祥（2001）在归纳研究现有数学模型与地理信息系统现有集成方法的基础上，讨论了资源与环境模型标准文档库的构建及其与 GIS 的有效集成开发模式。

实际应用中，复杂的问题对单一模型提出了组合的要求，这就导致了模型的组织形式由传统的软件包向模型库方向发展。模型库系统（model base system，MBS）是对模型进行分类和维护并支持模型的生成、存储、查询、运行和分析应用的软件系统，它主要包括基础模型库、应用模型库、模型库管理系统、模型库应用四部分（图 7.12）。

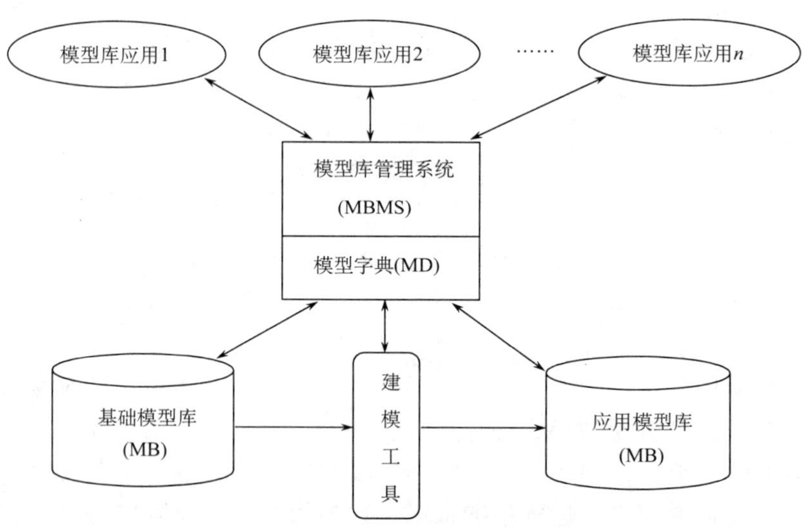

图 7.12　模型库系统基本结构图（龚敏霞等，2002）

其中，模型库管理系统（model base management system，MBMS）是处理模型存取和各种管理控制的软件。而基础模型库则是用来存储通用规范的可多次重复使用的基础模型。应用模型库用来存储用户开发的、针对专业问题的应用模型。GIS 模型库系统之所以分成基础模型库和应用模型库，主要是为了满足不同用户的需求以及模型生成的需要。在模型库系统中开发建模工具，则可直接利用基础模型库，采用积木方式或非积木方式，由用户自己来自动构模，同时避免模型基础部分的重复性开发，以提高模型的重用性，这是模型库系统的发展方向。

在模型库系统中，模型字典（model dictionary，MD）是模型库管理系统的核心。它包含模型库中所有模型的描述、使用和存储等信息（即模型库元数据），是关于模型描述信息的特殊数据库。模型字典作为模型库管理的重要工具，直接参与对模型的分析、定义、设计、实现、操作和维护。

二、GIS 地理模型库设计

GIS 地理模型的设计是 GIS 设计的核心内容之一，其优劣直接影响到系统功能运行效率。好的 GIS 地理模型，要求设计者具有较为丰富的地理知识（包括 GIS 知识）、数学知识和专业知识。设计 GIS 应用模型时，主要考虑要用它来解决什么问题，有哪些数据可用，采用何种建模方法为切入点或有哪些现成模型可供借鉴。由于这些模型大部分都要通过 GIS 的缓冲区分析、叠置分析等功能体现出来，即模型结果要高度可视化，数字、图形、表格是可视化最基本的表达方式。另外，要考虑 GIS 与应用模型的结合方式，可以是直接结合，也可以是间接结合。直接结合是指用 GIS 软件提供的二次开发语言来建立应用模型，这种结合方式较为紧密，但应用模型的通用性较差。间接结合采用 GIS 与应用模型相对分离的方法，通过动态链接技术（如 OLE、ActiveX 等）实现两者的结合。这种方式较为松散，应用模型的通用性较强。

在利用 GIS 解决实际问题时，常常需要结合多个模型，构成模型库来解决特定问题。其中每个模型以某方面为重点，主要解决某一具体问题，模型之间通过一定的环节连接起来实现相互之间的反馈和协调。下面结合两个实例对应用型 GIS 模型库的设计进行说明。

实例一：耕地保护预警系统模型库设计（白清，1999）

耕地保护预警系统是在确保区域发展及安定的基础上，在合理配置、利用区域各类资源的同时，为了保证在社会发展的一定阶段下的人民生活标准的稳定，而对该阶段区域人口发展所确定的最低耕地量的临界警戒线。其目的是为区域的宏观决策提供支持，为区域耕地资源的开发、利用提供度量标准，以实现区域各方面，尤其是区域耕地与社会的协调统一发展。因此，根据区域耕地资源开发利用的先后顺序，可以设计出以下具有特定顺序关系的模型，它们构成了本系统的模型库。

（1）区域耕地资源综合评价模型

区域耕地资源综合评价模型从区域耕地资源系统整体出发，对其数量、质量以及组合进行分析和评价。具体包括耕地资源评价模型、耕地资源潜力估算模型以及耕地资源经济利用评价模型等。

(2) 区域耕地资源动态分析和供需预测模型

分析区域耕地资源动态变化过程是其资源供需预测的基础。前者表现为在时间维上多因素的综合作用；后者则需要从时空变化两个方面来考察。因此，区域资源区位模型和预测推断模型占重要地位。

(3) 区域耕地资源开发规划和分配模型

模型为区域耕地资源开发和利用提供优化方案或对其原有方案进行优化。在各种资源优化分配中，土地利用优化是区域资源开发规划的核心。目前，区域土地利用除了农业利用之外，部分还涉及市内工业、交通以及居民点用地，并且农业土地利用结构的设计还涉及许多其他因素（固定的、变化的、随机的等）。这使区域农业土地利用结构模型的结构设计大为复杂。

(4) 区域耕地资源承载力分析模型与补充潜力分析

立足资源开发、考虑经济发展和社会进步是区域耕地资源开发的主要指导，而资源的人口承载力研究则是区域资源开发合理程度的度量标准。区域的耕地增加数量总有上限，对区域耕地利用的补充分析是耕地保护利用度的最佳体现。

(5) 耕地保护临界预警模型

在上述四个模型的基础上，选择人均粮食量为模型临界阈值，以区域耕地资源的数量、质量、单产、人口预测值为主要因子构建预警临界模型，并确定预警警示的触发分量。这是对区域耕地资源主要评价因子的综合评定，也是对区域耕地保护的总体成效的鉴定。下面重点谈耕地保护临界预警模型的建立过程。图7.13所示为耕地保护临界预警模型建立的流程图。

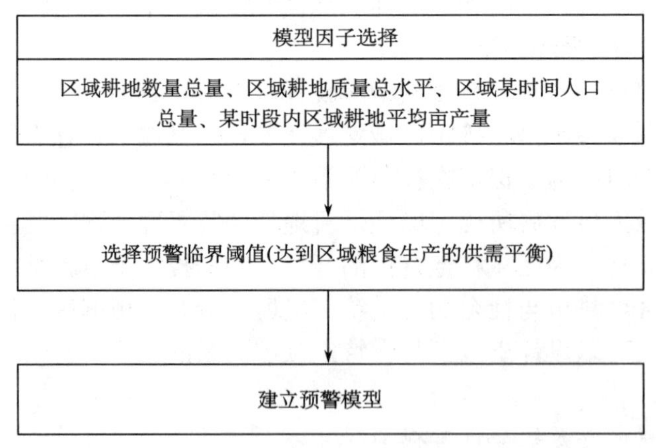

图7.13　耕地保护临界预警模型建立流程图（白清，1999）

第一步，模型因子选择。应着重考虑图7.13中给出的4个基本因子，其他因子（如气候资源、水资源、生物资源、人口劳动力资源、基础设施条件、经济条件等）虽然对区域的耕地保护工作有一定影响，但影响的深度和广度不仅难以评述和量化，而且部分因子与模型因子间存在相关关系或已包容在模型因子中，故将其设为定值，对模型的应用不产生作用，而在今后的研究中，可根据实际需要进行模型微调。

第二步，选择预警临界阈值。预警临界阈值应能与区域社会、经济、生态的发展需要相适，以达到区域粮食生产的供需平衡。在此，系统阈值采用江苏省农业科学研究院确定的人均原粮警戒线——420kg。

第三步，建立预警模型。在以上分析的基础上，设置系统变量如下。

Q：某一时间区域耕地的数量总量，由系统数据库及图库面积查询得到；

S：某一时间区域耕地的"等"指数，由土地质量指数、土地利用系数、土地经济系数三者的计算得到；

M：某一时间区域单位面积耕地的生产能力，由 FAO 推荐的"农业生态区域法"（AEZ 法）结合灰色 GM（1，1）趋势分析模型相互校正后得到；

R：某一时间区域的人口规模，由区域现有人口数量和区域人口的增长率共同计算得到；

G：区域粮食生产相对于理论需要量的理想满足程度；

Z：某一时间区域的人均原粮量。

确定系统 Z 值对系统预警的触发分量如表 7.3 所示。

表 7.3　Z 值对系统预警的触发分量（白清，1999）

Z 值	缺乏程度 D	类型
$Z>500$	0	非
$450<Z<500$	1	轻警
$420<Z<450$	2	中警
$Z<420$	3	重警

实例二：土地利用规划支持信息系统（黄康，2008）

土地利用规划支持信息系统是一种地理分析系统，其功能是辅助规划编制人员进行土地利用规划的编制，因此应该包括基本的系统分析理论模型，如系统的评价、预测、模拟、优化、决策等模型和方法。对于系统分析模型，在早期主要由一些数学方法来完成，随着 GIS 和计算机人工智能的发展，现在通常将 GIS 和智能模型与这些数学方法集成，来实现系统的评价、预测、模拟、优化和决策。土地利用规划的专业模型则是基于系统分析的理论构建。土地利用规划主要包括土地利用现状分析、土地评价、土地利用预测、土地利用分区和布局等内容，根据其内容可以将土地利用规划专业模型划分为土地利用规划现状分析模型、土地利用预测模型、土地利用分区模型、土地利用布局模型等。

综上所述，土地利用规划支持系统所涉及的土地利用规划数学模型种类繁多、功能多样，可以将土地利用规划支持模型库划分为三个体系：土地利用规划一般方法，土地利用规划系统分析模型和土地利用规划专业模型。其中一般方法的分类是面向主题和算法的，系统分析模型的分类是面向应用目标的，而土地利用规划模型的分类则是面向具体问题的。其各个模型库体系如表 7.4 所示。

表 7.4　土地利用规划支持模型库体系（黄康，2008）

项目	土地利用规划专业模型	系统分析模型	模型类型	一般方法
规划预测	人口预测	系统预测模型	统计分析方法	回归分析
	耕地预测			相关分析
	建设用地预测			时间序列
				马尔可夫预测
			灰色系统方法	灰色预测
			GIS空间分析	空间回归分析
规划评价	土地适宜性评价	系统评价模型	决策分析	层次分析
	土地潜力分析		统计分析方法	主成分分析
	土地利用效益分析		灰色系统方法	灰色关联分析
	土地集约利用分析			
规划优化	土地利用结构优化	系统优化模型	决策分析	多目标规划
			灰色系统方法	灰色线性规划
规划格局分析	土地利用格局空间自相关分析	系统模拟模型	智能与模拟	系统动力学
	土地利用变化模拟		GIS空间分析	叠置分析
				空间自相关分析
				空间回归分析
			智能与模拟	元胞自动机
				神经网络
规划决策	土地利用规划多方案评价与选择	系统决策模型	决策分析	多准则决策
			灰色系统方法	灰色决策

整个模型库的层次关系结构如图 7.14 所示。

三、GIS 地理模型库管理

当 GIS 中应用模型很多时，有必要对它们实施管理，包括模型运行结果的

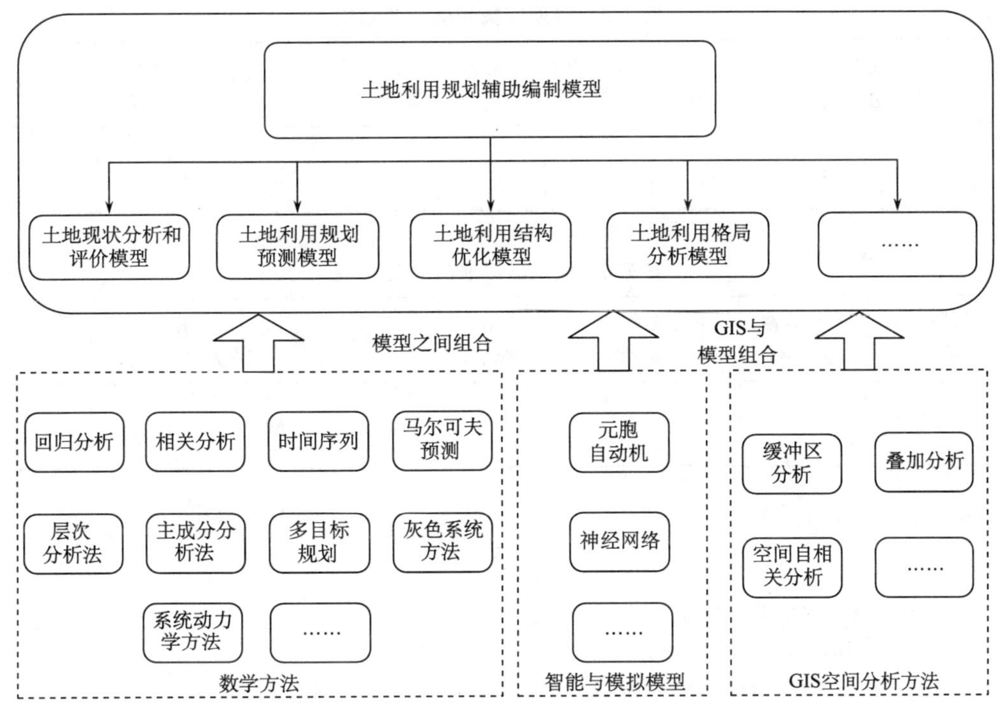

图 7.14　土地利用规划支持模型库框架图（黄康，2008）

管理，如不同时段的同一地理对象的数据经同一应用模型运行后得到的结果，这些结果对于地理对象的空间和时间序列分析是很重要的。对 GIS 模型库的管理有助于系统设计人员和用户对模型的功能、数据、存储位置等具有清晰的认识，便于对模型库中的模型进行增加、修改、删除、查询等操作，使模型库趋于完善。

对 GIS 模型库的管理主要包括模型各种参数以及各模块建模过程的说明。管理方式主要有两种。

1. 文本形式的管理方式

该方式用文字来描述模型的各种参数，如模型名称、模型功能、存储位置等，并用文本文件存储起来；模型库中各个模型的建模过程的说明也可用文本形式的方式来管理。但这种方式只能起浏览的作用。

2. 数据库形式的管理方式

该方式采用关系型数据库的关系表来存储应用模型的内容，也用关系表来存储不同时段的同一地理对象的数据经同一应用模型运行后得到的结果。这种管理方式在实际中用得较多，且可做成统一的界面进行模型的管理与维护，它相当于一个小的关系型数据库管理信息系统。采用这种管理方式，需要设计两种表：模型字典表（表 7.5）和模型结果表（表 7.6）。

表 7.5 模型字典表的一般结构

模型编号	模型名称	功能描述	存放位置	所需数据格式	运行环境	与之相关联的模型	开发者	开发时间	……

表 7.6 模型结果表的一般结构

所用数据的时间	所用数据的名称	所用数据的存放位置	所用的模型名称	结果名称	结果存放位置	……

思 考 题

1. GIS应用模型有哪几种类型？各有何特点？
2. 简述GIS应用模型的建立方法。
3. 简述主成分分析法的基本原理。
4. 结合某个应用对象，如水土保持、洪水灾害防治、灾情损失评估、土地分等定级等，叙述基于GIS的地学应用模型的建模步骤和方法。

参 考 文 献

白清．1999．耕地保护预警信息系统初探——兼谈GIS新技术．南京大学硕士学位论文．
毕硕本，王桥，徐秀华．2006．地理信息系统软件工程的原理与方法．北京：科学出版社．
陈述彭．1999．地理信息系统导论．北京：科学出版社．
宫辉力，李京，陈秀万，等．2000．地理信息系统的模型库研究．地学前缘，S2：18-22．
龚敏霞，闾国年，张书亮，等．2002．智能化空间决策支持模型库及其支持下GIS与应用分析模型的集成．地球信息科学，(1)：91-97．
黄康．2008．土地利用总体规划支持信息系统模型库设计研究．南京大学博士学位论文．
江斌，黄波，陆锋，等．2002．GIS环境下的空间分析和地学视觉化．北京：高等教育出版社．
李满春，白清，陈刚，等．2002．耕地保护预警信息系统初步设计．国土资源遥感，(3)：65-68．
李满春，陈刚，张晓祥，等．2002．面向对象的超媒体地理信息系统模型研究．见：中国科学技术协会．地理空间信息技术与应用——中国科协2002年学术论文集．成都：成都地图出版社：286-291．
刘耀林，何建华．2007．土地信息学．北京：科学出版社．
闾国年，张书亮，龚敏霞，等．2006．地理信息系统集成原理与方法．北京：科学出版社．
孙亚梅，张犁．1993．地理模型库系统的研究与建立．测绘学报，22（2）：94-102．
汤国安，杨昕．2006．ArcGIS地理信息系统空间分析实验教程．北京：科学出版社．
王文，李红．1999．GIS开发中的应用模型重用方法探讨．微型电脑应用，(8)：34-36．
王志兵，李满春，周炎坤，等．2001．基于DCOM的分布式GIS研究．计算机应用研究，18（2）：59-60．

邬伦，刘瑜，张晶，等. 2001. 地理信息系统——原理，方法和应用. 北京：科学出版社.

邬伦，张晶，赵伟. 2002. 地理信息系统. 北京：电子工业出版社.

吴信才. 2009. 地理信息系统设计与实现. 第二版. 北京：电子工业出版社.

徐建华. 2002. 现代地理学中的数学方法. 第二版. 北京：高等教育出版社.

岳天祥. 2001. 资源与环境模型标准文档库及其与GIS集成. 地理学报，(1)：107-112.

张犁. 1996. GIS系统集成的理论与实践. 地理学报，51 (4)：306-314.

周成虎，孙战利，谢一春. 1999. 地理元胞自动机研究. 北京：科学出版社.

周勇，聂艳. 2005. 土地信息系统理论方法实践. 北京：化学工业出版社.

Batty M, Xie Y. 1994. Modelling inside GIS: Part 1. Model structures, exploratory spatial data analysis and aggregation. International Journal of GIS, 8 (3): 291-307.

Danijel R, Sturm P J. 1999. A GIS based component-oriented integrated system for estimation, visualization and analysis of road traffic air pollution. Environmental Modeling and Software with Environment Data News, 14 (6): 531-539.

Fedra K. 1999. Urban environmental management: monitoring. GIS. and modeling. Computers, Environment and Urban Systems, 23 (6): 443-457.

Flache A, Hegselmann R. 2001. Do irregular grids make a difference? Relaxing the spatial regularity assumption, in cellularmodels of socialdynamics. Journal of Artificial Societies and Social Simulation, 4: 152-161.

Jankowski P, Haddock G. 1996. Integrated nonpoint source pollution modeling system. GIS and Environment Modeling, 6 (2): 209-211.

Kehris E. 1989. Interfacing ARC INFO with GLIM: Lancaster, England: North West Regional Research Laboratory. Research Rept, 5: 15.

Kilborn K, Rafai H S, Bedient P B. 1992. Connecting groundwater models and GIS. GeoInfo Systems, 2: 26-31.

Klosterman R E. 1994. Large-scale urban models-retrospect and prospect. APA Journal Winter, 60: 3-6.

Leavesley G H, Markstrom S L, Brewer M S, et al. 1996. The modular modeling system (MMS) —— The physical process modeling component of a database-centered decision support system for water and power management. Water, Air, and Soil Pollution, 90: 303.

Li Manchun. 1997. A Prelimanary Study on Hypermedia Information Presentation in GIS. The Proceedings of "Toward the Development of Asia in the 21st Century". HangZhou.

Longley P, Batty M. 1996. GIS and Spatial Modeling (Spatial analysis: Modeling a GIS Environment). Geo-information International.

Malczewski J. 1999. GIS and Multi-Criteria Decision Analysis. New York: John Wiley & Sons.

O'Sullivan D. 2001. Exploring spatial process dynamics using irregular cellular automaton models. Geographical Analysis, 33: 1-18.

Zheng X, Gong P. 1997. Liner feature modeling using curve fitting, parpametric polyomial techniques. Geographic Information Sciences, 3: 1-2.

第八章　GIS 实施

第一节　系统设计的评价

在系统功能、数据库规模、所需硬软件等都已明确，但尚未正式实施之前，应对系统设计成果进行评价，以确保系统设计的质量，避免在实施阶段造成重大损失。

作为一般的信息系统，其设计的评价指标见表 8.1。

表 8.1　设计评价指标

序号	评价指标	具体内容
1	数据结构是否简明	在达到预定目标，完成所需功能的前提下，应使处理过程尽可能缩短、减少处理经费、提高系统效益、便于管理系统
2	设计是否灵活	系统结构容易变更、方便维护，以便提高对外界环境变化的适应能力，在条件变化后，仍能提供具有现实意义的信息
3	设计是否完整	系统整体性好、数据采集统一、设计规范标准、传递语言一致、尽量减少输入数据量、用系统工程的方法设计和建立新系统
4	设计是否可靠	有相应控制方法和处理措施保证系统的可靠、能够适应外界的各种干扰
5	设计是否经济	应能给用户带来一定的经济效益，使系统的投资和经营费用得到补偿。在评价时，不仅要考虑货币指标，也要考虑非货币指标

对 GIS 设计成果进行评价，除应考虑以上指标内容外，还应考虑其特殊要求。这是因为，同一般的信息系统相比，GIS 的实施费用可能高得多。除了因数据量大、处理复杂而带来的硬软件、培训成本高于一般信息系统外，数据的收集和输入工作成本也颇高。因此，费用估计在 GIS 设计的评价中就显得尤为重要了。它对 GIS 项目获得批准以及在实施过程中成本控制、目标检查等都有重要作用。在费用估计中，主要应考虑以下五个方面。

1）所需地图输入量的大小、数据源的标准化和公开化程度。

2）数据库的一般管理费用、数据更新和维护的一般成本。

3）硬件和软件的配置是否合乎规模和必要。

4）硬件和软件维护费用的情况、所需耗材情况。

5）所需技术支持和人员培训的情况。

第二节 系统实施计划的制订

与详细设计阶段相比，系统实施阶段的任务涉及的人力和物力都要多得多，各种技术专长的工作人员均参加项目研制工作，大量的组织、协调工作，需要项目负责人进行全面的安排，因此，要制订详细的系统实施计划。

系统实施阶段的任务可概括为以下五个方面。

1）硬件和软件的购置及安装。它包括计算机、绘图机、数字化仪、扫描仪等输入、输出和分析处理设备以及各种支撑软件，如操作系统、数据库系统和编译系统的购置安装。

2）程序的编写与调试。由于各模块的详细设计已经形成，只需要编写相关程序。一般的处理办法是自编程序，但对于一些比较特殊的成熟的算法可购买，程序编写后要进行调试，以减少程序的错误。

3）系统的安装与调试。对系统硬软件的安装及调试。

4）培训。在购买硬件、编写软件的同时，应对用户进行培训。同时，这也是考验及检查系统结构、硬件设备和应用程序的过程。

5）系统中有关数据的录入或转换。它指的是各种地图数据及属性数据的输入或从其他系统转化过来的过程，这个工作量是相当大的，需要耗费大量人力、物力及时间。

上述这几项工作之间存在着互为条件又互相制约的关系。没有模块的详细设计就无法编写程序；没有系统的安装，就无法培训操作人员；没有操作人员数据就无法录入。同时，各项工作之间并不是都是彼此相继进行的，实施工作的总时

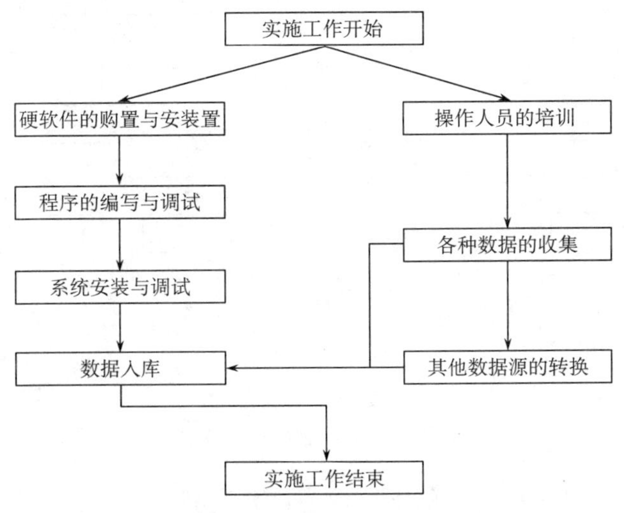

图 8.1 系统实施工作流程图

间也不是各项工作时间段的简单相加。一般的工作流程如图 8.1 所示，但这并不是固定的，项目负责人应该根据实际情况，确定详细的系统实施计划，为各项工作安排相应的人力和进度表。

第三节　系统开发的组织管理

系统开发的组织管理是指在一定资源，如需求、时间、资金、人力和软硬件等约束条件下，为了高效率地实现软件的既定目标（即到软件竣工时计划达到的质量、投资和进度），按照软件的内在规律和程序，对软件开发的全过程进行有效的计划、组织、协调、领导和控制的系统管理活动。

一、系统实施人员构成

系统实施阶段需要大量人员参与，其人员构成如图 8.2 所示，其中项目负责人主要起到协调各方面有关人员关系的作用；系统分析员负责 GIS 的总体设计及详细设计；系统管理员负责系统的安装及调试，保证系统的正常运行；数据库管理员负责定义数据库的结构及编制数据库的说明文件；程序员负责把系统分析员定义的各种描述转化成计算机程序；处理员负责地图数据输入计算机前的各种准备；制图员、数字化员、描图员负责数字地图的输入；收集员负责地图及属性数据的收集。

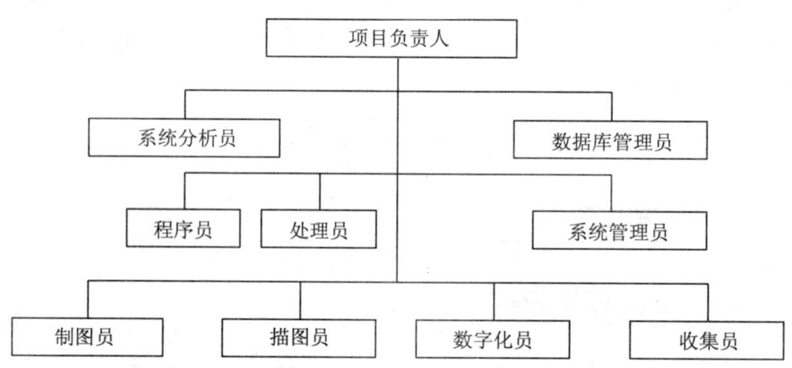

图 8.2　实施阶段人员构成

二、程序编写的组织管理

程序编写工作是系统实施的本质内容，其产品就是一套程序，是 GIS 开发最终的主要成果。程序编写实际上是一项系统工程。投入大量的人力、物力的目的就在于研制出一个成功的软件产品。首先，软件生产是个人的脑力劳动，程序员各自独立地完成各自的任务，互相之间并没有直接的联系，工作量和效率取决于程序员自身的能力和各自的态度。其次，大型软件由于它的规模太大，又必须是由许多人共同完成。基于这个矛盾，在软件编写过程中，程序员的组织管理工作就显得非常重要了。程序编写工作的组织管理实际上就是对上述人员训练、软件培训、程序编写、调试和验收等方面内容的合理安排，以提高程序编写的质量和效率。其主要内容如图 8.3 所示。

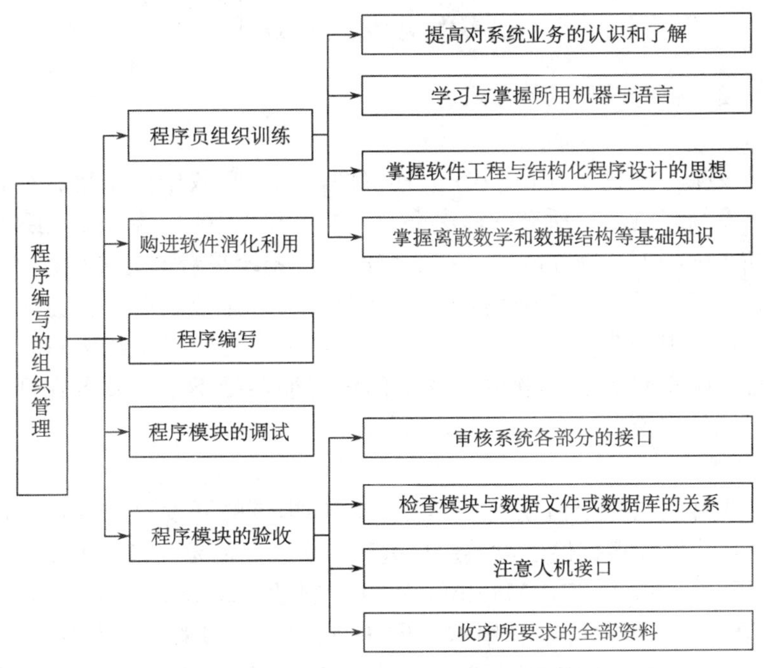

图 8.3　组织管理程序编写工作的内容

其中，消化与利用购进软件时，需要注意以下三点：

1）要有专人对购进的软件进行分析和消化；

2）根据项目需要，实事求是地确定开发的深度；

3）要注意根据软件的使用接口进行开发和使用。

第四节　GIS 二次开发技术

GIS 根据其内容可分为两大基本类型：一是工具型 GIS，也就是 GIS 工具软件，如 ArcGIS、GeoMedia、MapInfo、AutoCAD 和 MapGIS 等，具有空间数据输入、存储、处理、分析和输出等 GIS 基本功能；二是应用型 GIS，是以某一专业、领域或工作为主要内容，包括专题GIS和区域综合GIS，如土地利用规划管理信息系统、城市规划和管理信息系统等。

随着GIS应用领域的扩展，应用型GIS的开发工作日显重要。如何针对不同的应用目标高效地开发出既合乎需要又具有方便美观的界面形式的GIS，是其开发者非常关心的事。

GIS二次开发技术是指使用GIS厂商定制的GIS控件、接口与软件开发平台构建应用型GIS的技术。

一、GIS开发三种方式

GIS开发主要有以下三种方式。

1. 独立开发

独立开发指不依赖于任何GIS工具软件，从空间数据的采集、编辑到数据的处理分析及结果输出，所有的算法都由开发者独立设计，然后选用某种程序设计语言，如Visual C、Delphi等，在一定的操作系统平台上通过编程实现。这种方式的好处在于无须依赖任何商业GIS工具软件，独立性强，但是，能力、时间和财力方面的限制使其开发出来的产品很难在功能上与商业化GIS工具软件相比，而且在购买GIS工具软件上省下的钱可能还抵不上开发者在开发过程中绞尽脑汁所花的代价。

2. 单纯二次开发

单纯二次开发指完全借助于GIS工具软件提供的开发语言进行应用系统开发。GIS工具软件大多提供了可供用户进行二次开发的宏语言，如ESRI的ArcView提供了Avenue语言，MapInfo公司研制的MapInfo Professional提供了MapBasic语言等。用户可以利用这些宏语言，以原GIS工具软件为开发平台，开发出自己的、针对不同应用对象的应用程序。这种方式省时省心，但此类宏语言，功能较弱，支持的空间分析功能有限，用它们来开发应用程序往往不尽如人意。

3. 组件式二次开发

组件式二次开发也称为组件式GIS开发。它利用GIS工具软件生产厂家提供的GIS功能控件，如ESRI公司的ArcObjects、ArcEngine，MapInfo公司的MapX等。在VS. NET、Jbuilder、Delphi等编程工具编制的应用程序中，直接将GIS功能嵌入其中，实现GIS的各种功能。这种建立在OCX技术基础上的GIS功能控件被称为组件式GIS。

由于独立开发难度太大，单纯二次开发受GIS工具提供的编程语言的限制而差强人意，因此结合GIS工具软件与当今主流可视化开发语言的组件式二次开发方式就成为GIS应用开发的主流。它的优点是既可以充分利用GIS工具软件对空间数据库的管理、分析功能，又可以利用其他可视化开发语言具有的高效、方便等编程优点。

二、组件式 GIS

组件式 GIS（component GIS，ComGIS）是面向对象技术和组件式软件在 GIS 软件开发中的应用。ComGIS 的基本思想是把 GIS 的各大功能模块划分为几个控件，每个控件完成不同的功能。各个 GIS 控件之间，以及 GIS 控件与其他非 GIS 控件之间，可以方便地通过可视化的软件开发工具集成起来，形成最终的 GIS 应用。控件如同一堆各式各样的积木，它们分别实现不同的功能（包括 GIS 功能和非 GIS 功能），根据需要把实现各种功能的“积木”搭建起来就构成了应用型 GIS。

1. 组件式 GIS 的特点

组件式 GIS 把 GIS 的功能适当抽象，以组件形式供开发者使用，将会带来许多传统 GIS 工具无法比拟的优点。

1）小巧灵活、价格便宜。

2）无须专门 GIS 开发语言，直接嵌入可视化开发工具。

3）不逊色于传统 GIS 软件的强大 GIS 功能。

4）直接嵌入各种开发工具，开发简捷。

5）更加大众化，使非专业的普通用户也能够开发和集成 GIS 应用系统。

2. 组件式 GIS 开发平台的结构

组件式 GIS 开发平台通常可设计为三级结构。

（1）基础组件

面向空间数据管理，提供基本的交互过程，处于平台最底层，是整个系统的基础，主要面向空间数据管理，提供基本的交互过程，并能以灵活的方式与数据库系统连接。

（2）高级通用组件

由基础组件构造而成，面向通用功能，简化用户开发过程，如显示工具组件、选择工具组件、编辑工具组件、属性浏览器组件等。它们之间的协同控制消息都被封装起来。这级组件经过封装后，使二次开发更为简单。

（3）行业性组件

抽象出行业应用的特定算法，固化到组件中，进一步加速开发过程。以 GPS 监控为例，对于 GPS 应用，除了需要地图显示、信息查询等一般的 GIS 功能外，还需要特定的应用功能，如动态目标显示、目标锁定和轨迹显示等。这些 GPS 行业性应用功能组件被封装起来后，开发者的工作就可简化为设置显示目标的图例、轨迹显示的颜色、锁定的目标以及调用、接受数据的方法等。

3. 组件式 GIS 与集成环境及其他组件之间的交互

传统 GIS 软件与用户或者二次开发者之间的交互，一般通过菜单或工具条按钮、命令以及二次开发语言进行。组件式 GIS 与用户和客户程序之间则主要通过属性、方法和事件交互（图 8.4）。

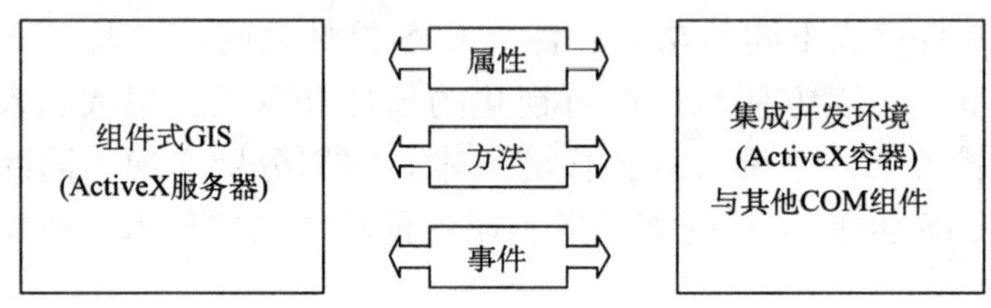

图 8.4　组件式 GIS 与集成环境及其他组件之间的交互（宋关福和钟耳顺，1998）

属性：是指描述控件或对象性质的数据，如地图背景颜色等。可以通过重新指定这些属性的值来改变控件和对象性质。在控件内部，属性通常对应于变量。

方法：是指对象的动作，如显示、增加图层、打开和关闭等。通过调用这些方法可以让控件执行诸如打开地图文件、显示地图之类的动作。在控件内部，方法通常对应于函数。

事件：是指对象的响应。当对象进行某些动作时（可以是执行动作之前，也可以是动作进行过程中或者动作完成后），可能会激发一个事件，以便客户程序介入并响应这个事件。例如，用鼠标在地图窗口内单击并选择了一个地图要素，控件产生选中事件通知客户程序有地图要素被选中，并传回描述选中对象的个数、所属图层等信息的参数。

三、组件式 GIS 开发设计

1. 组件式 GIS 的基本结构

组件式 GIS 由三个层次（组件组）组成：可视化组件组、核心功能组件组和数据访问组件组，如图 8.5 所示。

可视化组件组接受用户输入并显示相关信息，如进行地图显示、空间对象可视化编辑和属性数据编辑等。这个组件是用户管理和操纵地理信息的接口，可视化组件是所有应用所必需的。

核心功能组件组提供处理地理信息所必需的功能，供可视化组件组调用。对用户来说，功能组件组是可以自由定制的。用户可以选择性地安装能满足需要的功能组件，而不必全部安装所有组件。对开发人员来说功能组件组则可以很方便

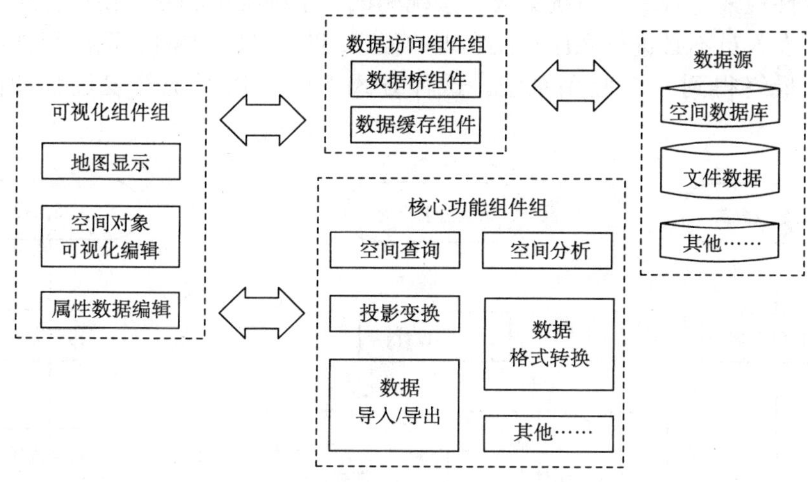

图 8.5　组件式 GIS 系统的基本框架结构

地被扩展。开发人员能够在功能组件组中添加或更新一些功能，甚至能够添加或更新组件以提高系统的质量和性能。

数据访问组件组提供了一组方法以供其他组件访问在缓冲区、本地磁盘或者远程服务器中的地理信息。同时，数据桥组件提供用户授权和连接服务器的方法，以及一些类似的方法。设计数据访问组件组的动机是为了在客户端和服务器间保持数据结构的相对独立性。因此，运行在客户端上的组件就可以拥有自己的数据结构。然而，在客户端和服务器间的数据结构的折中还是必需的，因为很复杂的数据结构和经常转换这些结构将降低系统的性能。在数据访问组件组中有两个基本组件，一个是数据桥组件，另一个是数据缓存组件。数据桥组件用于访问远程服务器中的数据，针对不同的数据源，应有不同的数据桥接口的实现。这就使得组件能以相同的方式处理不同数据源的数据。数据缓存组件用来访问存储在本地缓冲区中的数据。

2. 组件式 GIS 系统的开发过程

传统的 GIS 应用系统开发过程通常包括以下几个步骤：用户调研、可行性研究、用户需求分析、系统总体设计、系统详细设计、基础平台选择、熟悉基础平台、进行二次开发、系统测试、系统维护和系统使用。

组件技术的发展改变了上述传统的软件生产方式和生成过程。在标准的组件式应用系统的开发模式中，组件的生成者和应用系统的开发者有着明显的分工。组件生产者负责生产和提供组件。而应用系统的开发者则向生产者请求所需要的组件，并将其集成组装为所需的应用系统。从组件式 GIS 应用系统开发的角度来看，软件生产过程应包括以下几个阶段：用户调研、用户需求分析、系统总体设计、组件检索与获取、系统集成、系统测试、系统维护和系统使用。这种方式下软件开发人员不必进行底层功能实现的程序编写，只需要将获取的组件进行集成组装，最终得到一个应用系统。这种方式下的应用系统开发过程如图 8.6 所示。

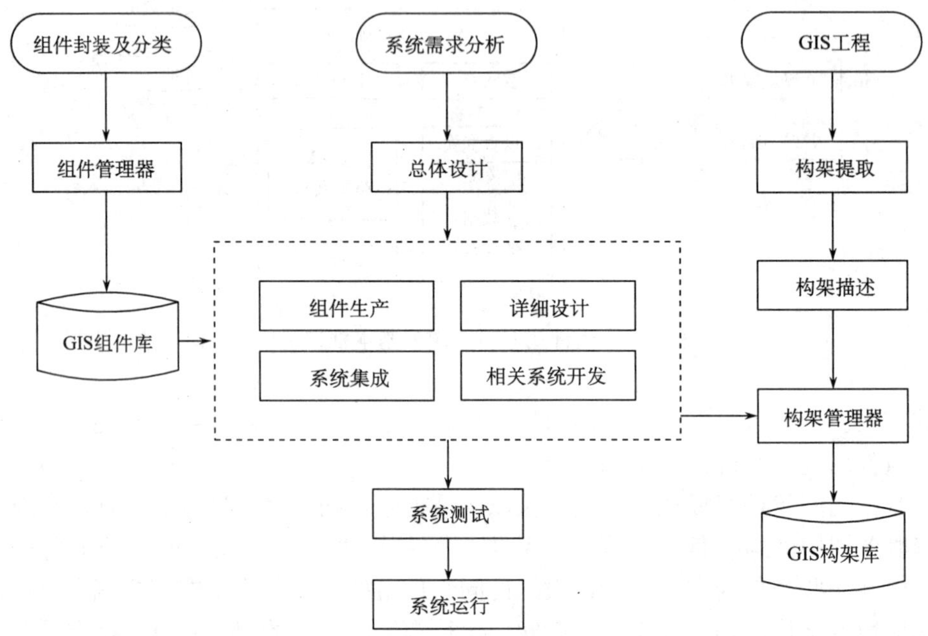

图 8.6 组件式 GIS 应用系统的开发过程

3. 组件式 GIS 的开发包实现功能

组件式 GIS 组件通常都能够实现如下功能：分图层显示专题图，如居民点、河流、行政边界等；浏览、缩放地图；查看地图上特征要素的信息；在地图上检索地理对象；在地图上编辑文本注记；在地图上叠加卫星影像或航摄影像；在地图上绘制点、线、面、几何体；通过多种方式选取编辑地图上的要素；通过结构化查询语言来查找要素；使用各种渲染方式来绘制地图图层，如柱状图渲染、分级渲染、点密度渲染和依比例尺渲染等；转换空间数据的坐标系。

四、主流组件式 GIS 开发基础知识

由于 GIS 行业的特殊性，最终用户一般都希望使用与自己业务逻辑相适合的自定义界面 GIS 系统而不是商业软件成品，因此 GIS 行业从一开始对于定制业务的需求就非常迫切。而利用成熟的开发平台与稳定的 GIS 组件可以构建具

有独立界面、定制功能的GIS程序。

1. 开发平台

目前较常见的开发平台有Visual Studio.Net、Jbuilder、PowerBuilder、Visual Basic、Visual C++和Borland Delphi等，它们可以让开发者使用不同的程序语言和开发环境构建。

2. GIS组件开发包

当前，GIS软件商纷纷推出或升级已有的组件式GIS平台：ESRI公司的ArcObjects、ArcEngine；Mapinfo公司的MapX；Intergraph公司的GeoMedia；国产组件式GIS平台主要有武汉吉奥信息工程技术有限公司开发的GeoMap平台和北京超图公司的SuperMap平台。它们都是一套完备的嵌入式GIS组件库和工具库，是一个用于开发GIS应用程序的二次开发功能组件包。

3. ArcEngine简介

ESRI公司因其推出一条为不同需求层次用户提供的GIS产品线（桌面端、嵌入式、服务器和移动设备等），而在GIS领域有较高的市场占有率。其产品线上的组件式GIS开发包，有ArcObjects、ArcEngine等。

ArcObjects是一套ArcGIS可重用的通用的二次开发组件集，从理论上讲，其封装的COM组件可以再开发出一套ArcGIS软件，所以ArcObjects是ESRI二次开发组件中最完整的功能组件集。它提供可视化控件MapControl、PageLayoutControl等控件开发具有独立界面的GIS应用程序。但这种开发方式要求客户端必须安装一定级别的ArcGIS Desktop产品，因此产品的部署成本高昂且过程复杂。

ArcEngine是ESRI公司在ArcGIS 9版本开始推出的产品，它是一套嵌入式GIS组件库和工具库，使用其开发的GIS应用程序可以脱离ArcGIS Desktop而运行。它提供基于.COM、.NET、Java和C++的API，它支持多种开发环境，能够实现跨平台（Windows、UNIX和Linux）部署。

ArcGIS Engine组件库中的组件在逻辑上可以分为五个部分，这个划分如图8.7所示。

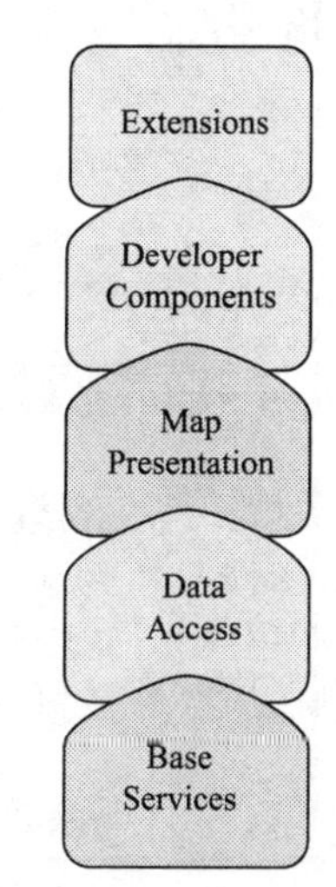

图8.7 ArcGIS Engine组件库划分

1）Extensions包含了许多高级功能，如GeoDatabase Update、空间分析、三维分析、网络分析和数据互操作等。ArcGIS Engine标准版License并不包含这些ArcObjects组件的许可，它们只是作为一个扩展而存在，需要特定的License才能运行。

2）Developer Components包含了进行快速开发所需要的全部可视化控件，

如 SymbologyControl、GlobeControl、MapControl、PageLayoutControl、SceneControl、TOCControl、ToolbarControl 和 LicenseControl 控件等。除了这些，该库还包括大量可以由 ToolbarControl 调用的内置 commands、tools 和 menus，它们可以极大地简化二次开发工作。

3）Map Presentation 包含了 GIS 应用程序用于数据显示、数据符号化、要素标注和专题图制作等需要的组件。

4）Data Access 包含了访问包含矢量或栅格数据的 GeoDatabase 所有的接口和类组件。

5）Base Services 包含了 ArcGIS Engine 中最核心的 ArcObjects 组件，几乎所有的 GIS 组件都需要调用它们，如 Geometry 和 Display 等。

ArcGIS Engine 包含一个软件开发工具包（Software Developer Kit）和一个用于所有 ArcGIS 的可分发运行时（Runtime）两套产品。开发工具包用于构建 GIS 应用软件，安装在开发人员客户端，运行时安装在最终用户终端上。ArcGIS Engine 提供了多个 IDE 插件与 Visual Studio. Net 紧密结合，使开发人员基于 Visual Studio. Net 编写 ArcGIS Engine 程序变得更容易（图 8.8、图 8.9）。

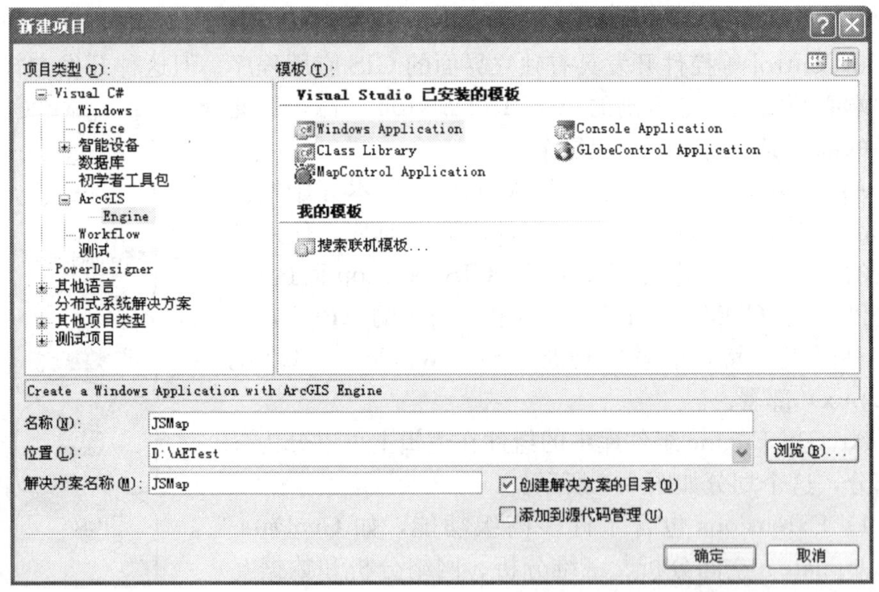

图 8.8 Visual Studio. Net 2005 中 ArcGIS Engine 工程模板

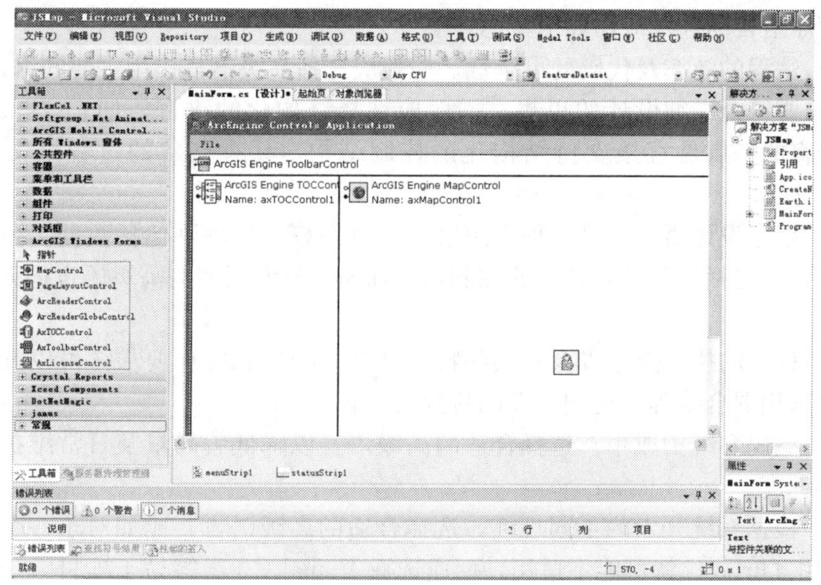

图 8.9 Visual Studio. NET 中 ArcGIS Engine 可视化控件包

第五节 程序代码的编写

详细设计之后，GIS 设计工作进入了代码实际编写阶段。这时系统详细设计的结果已经摆在程序员面前，包括程序设计文档及流程图，甚至有时可能是用伪语言编写的程序代码。总之，软件的蓝图已经设计好，等待程序员去做的就是把它翻译成计算机可以理解的形式，即用某种程序设计语言书写程序。本节将对 GIS 软件编码工作中的几个问题加以介绍。

（一）程序语言的选择

程序设计语言包括三个级别：低级语言、中级语言和高级语言。它们的差异如表 8.2 所示。

表 8.2 程序设计语言的三个级别

项目	低级语言	中级语言	高级语言	
			面向过程	面向对象
表达方法	以 0、1 的组合表达各种命令	用代码字符表达各种命令	用接近自然语言的命令实现各种功能	用面向对象的构件来实现各种功能
特点	编程极其繁琐，一般不被采用	编译效率高，但生产效率低、易出错、难维护	便于掌握，编程也较方便	可视化编程环境，易于掌握，效率高
举例	机器语言	汇编语言	Fortran、C、Pascal	VC、Delphi、C++

程序语言的选择应作如下考虑。

1）编程的效率及代码的可读性。一般应选择高级语言作为主要的编程工具。

2）要符合详细设计的思想。一般应选择结构化的语言，如 C、Pascal 等，这些语言的特点是直接支持结构化的控制结构，具有完备的过程结构和数据结构。

3）程序设计语言应是一种通用语言。因为 GIS 软件既包括数据、图形处理及分析，又包括对各种软硬件的控制等，任何一种专用型的高级语言都无法完全胜任。

4）程序的执行效率以及对某些特殊硬件的控制和操作要求。可以针对特定的模块采用混合编程，达到程序的特别目的。

5）编码和维护成本。选择合适的高级语言以降低编码量及日常维护工作中的困难程度。

6）根据系统开发的不同规模，选择合适的高级语言。比如对于一个大型的 GIS，用 Turbo C 就可能不适用，而应选择 Visual C++等易于项目管理的高级语言。

7）根据不同的开发平台和使用平台，选择不同的语言。

8）系统的兼容性、移植性等。

（二）程序设计的风格

一个好的程序如同一篇好的文章，应层次清晰、结构分明、易读好懂，这就要求程序员遵循一定的编程原则，即编程的风格。尤其是编写一个大型的系统程序，往往需要多个程序员之间分工协作，这时就更需要保持良好而统一的编程风格，以利于相互通信，减少因不协调而引起的问题。公认的良好的编程风格一般包括以下六项内容。

1）在适当的位置应该加入必要的注解，即程序内部的文档。注解对于程序的阅读及调试都有很大的作用。

2）数据说明应以方便阅读、理解、查找和维护为目的；变量名等标识符应做到恰如其分地表达内容含义；注意声明次序的标准化；不同变量在同一语句中声明时，应按字母先后顺序排列。

3）语句书写应有层次感，便于理解。例如，采用缩进排列、避免使用大量的嵌套结构、不将多个语句放在同一行中书写、避免复杂的条件测试等。

4）程序组织应具有固定的层次。例如，先进行数据输入或数据初始化，然后进行数据处理，最后是结果输出。

5）数据输入应进行完整性检查，格式力求统一、简单，应有必要的提示信息及友好的用户界面。

6）对输出的结果应采用良好的格式，并加以必要的说明。

下面这个程序是选择 Turbo C 语言编写的一个图像压缩模块，具有良好的程序设计风格，其中/＊、＊/之间为程序注释。

```
Int Press (int * * image, int height, int width, struct LZW * result)
/* Press 是一数据压缩模块，其返回值如非 0 表示有错，其中参数含义
如下：
    image 为一个二维整型数组，用于存放图像数据
    height 为图像的高度，width 为图像的宽度
    result 为存放压缩数据的数组，其类型定义为，struct LZW {int node; int
number;} */
{int i, j, k, temp, n;
/* i, j 为循环控制变量，k 存放压缩游程长度，temp 存放游程内容，n 存
放数组 result 的成员号码 */
if (height<=0 || width<=0) return (1);    /* 数据完整性检查 */
n=0;
for (j=0; j<height; j++)                  /* 按图象的高度循环 */
{
  temp=image [j] [0];                     /* 每行开始时为 temp 及 k 赋值 */
  k=0;
  for (i=0; i<width; i++)                 /* 按图象的宽度循环 */
    if (temp! =image [j] [i])             /* 判断是否为同一游程 */
       {
            result [n] .node=temp;        /* 记录最终游程内容 */
            result [n] .number=k;
            k=1;
            temp=image [j] [i];
            result [n] .node=temp;        /* 记录初始游程内容 */
            result [n] .number=k;
            }
       else
            k++;                          /* 游程长度加一 */
   }                                      /* 循环结构 */
return (0);
}                                         /* 模块返回 */
```

（三）系统代码文档的编写

系统代码文档应包括程序的源代码及程序目录，其中程序目录应包含每个程序所存放的位置、名称、功能及编写和修改的最后日期。

第六节　系统的调试与安装

GIS软件经过编码过程以后，虽然已经初具规模，但程序中很可能包含着大量的错误，进一步论断、改正程序中的错误是调试阶段的主要任务。程序的调试主要由三个步骤组成。

1）选取足够的测试数据对程序进行试验，记录发生的错误。

2）定位程序中错误的位置，即确定是哪个模块内部发生了错误或模块间调用的错误。

3）通过研究程序源代码，找出故障原因，并改正错误。

其中定位错误位置是调试工作的主要内容，约占调试总工作量的95%。

表8.3列出了四种常用的排错方法。

表8.3　四种常用排错方法

方法	排错过程
硬性排错	采用试验的方法，比如设置临时变量、增加调试语句、设置断点、单步执行等，该方式虽可最终找到错误，但速度及准确性不令人满意
归纳法排错	准备几组有代表性的输入数据，反复执行，对得出的错误结果进行整理、分析、归纳，提出错误原因及位置假想，再用新的一组测试数据去验证这些假想
演绎法排错	针对各组测试数据所得出的结果，列举出所有可能引起出错的原因，然后逐一排除不可能发生的原因与假设，将余下的原因作为主攻方向，最终确定错误位置
跟踪法排错	在错误征兆附近进行跟踪找错；错误诊断出来以后，需要进行修改；修改完后，应立即利用先前的测试用例，重复先前的测试过程，进一步验证排错的正确性

GIS经过调试以后，应进行试安装。系统安装包括广义的和狭义的两个概念，狭义的系统安装指的是GIS软件被安装到计算机的硬盘上。而广义的系统安装则包括很多，主要内容有以下几个。

1）系统硬件的安装。硬件安装指的是前面硬件配置中所提到的诸多硬件设备，如打印机、绘图机、扫描仪和数字化仪等的安装，把它们按照正确的顺序和方式联结、组织起来，并把相应的硬件驱动程序安装到硬盘上。

2）系统硬件的调试。硬件设备联结好以后，并不是马上就可以顺利地工作，正确的做法应该是对硬件设备进行调试，诊断其是否会发生硬件上的错误，如打印机、绘图机所使用的并行或串行通信接口是否会发生冲突，系统能否检测到各个硬件设备，各驱动程序参数设置是否正确等。

3）系统软件的安装。这里所说的软件不仅包括前面设计的成果——GIS软件包，同时还包括其他相关的支持软件，如操作系统软件DOS、Windows和Unix等，图形处理软件AutoCAD、3DS和Photoshop等。

4）系统软件的测试。这种测试不同于上一节的程序的测试，而指的是整个系统软件的测试，包括GIS软件和其他支持软件是否能相互兼容，软件间的接口、程序的运行是否正常等。

5）系统的综合调试。综合调试指的是系统软件与硬件经过各自安装以后，为使两者能协调地工作而进行的一种测试，目的是使硬软件能相互衔接起来，使系统正常有效地运转。

第七节　系统文档

一、系统文档的作用和内容

文档是与计算机程序同时产生的、对系统加以说明的各种书面材料，在系统的设计与实施过程中，总是伴随着大量的信息需要记录和使用，因此，文档是系统的一个重要组成部分。其作用主要体现在以下四个方面。

1）提高开发效率。软件文档的编制，使得开发人员能对各个阶段的工作都进行周密思考、全盘权衡，从而减少返工，并且可在开发早期发现错误和不一致性，便于及时加以纠正。

2）作为开发人员在一定阶段的工作成果和结束标志。

3）提供对软件运行、维护和培训的有关信息，便于管理人员、开发人员、操作人员、用户之间的协作、交流和了解，使软件开发活动更科学、更有成效。

4）便于潜在用户了解软件的功能和性能等各项指标，为他们选购符合自己需要的软件提供依据。

从某种意义上来说，文档是开发规范的体现和指南。按规范要求生成一整套文档的过程，就是按照软件开发规范完成一个软件开发的过程。所以，在使用工程化的原理和方法来指导软件的开发和维护时，必须注意软件文档的编制和管理。系统文档主要包括系统实施方案、系统架构方案、系统分析报告、系统总体设计、数据库设计报告、系统详细设计、系统测试报告和用户手册等。

二、文档编制的质量控制

为使软件文档能起到多种桥梁的作用，使它有助于程序员编制程序，有助于管理人员监督和管理软件开发，有助于用户了解软件的工作和应做的操作，有助于维护人员进行有效的修改和扩充，文档编制必须保证一定的质量。如果不重视文档编写工作，或是对文档编写工作安排不当，就不可能得到高质量的文档。低质量的文档不仅会让读者难于理解，给使用者造成诸多不便，而且还会削弱对软件的管理，提高软件成本，甚至造成更加有害的后果（如误操作等）。

高质量的文档应当具有以下六个方面的特点。

1）针对性。文档编制前应明确读者对象。按照不同类型、不同层次的读者，决定怎样适应他们的需要。

2）精确性。文档行文应当十分确切，不能出现多义性的描述。同一课题的几个文档的内容应当是协调一致、没有矛盾的。

3）清晰性。文档编写应力求简明，如有可能，配以适当的图表，以增强其清晰性。

4）完整性。任何一个文档都应当是完整的、独立的，应当自成体系。

5）灵活性。各个不同的软件项目，其规模和复杂程度有着许多实际差别，不能一概而论。

6）可追溯性。由于各开发阶段编制的文档与各个阶段完成的工作有密切的关系，前后两个阶段生成的文档，随着开发工作的逐步延伸，具有一定的继承关系，在一个项目各开发阶段之间提供的文档必定存在着可追溯的关系。例如，某一项软件需求，必定在系统实施方案、系统测试报告甚至用户手册中有所体现，必要时应能做到跟踪追查。

三、文档的管理和维护

在整个软件生存期间，各种文档作为半成品或最终成品会不断地生成、修改和补充。为了最终得到高质量的产品，达到前面提到的要求，必须加强文档的管理。管理好文档应当做到以下几个方面。

1）软件开发小组应由一位文档保管员负责集中保管本项目的已生成文档（主文档）。

2）开发小组成员可根据工作需要自己保留一些个人文档，但这些文档一般都应是主文档的复制件，应与主文本保持一致，在做必要修改时，也应同步修改主文档。

3）开发人员个人只保存主文档中与本人工作有关的部分文档。

4）在新文档取代旧文档时，管理人员应及时注销旧文档。在文档的内容有更改时，管理人员应随时修订主文档，使其及时保持最新。

5）在软件开发过程中，可能需要修改已完成的文档。修改主文档前应充分估计修改可能带来的影响，并且按照提议—评议—审核—批准—实施的步骤加以严格控制。

6）开发过程结束时，文档管理人员应收回开发人员的个人文档，并同时检查个人文档与主文档的一致性，当发现两者有差别时，应立即着手解决。

思 考 题

1. 系统实施阶段包含哪些方面的任务？试用图表表示系统实施工作的流程。
2. 为什么要进行程序编写的组织管理？它包括哪些内容？代码的编写要注意哪些问题？
3. 组件式 GIS 具有哪些特点？试述组件式 GIS 应用系统的开发过程。
4. 程序代码编写过程中应注意哪些问题？调试过程中发现的错误应怎样排除？
5. 系统文档有哪些？如何有效地维护和管理这些文档？

参 考 文 献

陈建春. 2000. Visual C++开发 GIS 系统：开发实例剖析. 北京：电子工业出版社.

陈禹. 2001. 基于 MapObjects 控件的地理信息系统设计与开发. 计算机工程，(4)：150-152.

姜旭平. 1997. 信息系统开发方法——访法、策略、技术、工具与发展. 北京：清华大学出版社.

史济民. 1990. 软件工程原理、方法与应用. 北京：高等教育出版社.

宋关福，钟耳顺. 1998. 组件式地理信息系统研究与开发. 中国图象图形学报，3 (4)：313-317.

王振宇，黄立波. 1997. 实用 C 语言接口技术与实例. 北京：电子工业出版社.

Bennett D. 1998. Visual C++ 5 开发人员指南. 徐军译. 北京：机械工业出版社.

Bosch J. 2001. Generative and Component-Based Software Engineering. Berlin：Springer.

Sametinger J. 1997. Software Engineering with Reusable Components. Berlin：Springer.

第九章　GIS 测试与评价

GIS 软件的开发在经过分析、设计和实施等环节后，整个开发计划接近完成，经适当的补充和完善就可以推向市场或交付客户使用。然而，对于所开发的软件系统（包括基础型、专用型和专题应用型），其性能和功能指标如何？市场潜力如何？这是系统开发者作为一个商品生产者把商品（指 GIS 软件）推向市场所需要了解的。只有把握好系统各性能指标，才能对开发出来的产品进行比较准确的市场定位、寻找潜在用户、扩大产品的商业应用前景。同时，也可给用户以全面、总体的认识，了解产品是否真正符合本部门或本系统的工作要求；是否具有进一步扩展的能力以满足今后该部门发展，有效地避免不必要的浪费和重复投资。以上是开发者和用户对 GIS 系统进行测试和评价的主要原因。

第一节　GIS 软件测试

一、GIS 软件测试内容

GIS 软件包括基础型、专题型和专题应用型三种类型，不同类型的 GIS 在开发过程中涉及的功能、方法和着重点均存在巨大的差异。例如，基础型 GIS 主要提供数据采集、管理与输出功能，特别是内部数据的组织和管理。专用型和专题应用型则是针对某一区域或某一项目开发出来的软件系统，其运行环境和功能要求各不相同。因此，它们一般以基础型 GIS 软件为平台，开发适合其应用目的、具有特定适用范围的应用系统，主要着重于如何建立应用模型。

基于以上原因，若想对各种不同的 GIS，特别是对于应用对象之间存在巨大差异的专用型和专题应用型 GIS，制定统一的测试标准并且列出各项测试内容是不可能的。因此，下文从系统运行环境、软硬件体系支撑结构、系统各项功能指标和系统综合性能指标四个方面来论述进行 GIS 测评可能的标准和内容。在实际测评过程中，主要是有选择性和侧重点地对这些内容进行测试和评价。

1. 系统运行环境

系统运行环境是系统运行的软、硬件配置要求。它包括以下标准。

（1）软件运行的配置标准

软件运行的配置标准即软件正常运行的软件、硬件要求，如操作系统、数据库语言与数据库管理系统、计算机工作主频和内存要求、显示器分辨率与颜色模式以及磁盘机、磁带机、光盘机（CD-ROM 等）、打印机、绘图仪、扫描仪和数字化仪等。其中，最小配置是指系统正常工作的最低软、硬件要求；推荐配置是指系统达到良好的运行状态所需的软件、硬件要求。一般来说，推荐配置比最小配置更高级，运行效果更好。

（2）软件开发工具

目前，大部分的GIS软件都不同程度地支持程序开发语言和数据库开发语言，其中一些还具有可视化和面向对象开发的功能，如C/C++和Oracle数据库开发语言等。随着Java语言和Java类库JavaBeans、ActiveX在网络软件开发中的流行，它们对GIS跨平台软件和网络化产品的开发带来很大的冲击。此外，不同平台上的应用软件的数据交换也非常方便，对于GIS的网络化和跨平台化非常重要。

（3）软件开发平台

软件开发平台主要有DOS、Windows和Unix，其中DOS软件平台提供字符型用户界面（CUI），是一种具有16位运算能力的操作系统；而Windows为图形用户界面（GUI），界面友好、易操作，其中，Windows 9x为以32位为主的操作系统，而Windows 9x以上版本则是完全意义上的32位的操作系统，Windows Vista和Windows 7为既有32位版本又有64位版本的操作系统；Unix操作系统适用于从微型计算机、工作站到大型机的不同平台，具有字符界面和图形界面两种不同类型的版本，工作站上的Unix一般为图形用户界面的32位操作系统。

（4）软件支持的网络

GIS网络化是GIS发展的一个重要方向。GIS软件支持的网络可分为局域网和广域网两种。局域网联网范围在几米到几百米内；广域网联网范围在几百千米、几千千米到全球范围内（如Internet、CERNET和CHINANET等）。具有网络功能的GIS软件能够提供信息资源的共享、设备共享、数据传输等功能。

2. 系统体系结构

系统体系结构是指GIS采用何种逻辑或物理模型来实现GIS的各项功能以及处理它与其他系统的接口等，其内容根据不同的GIS类型和不同的性能要求而有所差异，归纳起来包括以下七个方面的内容。

（1）空间数据模型

这里的数据模型指的是用计算机模拟现实世界的地理信息的几种数学方法。目前，常用三种数据模型来模拟现实世界：一是以矢量格式模拟离散实体。矢量数据模型以点、线、多边形表达实体，是表达具有精确形状和边界的离散对象的最佳方式。二是以栅格格式表达影像或连续的数据。栅格数据模型在存储和应用连续数据上有优势，如高程、水平面、污染聚集和环境噪声水平等，但它不具备直接的空间拓扑关系描述的功能，空间分析和处理能力有限。三是以不规则三角网模拟表面。不规则三角网的三角形是由许多数字高程点构成，即 X，Y，Z 三元组，它可以用来模拟点、线和面，而且支持透视效果，是获取地形表面情况的有效方法，尤其在模拟分水岭、能见度、视角、坡度、坡向、山脊和河流以及体积测量方面十分有用。

(2) 空间数据结构

与空间数据模型相对应，有三种基本的空间数据结构来实现空间数据模型，即以坐标对为单位的矢量数据结构、以像元为单位的栅格数据结构和不规则三角网（TIN）。在有些地理事物关系比较复杂、难以用以上三种数据结构表示的时候，可以采用多媒体数据结构辅助表达，即以图形、图像、视频、动画和声音等信息载体来辅助表示空间事物的复杂关系。

(3) 数据的组织方式

数据的组织方式是指采取何种方式存取数据，包括文件型、文件与数据库结合型、全关系型三种。文件型指空间数据、属性数据以及索引信息等以文件的形式存取（如顺序文件、索引文件、直接文件和倒排文件等）；文件与数据库结合型是指属性数据用关系表格存取，而空间数据和其他描述性信息则用文件型存取方法；全关系型是指所有信息均使用表格形式存取。

(4) 应用程序间的通信数据共享

在多任务操作系统或网络环境下，各应用程序之间或不同计算机之间可以进行数据交换。例如，计算机的 Windows 操作系统支持动态数据交换和 OLE 技术；而许多广域网支持开放数据库互联（又叫异构数据库互联，记作 ODBC）及远程调用和文件传输等。这样，数据信息的输入、输出和交换变得更为方便、容易。

(5) 网络体系结构

客户与服务器体系结构是近几年发展起来的、应用相当广泛的一种网络体系结构，它能够极大地提高数据通信和交换的效率。需要获得数据的一方（客户）和提供数据的一方（服务器）运行不同的软件，当客户发出提供数据的请求时，服务器启动相关软件对数据库里的数据进行本地处理，得到满足客户要求的数据，然后通过网络传输给客户。

(6) 分布式数据管理

分布式数据处理支持 GIS 软件系统将数据保存在网络的不同节点上，节点可以是局域网上的，也可以是分布在广域网上的。分布式数据处理具有两个优点：一是将大量复杂的数据分散成中小规模的数据，在不同节点的计算机上分别处理，大大提高处理速度；二是对于地域范围分布广而实时性要求高的 GIS 系统（如防洪抗洪 GIS 需要各测量站实时的水文资料），运用分布式数据管理方法能做到及时、准确地收集信息。

(7) 跨平台设计

跨平台设计指对于不同的硬件平台（工作站、微型计算机和小型机等）GIS软件系统能否提供一致的操作功能和数据交换能力。由于各硬件平台指令系统和二进制代码的不同，要做到完全跨硬件平台存在较大的困难，即使是C/C++等移植性较好的高级语言开发的系统也需要在不同硬件平台上作相应处理后重新编译才可运行。由于硬件平台间性能的巨大差异使得不同平台上GIS软件的功能也存在差异，相互之间进行数据格式的转换有一定难度。

3. 系统功能指标

系统功能指标反映系统对地理数据的采集、编辑、存储、管理、查询检索、分析与处理、输出显示、数据共享和网络数据交换以及二次开发等功能的支持能力。

1）空间数据的采集，有三种方式：①手扶跟踪数字化，测试内容包括数字化仪的连接、参数设置、图板定向与定向点平差、地图要素数字化和结点的自动匹配功能。②扫描数字化，测试内容包括栅格数据编辑（分二值化与灰阶数据），平滑去糙，矢量化功能（分人机交互线划跟踪或自动线划跟踪），自动识别（分符号自动识别、字体自动识别和线型自动识别）和线划自动压缩。③野外测量、遥感与GPS数据采集（野外测量、遥感、GPS数据与GIS之间的数据格式转换接口）。

2）属性数据的采集，包括表格输入、单记录输入、分批分类输入以及与其他数据库文件（如DBF文件等）的接口功能。

3）数据的查错、编辑与拓扑生成能力，包括：①结点、弧段和多边形的查错与编辑；②拓扑关系的生成能力（包括自动、人机交互和手动）；③多图幅的拼接与边缘匹配处理。

4）属性数据的编辑处理，包括：①记录的查找替换功能；②多记录的替换修改功能；③表格编辑与浏览功能。

5）数据的存储功能，包括：①支持的存储器类型（磁盘、磁带和光盘等）；②矢量、栅格等图像数据文件的压缩与还原功能。

6）数据管理，包括：①数据格式转换功能。它主要包括矢栅互换、对外部矢量数据格式（如EDO/MGE/SDTS）的支持能力、对外部栅格数据的格式（如SQ/PCX/PIL）的支持能力等。②投影变换、坐标变换与图幅拼接功能。③数据库的查询功能与数据提供功能。空间数据与属性数据的互查、矢栅一体化查询、布尔查询和对结构化查询语言（SQL）的支持能力。④空间数据库管理，包括事务管理（提交、回滚和日志等）、用户使用权限管理、数据安全性与一致性管理、数据容错与恢复管理以及构造空间数据库的能力、数据库更新。

7）空间分析、统计与处理功能。空间分析、统计与处理功能是GIS分析与建模能力的重要表现。系统提供的分析、统计与处理功能越强，结果越准确，系统使用范围和市场就越广。GIS所包含的分析、统计与处理功能非常丰富，主要有：①几何分析。它包括多边形叠置分析、矢量与栅格数据的转换分析、点面包含分析、缓冲区分析、多边形图形的合并、面积和长度的量算、开窗分析以及栅格数据的逻辑代数运算等。②网络分析。它包括路径选择分析、网络流量的模拟分析、时间和距离计算等。③地形分析。它包括空间内插分析、坡度和坡向分析、流域或分水线分析、三维地形显示与多角度观察、DEM（Grid和TIN）的生成、通视分析、专题因子计算、专题要素与三维地形的叠加和显示、三维动态生成与显示等。④多元统计分析。它包括聚类分析、主成分分析、因子分析、趋势面分析、回归分析、相关分析和单量度分析等。⑤栅格图像处理分析。它包括图像输入、图像滤波、图像增强、图像变换、图像辐射纠正、图像几何纠正、图像几何配准、图像专题信息抽取、图像分类、图像镶嵌、遥感图像处理与GIS联结以及GIS与商品化图像处理软件的协同能力等。

8）可视化表现、处理与制图。具有友好的用户界面，丰富的、多层次的图形表现手法以及直观、简洁的功能描述手法的GIS，既能够帮助新用户尽快适应开发或工作环境，减少培训和其他开销，也能使老用户提高工作效率。GIS的可视化是当代GIS软件功能的一个重要组成部分，它具体包括三个内容。①可视化表现能力：包括图形显示能力（主要有图形用户界面、开窗缩放功能、窗口自动漫游、多种显示方式的运用和比例尺控制显示等），符号，注记，色彩设计与管理功能等。②可视化处理能力：可视化处理在GIS领域中的应用前景广阔，特别是对于GIS的前端处理——数据获取和编辑。利用可视化处理，可以在图形环境下考察输入数据的精度、拓扑关系的正确与否等内容。通过可视化操作，可以较为迅速地减少或纠正拓扑关系中存在的错误，提高数据的精度，准确地再现空间数据相互间的位置关系。③地图设计与交互式配置：包括地图整饰、要素设计与安排、统计图表设计制作、绘图输出质量控制、多媒体数据表达、影像制图和支持的绘图语言等内容。可以利用计算机操作中的“所见即所得”功能，在计算机中对所要输出的图形进行全局配置、图幅整饰等处理后，再输出到打印机或绘图仪上，从而减少传统出图方法中不必要的浪费。

9）网络功能。网络化是GIS发展的一个重要趋势，尤其适用于地理数据空间分布较分散，实时性要求又较高的GIS（如洪水灾情动态监测等）。采用传统的先备份后交付处理中心进行集中处理的方式既费时、费力又容易延误时间。而利用网络的数据传输功能和分布式处理能力，则可以实时、快速地传送和处理数据信息，从而能够较及时地获得处理结果，为决策提供有力的支持。

对GIS网络功能的测试包括以下几个方面内容：①支持网络的种类。②GIS资源共享。它包括数据共享、软件共享和硬件共享。③数据安全与保密。GIS系统应具备数据的即时备份功能，并能根据运行记录作好日志。当故障发生时，系统可以恢复到离系统发生故障前最近的正常工作状况，降低所造成的损失。而且不同网络用户对数据应有相应权限，以避免非法用户删改系统数据资料。

10）系统二次开发能力。它是指利用系统提供的开发接口来开发应用软件的能力。对于GIS软件来说，若能够向用户提供全面的、简便的和适宜的二次开发接口，就能适应不同用户的特定需求，并可在原有基础上提供应用扩充能力。二次开发接口的接口类型主要有API函数库、可重用类库、宏语言和动态链接库（DLL）等。其中，API函数库提供对基本数据进行操作的函数；可重用类库则针对面向对象开发的用户，提供从现实世界地理事物抽象出来的基本类（如点、线、面等）；宏语言通过提供一系列命令式的语句（类似于DOS操作命令）来进行编程和处理，实现操作过程的半自动化和全自动化；而动态链接库则提供模块化功能函数，这些函数通常是一些最基本的和最常用的函数。

4. 系统的综合性能指标测试

通过对系统各个功能指标的测定，用户和开发者已经对系统的性能有了一个较为全面的认识。但是前面所测定的功能都是逐项完成，并未考虑各个功能之间的相互联系、相互结合的紧密程度。系统的综合性能测试就是针对系统各项功能以及功能之间的接口，系统软、硬件之间结合的紧密程度，以及系统由此而达到的运算速率和处理效果而进行的测试。

对于基础型GIS，常用的测试方法有两种：一是根据系统已有的功能，由用户在技术人员指导下或技术人员根据指定的应用开发目标，从输入数据、编辑数据到信息处理、模型分析，最终得出供生产、管理、规划和决策等使用的数据，并对结果进行评价，包括运行速度、效率、准确性和易用性等；二是根据系统提供的二次开发功能，由技术人员在此平台上建立一个基于此平台的指定的应用模型，以此评价系统的二次开发能力、可扩充性能等。需要指出的是，由于专题型、专题应用型GIS的应用目标不同，功能差异巨大，因此，在此无法详细讨论，开发者和用户可依据系统开发中的文档资料选定适合的测试项目和内容。

二、GIS软件测试方法

GIS软件测试方法是指采用某种手段或方式来对系统的总体或局部功能与性能进行测试。GIS软件测试方法主要有三种：文档审查、模拟运行测试和模拟开发测试，表9.1为三种方法的比较。

表 9.1　GIS 软件测试方法

项目	文档审查	模拟运行测试	模拟开发测试
工作原理	文档资料是指导 GIS 软件设计、编码和实施的依据，准确地反映了系统内部的设计思想和功能特征	在真实或者模拟环境下运行系统，从而测定系统各项功能指标及综合处理能力	在真实或者模拟环境下进行开发，从而测试所提供的各项功能和性能
方法	利用系统开发过程中所使用的一切文档资料来确定系统的开发依据、方法技巧、系统的功能特征以及可能达到的性能	分为专项功能和系统综合测试，前者在运行中挑出一些系统文档资料中提到的功能来进行测试；后者针对某一应用课题或研究项目来运行软件系统，比较系统运行结果与实际情况的差异，得出系统总体性能水平	根据系统现有的功能模块及提供的开发环境，按照指定的开发项目要求由用户进行二次开发，完成指定的任务或目标
特点	总体概括地了解系统能够提供什么功能，是测试系统功能是否被有效实施的依据	是一种较直接和全面的测试方法，测试的结果较准确和可靠，适用于基础型、专用型和专题应用型	测试软件本身的技术性能以及软件的易用性、易学性、联机帮助等功能，一般只适用于基础型 GIS

三、GIS 软件测试工具

软件测试工具一般可分为白盒测试工具、黑盒测试工具、性能测试工具，另外还有用于测试管理（测试流程管理、缺陷跟踪管理和测试用例管理）的工具，这些产品主要是 Mercury Interactive（MI）、Segue、IBM Rational、Compuware 和 Empirix 等公司的产品。

（1）白盒测试工具

白盒测试工具一般是针对代码进行测试，测试中发现的缺陷可以定位到代码级，根据测试工具原理的不同，又可以分为静态测试工具和动态测试工具。

1）静态测试工具：直接对代码进行分析，不需要运行代码，也不需要对代码编译链接，生成可执行文件。静态测试工具一般是对代码进行语法扫描，找出不符合编码规范的地方，根据某种质量模型评价代码的质量，生成系统的调用关系图等。静态测试工具的代表有 Telelogic 公司的 Logiscope 软件和 PR 公司的 PRQA 软件等。

2）动态测试工具：动态测试工具与静态测试工具不同，动态测试工具一般采用“插桩”的方式，向代码生成的可执行文件中插入一些监测代码，用来统计程序运行时的数据。其与静态测试工具最大的不同就是动态测试工具要求被测系统实际运行。动态测试工具的代表有 Compuware 公司的 DevPartner 软件和 Rational 公司的 Purify 系列等。

（2）黑盒测试工具

黑盒测试工具适用于黑盒测试的场合，黑盒测试工具包括功能测试工具和性能测试工具。黑盒测试工具的一般原理是利用脚本的录制（Record）/回放（Playback），模拟用户的操作，然后将被测系统的输出记录下来，同预先给定的标准结果比较。黑盒测试工具可以大大减轻黑盒测试的工作量，在迭代开发的过程中，能够很好地进行回归测试。黑盒测试工具的代表有：Rational 公司的 TeamTest、Robot；Compuware 公司的 QACenter。

（3）性能测试工具

专用于性能测试的工具包括有：Radview 公司的 WebLoad、Microsoft 公司的 WebStress 等工具、针对数据库测试的 TestBytes、对应用性能进行优化的 EcoScope 等工具。MercuryInteractive 的 LoadRunner 是一种适用于各种体系架构的自动负载测试工具，它能预测系统行为并优化系统性能。LoadRunner 的测试对象是整个企业的系统，它通过模拟实际用户的操作行为实时监测系统性能，可更快的查找和发现问题。

（4）测试管理工具

测试管理工具用于对测试进行管理。一般而言，测试管理工具对测试计划、测试用例、测试实施进行管理，并且，测试管理工具还包括对缺陷的跟踪管理。测试管理工具的代表有：Rational 公司的 Test Manager；Compuware 公司的 TrackRecord；Mercury Interactive 公司的 TestDirector 等软件。

第二节　GIS 软件评价

GIS 评价是在 GIS 测试的基础上，通过对技术因子（如 GIS 运行效率、安全性、可扩展性和可移植性等），经济因子（如软件的可用性、商品化水平、技术支持与服务能力、软件维护与更新、开发管理等）和社会因子（如系统科学价值、经济效益等）进行评价，从而得出对系统整体水平以及系统实施所能取得的效益的认识和评价。软件评价的基本方法是将运行着的系统与预期目标进行比较，考察是否达到了预期的效果和要求。

根据以上关于软件评价的描述，可以将软件的评价分为三种类型，即技术评价、经济评价和社会评价。

一、技术评价

技术评价是从技术方面对系统进行评价。其评价指标及其具体内容见表9.2。

表9.2　系统技术评价指标及内容

序号	评价指标	具体内容
1	可靠性或称安全性	系统在正常环境下能够稳定运行而不发生故障，或者即使发生故障也可以通过系统具备的功能将数据恢复过来，减少系统的故障造成的损失的能力
2	可扩展性	为满足新的功能需求而对系统进行修改、扩充的能力，对于商品化GIS产品是进一步完善产品的功能、提供更佳的和更通用的用户开发接口和平台的能力
3	可移植性	系统在多种计算机硬件平台上正常工作的能力以及与其他软件系统进行数据共享、交换的能力
4	系统效率	包括系统运行的速度和运算处理精度两个方面的要求

二、经济评价

经济评价是从经济以及配套服务方面进行的产品评价，其评价指标及具体内容见表9.3。

表9.3　系统经济评价指标及具体内容

序号	评价指标	具体内容
1	系统产生的效益	系统应用对国民经济与生产实践所起的作用，以及GIS信息产品商品化能实现的价值
2	软件商品化程度	指用户的认可程度，体现在软件安装程序的易用性、产品的包装、技术手册、用户手册以及界面的友好性和易用性等方面
3	技术服务支持能力	对用户进行的工作进行跟踪服务和技术指导，有时还可能需要对用户进行集中的技术培训
4	软件维护与运行管理	软件的易于维护和便于管理的能力

三、社会评价

社会评价是从间接的经济效益方面进行评价，往往只具有定性的分析而难以定量描述。作为项目级GIS和部门级GIS的评价侧重于此，其他类型GIS也有一部分用于社会评价。其评价指标及其具体内容见表9.4。

表9.4　系统社会评价指标及具体内容

序号	评价指标	具体内容
1	系统的科学价值	系统解决经典问题、区域乃至全球问题等所体现的创新的科学意义和潜在的巨大经济价值
2	系统的政治与军事意义	GIS软件利用自身特有的优势（空间分析），实现在政治、军事等领域的巨大潜在价值
3	系统决策能力	根据系统所提供的及时、准确的信息所做的正确的决策，产生巨大的间接效益
4	管理工作改革	系统提高和重视信息导向作用，提高管理工作效率和质量，促进管理体制和组织机构的改革

思考题

1. GIS软件测试有几种方法？试比较这几种方法。
2. GIS软件测试包括哪几方面的内容？
3. GIS系统体系结构包含哪些内容？
4. 评价GIS系统运行环境、系统功能、性能的指标分别有哪些？
5. 什么是GIS软件评价？评价的方法是什么？有哪几种评价类型？其评价指标及其具体的内容分别是什么？

参考文献

边馥苓. 1996. 地理信息系统原理和方法. 北京：测绘出版社.

蔡开元. 1995. 软件可靠性工程基础. 北京：清华大学出版社.

蔡少英, 2009-01-14. 国外软件测试的发展现状与趋势. http：//www.rclcn.com.

陈洪刚，林斌，张亚勤. 2002. 软件开发的科学与艺术. 北京：电子工业出版社.

冯静. 2007. 软件测试的发展趋势的研究. 科技经济市场，(4)：1.

胡鹏. 2002. 地理信息系统教程. 武汉：武汉大学出版社.

黄爱明. 2007. 国内软件测试现状及对策研究. 中国管理信息化，10 (2)：42.

刘竹林. 2004. 我国计算机软件测试现状分析. 软件技术，(9)：41-42，51.

聂华北，张艺超. 2008. 软件配置管理工具综述. 计算机系统应用，(7)：125.

彭建军. 1993. 软件测试的研究及发展趋势. 计算机科学，20 (3)：66.
齐治昌，谭庆平，宁洪. 2004. 软件工程. 第二版. 北京：高等教育出版社.
曾夏辉，刘洋. 2006. 国内软件测试现状分析与几点建议. 网络安全技术与应用，(5)：53-54.
赵彬，辛文逵. 2003. 目前软件测试发展中的误区. 信息与电子工程，1 (4)：324.
Pressman R S. 2002. 软件工程——实践者的研究方法. 第五版. 梅宏译. 北京：机械工业出版社.
Robert Culbertson Chris Brown Gary Cobb. 2004. 快速测试. 王海鹏译. 北京：人民邮电出版社.
Wobuaishitou E. 2007-10-07. 软件测试之发展篇. http：//tieba. baidu. com/f? kz=272222345.

第十章　GIS维护

第一节　GIS维护内容及组织保障

一、GIS维护内容

GIS维护不仅只是对软件中的错误进行修改，GIS由于其特殊性，在通常软件维护的基础上，还包括对数据的维护与更新，以及由于软硬件环境发生变化导致的硬件维护与更新，在特定条件下，还包括网络维护与安全管理。

1. 数据维护与更新

数据对GIS的重要性，越来越为人们所认识，数据维护包括数据无冗余、无错漏等数据内容的维护、数据更新、数据逻辑一致性等方面的维护。在系统的实施中，数据建设的投资占很大的比重。基础地理数据和专题数据如果不经常性维护，就会出现数据的冗余以及数据的不完整性，GIS就有可能失去其应用价值。所以对于每个GIS，应根据其规模大小和实际需求，建立系统数据维护与更新机制，规定系统数据维护与更新的周期，以保持系统的现势性。

2. 应用系统维护与更新

当一个GIS提交使用后，就进入了系统维护期。这在GIS的生命周期中是一个较长的时期。随着GIS的运行，GIS实施时所采用的软硬件设备都可能出现不能满足任务的要求，因此系统维护与更新又分为软件维护与更新以及硬件维护与更新。

软件维护与更新主要包括操作系统软件和GIS基础软件版本升级以及应用软件的升级。当运行环境的改变或者系统功能、性能需求的变化使原GIS软件不能通过维护的手段满足用户需求时，则需要进行GIS软件更新，进入下一个GIS开发周期。

硬件维护与更新。GIS底层支撑环境是硬件，而这就要求我们在维护阶段辩证地看待设备维护及更新问题。目前，硬件的更新换代非常快，一方面，不应该盲目追赶新产品潮流，不考虑工作性质，一味地追求新设备；另一方面，也不应该持“只要硬件设备不坏就不更换”的态度，以免影响整个系统的再生能力。应根据设备的使用说明进行及时的维护，以保证设备完好和系统的正常运行。但当设备的处理能力达不到要求，或者设备本身已经过时、淘汰、损坏或不值得修理时，应考虑彻底更新。

3. 网络维护与安全管理

在网络规模较小，只有少数的访问服务器提供远程访问时，一般采用访问服务器的本地安全数据提供安全认证。随着网络规模的增长以及对访问安全要求的提高，一般需要一台安全服务器为所有的拨号用户提供集中的安全数据库，用户无需在每台访问路由器上增加更改拨号用户安全信息。如果部门连入 Internet，要面临由于 Internet 的开放所带来数据安全的新挑战。当前，网络系统中通常是建立防火墙，阻止非法访问者侵入企业内部网。一般防火墙技术是用来保证对主机的应用安全访问及多种客户机和服务器的安全性，保护关键部门不受到来自内部和外部的攻击，为通过 Internet 进行远程通信的客户提供安全通道。选择有效的管理和维护工具对网络进行维护是一项十分复杂的技术，而要有效地对网络进行维护和测试就必须有功能强大的工具。由于网络维护涉及的技术问题很多，所以我们在选择工具时，不仅需要其功能强大，而且要便于学习和使用。

二、GIS维护的组织保障

GIS维护需要强有力的组织保障，明确的角色划分和组织分工是GIS顺利运行的重要条件，下面简要介绍一下GIS维护的各种相关人员的职责。

(1) 部门负责人

部门领导不仅在GIS开发设计阶段有着重要的作用，在维护管理阶段也有着举足轻重的作用。在维护开始阶段需要极大的投入，在后续阶段要了解GIS管理维护状态，对出现的问题及时制定解决计划，并对一些突发事件进行应急处理。以上工作的实施都需要部门领导来进行规划和决策。因此，在系统的维护管理中，忽视部门领导的作用，将会使一些维护计划无法实施。

(2) 系统管理负责人

系统管理领导为每个人分配具体的任务，并把系统管理维护的总体任务划分成一系列具有起止日期的离散活动，详细的项目计划的制定通常也是系统管理领导的职责。系统管理领导应该准确了解每个成员的工作，并能认清项目维护人员所面临的技术挑战的实质。如果一个维护人员维护任务完成得晚或遇到了技术上的难题，他首先是向系统管理领导请求帮助。

系统管理领导对于保证每个维护人员的工作的协调也负有责任，另外还要负责保证全体系统管理维护职员完成工作的质量水准。系统管理领导按计划把维护现状向部门领导汇报，通常还负责与最终用户进行通信。任何对最终用户有影响的二次工程需求都应该首先告知项目领导。

(3) 技术人员

在任何项目中，必须有人去做实际工作。在GIS系统开发中，都必须从系统开发队伍中指派一个主要的技术人员。这样可以保证有一个专人负责了解这个产品，并可在需要的时候把他的知识传授给其他队员。应指定一名企业职员作为所使用产品的主要技术人员，协助使用该产品进行工作。在这种情况下，作为指定的主要技术人员不必有很丰富的关于该技术的专门知识。

由于很多成功的GIS项目使用了较小的开发队伍，某个开发人员就有可能成为承担多项技术的技术人员。作为开发人员，应该知道有责任掌握哪些技术，并了解在其他方面可向谁去求助。当然，掌握较全面的技术那就更好。

(4) 系统维护员

系统维护员应该非常熟悉技术本身，且要保证系统维护选定的技术有长远价值。技术上的长远价值在于可以充分利用现有资源，或者技术及经验上的投入在现在和将来都是有用的。此外，系统维护员也要负责保证系统维护的技术体系在技术上是可行的，保证被选择的每项技术都确实能够提供所要求的服务，它们将聚焦成为一个有效的总体方案。

(5) 系统管理员

系统管理员在系统的运行维护中起着很重要的作用，一些很重要的数据资源，如高级用户口令以及其他的一些口令资源都掌握在他们手里，如果这些信息外泄将对整个系统产生不可估量的损失；同时，本地部门网络接入 Internet 以后，一些“防火墙”系统的设置和维护也由系统管理员完成。因此，系统管理员所担负的重要职责就是维护网络以及整个系统的安全，防止网络黑客对机密信息的非授权访问以及破坏。

除了保障系统的安全性，系统管理员还要负责日常网络的监视和管理。对于现代化管理部门而言，一些地点不确定的远程用户的随时访问、部门内部业务处理要求的变化，都要求系统管理员及时制定网络配置修改方案，协同网络规划师和其他人员来完成网络的优化和重新配置。对于服务器的配置情况、系统的备份策略以及网络操作系统和网管软件的使用，系统管理员都应有全面的了解。

(6) 应用分析员

应用分析员负责制作一个特定应用所要完成功能的说明。应用分析员通常负责为现有工作过程和系统维护做文档，并和用户共同工作来确定系统实际还将要做什么。应用分析员定义应用时总是站在用户的角度，保证系统完成正确的功能，满足用户的商务目标，而不是开发一个详细的维护说明。应用分析员应与用户一道弄清楚当前的事务实践对于新系统将会产生什么样的影响。

应用分析员应熟悉用户环境并让用户用自已的语言解释他们的新需求，然后把这个描述翻译给其他人去阅读，包括开发维护成员，开发维护人员正是通过这个文档来理解用户需求，并将这种理解再翻译成可用于创建软件应用本身的程序维护说明和详细的可操作的系统维护技术方案。

(7) 数据库管理员

数据库管理员的责任是维护逻辑和物理数据模型，这些数据模型详细叙述每个必须被用来支持应用的数据库对象，包括所有的表、视图、存储过程、规则、缺省、索引和触发器。数据库管理员通常对于如何修改数据库具有决定权，对于保证所有数据库对象的维护和数据库对应用中的新需求的支持也负有主要责任。由于数据库应用的服务器方面与客户方面固有的分离本质，因此，即使遵循适合数据库维护的所有准则也完全有可能使重新建立或者修改的库结构无法支持应用。数据库管理员应与维护开发人员共同努力，建立迭代式的逻辑和物理数据模型，保证数据库维护能支持应用。

在大多数机构中，数据库管理员处在负责管理很多数据库应用的中心位置上。在该情况下，数据库管理员有责任保证数据库对象（如存储过程）是正确可行的，并与整个机构范围的标准相符，而且有配套文档。总之，数据库管理员应该知道已有的可能会被维护或修改的所有数据库对象。

(8) 数据管理员

数据管理是明显不同于数据库管理的另一种职责。数据管理员较之数据库管理员的职责更加注重于数据类型定义的整体标准和对表以及表的列的命名。数据管理员必须确保标准编码规范的使用，经常借鉴机构其他工作的编码规范，或使用适合的标准化组织（如 IEEE、OSF 和 CCITT 等）认可的代码表。数据管理员有责任知道用户开发使用的是什么编码规范。

数据管理的另一个职责是保证多个数据库可映射在一起，并且相近的术语在整个数据库中应具有完全相同的含义。尽管数据字典的创建是数据库管理员的任务，但数据字典或数据目录使用的定义规范是数据库管理员的职责。在 GIS 维护中，对于较小的企业，一个既懂技术又懂数据的人可以既是数据库管理员，又是开发者，不必明确指定数据管理的职责，所有的事都由数据库管理员完成。而对于大的系统或更大机构的较小系统，对数据的管理必须指定专人来负责。对于要发展成为整个部门方案的客户/服务器系统来说，数据管理问题是系统能否正常运转的中心问题。通常，集成失败的原因不是技术上不可能而是数据不能匹配。在维护过程中，数据管理员对于数据规范性的监督直接影响到数据的有效共享，并对系统中数据增值服务的可能性起着决定性作用。

(9) 网络规划师

网络规划师负责保证通信和网络能够支持数据的吞吐量需求，在较大系统的维护中，必须有网络规划师负责网络拓扑的规划和维护。网络规划师负责标识把客户和服务器连接起来的所有软件和硬件，从而使应用系统透明地在通信服务和协议的复杂环境下工作。

在有些情况下，网络体系结构应作为系统体系结构的一个子集来考虑，不过通信技术是一个复杂且不同于计算体系结构的东西。系统维护员在维护过程中着眼于整个技术体系，而网络专业人员则负责具体的设计与实现。许多客户/服务器系统之所以工期延误或者系统建成以后信息交流不够畅通是因为网络规划人员和维护人员过低地估计了集成客户与服务器时的复杂程度。当这些系统集成问题被解决后，若遇到操作系统或软件版本升级以及节点或网络硬件变化，原来的问题还需要重新解决。无论如何，在系统维护计划制定之时，就要确定谁将负责客户与服务器软件、硬件和通信服务的集成以及网络扩展性的规划。

（10）硬件工程师

硬件工程师主要负责系统硬件故障的排除和相关电源系统的维护。在一个较大的GIS中，所涉及的计算机硬件种类很多，包括个人计算机、服务器、工作站、网络硬件设备、打印机、磁带机、数字化仪、绘图仪等，对于这样一个庞大的系统，要良好运转起来，没有专业人员进行硬件的日常维护是难以想象的。

电源系统维护是硬件工程师的又一个职责，一些大型的GIS有其专用的电源系统，包括精心设计的UPS系统、双路或多路供电系统以及复杂的电源控制设备等。一旦电源系统出现问题，都需要及时排除，这就要求维护人员熟悉电源系统的布置情况和相关的设备，否则，将对系统的正常运行产生不良影响。例如，在系统运行时或者数据备份时系统断电将有可能对数据产生灾难性破坏。

（11）文档管理员

长期以来文档的开发一直是GIS开发过程的重要部分，但在GIS维护阶段，文档的管理经常被忽视。随着GIS项目规模和复杂度的扩大以及GIS网络化的发展，文档在GIS建设和维护中的地位越来越重要。在GIS维护阶段，文档的开发与管理主要包括以下内容：首先是联机帮助文档。联机帮助文档已开始成为基于图形用户界面的客户应用的标准需求。建立这一文档是文档管理员的职责，随着文档过程变得复杂化，文档管理员要负责组织文档开发并创建超文本文档，以便用户在执行活动中遇到问题时可检索到合适的操作说明。其次是管理维护情况记录。对于系统管理维护情况的记录归档有助于系统的健康运行，在系统出现故障时可帮助诊断，也便于日常管理。另外还有其他一些辅助文档。例如，一些精心设计的超文本文档主页向用户发布，有助于普通用户的更好配合。

须指出的是，在实际工作中，相关工作人员的角色划分可能需要根据实际情况进行调整，一些角色可以合并，尤其是中小型GIS维护，角色划分过细并不好。

三、GIS维护的流程

GIS维护与其他软件维护一样，需要明确严格的规范，保证软件维护的质量。

1. 提交 GIS 维护申请

GIS维护应该由申请维护的人员以文档的形式填写、提交。对于数据维护，申请报告必须尽量完整地说明维护的原因、维护的流程以及维护的成本等。对于软件维护，如果是改正性维护，申请报告则需详尽地说明错误产生的环境、错误提示等相关信息以及维护的流程，如果是适应性或者完善性维护，申请报告则需要说明维护的要求以及维护的流程。对于硬件或网络维护，申请报告则需详尽说明维护的流程以及维护的成本等。

2. 评估维护请求

GIS维护报告提交以后，需要进行申请报告的分析与评价。确定维护的类型，根据问题的轻重缓急合理安排维护工作，并最终形成一份软件修改报告。

3. 维护过程

对维护申请报告分析、评估以后，需要进行GIS维护的实施。

1）确定维护的性质。确定维护是数据的维护、应用系统的维护还是网络的维护，是改正性维护还是改进性维护，并积极与用户进行沟通协商。

2）改正性维护。如果系统需要进行改正性维护，则维护人员需要组织有关人员分析问题，统一安排维护工作。

3）适应性和完善性维护。确定维护的次序，由于该部分维护占GIS维护的较大部分，因此需要评估维护的优先级，分析问题，并进行维护。

4）实施维护工作。由于数据维护、应用系统的维护和网络维护的维护类型不同，因此工作的侧重点不同，要具体问题具体对待。

5）编写详细的维护报告。由于GIS维护在GIS开发与应用中占据较大比重。因此，每一次的维护都需要严肃对待，维护工作完成以后，维护人员要针对维护的内容编写详细的维护报告。

第二节 GIS软件维护

一、GIS软件维护的定义

GIS软件维护是微机系统维护工作中的一个极其重要的方向，软件投入使用即进入软件维护阶段。软件维护阶段是软件生命周期中持续时间最长的一个阶段。除了软件在开发与使用过程中出现错误需要修改以外，由于软件的软硬件环境、用户的需求等方面的变化，要求使用的软件也必须作出相应的变化，因此，GIS软件维护是GIS应用与开发中必不可少的一项。

软件维护大致可分为内容维护和管理维护两个方面。

1）内容维护。软件的内容维护包括改正性维护、适应性维护、完善性维护以及预防性维护。GIS软件开发时，由于测试技术的限制，在系统开发时，会有一部分隐藏的错误存在，这些错误可能会在系统运行的某个特定的环境下出现，针对这种错误的维护叫做改正性维护；在系统运行过程中，针对软件无法满足新的软硬件环境进行的维护叫做适应性维护；在系统开发时，由于对用户需求的预测不全面以及用户提出新的功能和性能要求，通常要对软件进行修改和更新，针对新的功能和性能要求进行的维护叫做完善性维护；预防性维护则是为了进一步提高软件的可靠性而进行的维护。

2）管理维护。软件的管理维护包括记录介质管理和软件使用情况管理。在软件的介质管理中，应该认真做好记录介质的管理工作。要有专人管理磁盘和文档，及时对新增软件进行登录、分类等。在软件使用中，会出现各种意外的情况，有些可能是软件本身的问题，有些可能是硬件的环境适应性问题，应加强软件使用情况管理，对各种情况进行登记，为软件内容的维护提供条件。

二、GIS 软件维护工作的影响因素

维护工作受以下因素影响。

（1）系统的复杂程度

系统越复杂，维护人员理解越困难，维护的工作量越大。

（2）系统的开发文档

GIS 软件开发一般需要编写系统的开发文档，开发文档越完善，维护工作越容易，如果开发文档缺失或不完善，则维护人员需要花费大量的时间理解软件的功能和设计内容，维护工作越困难。

（3）维护成本

维护的成本越低，则维护越困难，因为维护人员与用户的沟通、以及维护人员的积极性都会受到影响，势必导致软件维护质量的下降。

（4）其他因素

在程序中使用的地理模型、程序的深度、空间数据库的复杂程度等因素，都会影响维护的工作量。此外，由于需求的复杂性以及软件的可扩展性等因素都会影响软件的维护工作。

三、GIS 软件维护技术

在维护活动中，按目的不同分为两类维护技术，分别是面向维护的技术和维护支援技术。面向维护的技术是在软件开发阶段用来减少错误、提高软件可维护性的技术。维护支援技术是在软件维护阶段用来提高维护作业的效率和质量的技术。

（1）面向维护的技术

面向维护的技术涉及 GIS 软件开发的所有阶段。在需求分析阶段，保证对

用户的需求没有矛盾和易于理解，可以减少软件中的错误。例如，美国密执安大学的ISDOS系统就是需求分析阶段使用的一种分析与文档化工具，可以检查需求说明书的一致性和完备性，提高需求说明书的质量。在设计阶段，考虑计算机的发展趋势，充分考虑将来改动或扩充的可能性，使用先进的设计思想和工具。在测试阶段，设计完善的测试方法，尽量发现存在的错误，保存测试用例和测试数据等。在每个阶段都要有详细、规范的文档。以上这些技术方法都能减少软件错误，提高软件的可维护性。

(2) 维护支援技术

维护支援技术主要包括下列各个方面的技术：信息收集、错误原因分析、软件分析与理解、维护方案评价、代码与文档修改、修改后的确认、远距离的维护等。

四、GIS软件维护的副作用

维护的目的是为了延长软件的寿命并让其创造更多的价值，经过一段时间的维护，软件的错误被修正了，功能增强了。但同时，因为修改而引入的潜伏的错误也增加了。这种因修改软件而造成的错误或其他不希望出现的情况称为维护的副作用。维护的副作用有编码副作用、数据副作用和文档副作用三种。

1. 编码副作用

使用程序设计语言修改源代码时可能引入如下错误，这些错误要到运行时才能发现。

1）删除或修改一个子程序、一个标号和一个标识符。

2）改变程序代码的时序关系，改变占用存储的大小，改变逻辑运算符。

3）为边界条件的逻辑测试做出改变。

4）改进程序的执行效率。

5）把设计上的改变翻译成代码的改变。

以上这些变动都容易引入错误，因此要特别小心、仔细地修改，避免引入新的错误。

2. 数据副作用

在修改数据结构时，有可能造成软件设计与数据结构不匹配，导致软件错误。有以下几种情况。

1）重新定义局部或全局的常量，重新定义记录或文件格式。

2）增加或减少一个数组或高层数据结构的大小。

3）修改全局或公共数据。

4）重新初始化控制标志或指针。

5）重新排列输入/输出或子程序的参数。

6）修改数据库的结构。

以上这些情况都容易导致设计与数据不相容的错误。

3. 文档副作用

所有的维护活动，都必须修改相应的技术文档，否则会导致文档与程序功能不一致等错误，使文档不能反映软件当前的状态，对以后的维护将造成很大的困难。如果对可执行软件的修改没有反映在文档中，就会产生如下文档副作用。

1）修改交互输入的顺序或格式，没有正确的记入文档中。

2）过时的文档内容、索引和文本可能造成冲突等。

因此，必须在软件交付之前对整个软件配置进行评审，以减少文档副作用。事实上，有些维护请求并不要求改变软件设计和源代码，而只要求指出在用户文档中不够明确的地方。在这种情况下，维护工作主要集中在文档。

在维护活动中，应该针对以上容易引起副作用的各个方面小心审查，以免将新的错误带入程序。

第三节 地理信息的管理与更新

GIS维护除了通常的软、硬件维护和更新外，还包括地理信息的维护，主要表现在地理信息的正确性、一致性和完整性的监察以及地理信息现势性的保证等。其中，地理信息正确性主要体现在测量值与真值的对应性以及将误差限定在规定的精度范围内。一致性体现在同一现象或同类现象表达的一致程度，如同一条河流在规划图和现状图上形状不同，或是行政边界在不同的专题图中不重合等都是地理数据一致性差的表现。完整性指的是同一准确度和精度的地理数据在特定空间范围内完整的程度，完整性差通常表现为缺少数据。对于地理信息的正确性、一致性和完整性的维护主要与数据源、数据采集手段、数据的存储格式等相关联。地理信息现势性指数据反映客观现象目前状况的程度，不同的地理信息的现势性要求是不同的。例如，地形图的现势性要求不高，因为地形相对来说变化缓慢，短时间内不会有较大变化；而城市用地现状图的现势性要求较高，因为城市的建设日新月异，如果长时间不更新，用地现状图将与实际情况脱节，失去价值。

通常来说，GIS中存储的信息只是现实世界的一个静态模型，虽然不同地理信息的现势性要求不同，但是，地理信息的及时更新，保证数据的现势性几乎是所有的GIS所要求的。首先，作为静态模型，只有在存储大量有关数据的基础上，通过不断地数据积累和更新，才能具备反映自然历史过程和人为影响趋势的能力，揭示事物发展的内在规律。其次，保持地理数据的动态性和现势性是GIS有效利用的前提，GIS是综合分析和处理空间数据与属性数据的有力工具，一旦投入运行，数据的更新问题就显得非常重要。

通过地理信息更新可保证地理信息的现势性，其手段主要包括以下五种：实测更新法、编绘更新法、计算机制图更新法、遥感信息更新法和 GPS 信息更新法。

（1）实测更新法

实测更新法是通过实地测量来编制和修改地图的方法。该方法的步骤如下：首先根据国家控制网进行图根控制测量；然后以此为基础进行地形地物的细部测量，即用测量仪器测定各景物间的距离、方向（角度）和高差，以确定其平面位置和高程；最后将测量成果进行整饰，配以地图符号和注记，编辑成地图。该方法主要用于小范围的大比例尺工程测图的信息更新。

（2）编绘更新法

编绘更新法是根据已有的地图和其他编图资料在室内编制新图的方法。其过程通常是首先选择基本地图资料作为底图，然后参考其他资料，进行地图内容要素的取舍和概括，最后编绘成新地图。该方法是目前地理信息更新的主要方法，所编绘的地图多为中、小比例尺的普通地图和各种专题地图。

（3）计算机制图更新法

计算机制图更新法是以图/数转换为原理，以数字电子计算机为中心设备展开的现代化的制图方法，也是 GIS 中地理信息输入的主要方法。该方法利用计算机，按规定条件对地图内容的几何特性和质量特性等进行取舍和概括，以达到建立地图数字资料库或编制新图的目的。

（4）遥感信息更新法

遥感信息更新法可分两种。

1）航空遥感信息更新法。20 世纪兴起的航空遥感技术不出半个世纪就从根本上改变了三百多年发展起来的通过实地勘测绘制地图的生产过程，并为专题地图的绘制开辟了丰富的资料来源。航空遥感成图法是利用安装在飞机上的航空摄影机对地面进行摄影，以所得的航空像片为原始资料，对像片上的影像进行分析和量测，从而确定地面点的平面位置和高程，最后更新地理信息。此法是目前测绘大比例尺地形图的主要方法。

2）卫星遥感信息更新法。卫星遥感是测绘技术的又一次飞跃，使测绘技术可以做到不受或少受政治及自然条件的限制，作业范围可以扩展到国外、地下、大气层乃至宇宙空间。目前，利用卫星遥感可以测制出 1∶10 万甚至 1∶1 万比例尺地形图。卫星遥感资料在制图领域已经得到了广泛应用，主要通过两种形式来实现：一是用常规设备手工制图；二是采用专用图像处理设备自动或半自动制图。但是，目前为止，还未形成一套统一的成图方法和标准的生产程序。

使用遥感信息更新法进行 GIS 的更新，主要要解决 GIS 与图像分析系统的数据接口问题，通常采用以下三种方式。

1）通过软件接口，使数据在两个彼此独立的地理信息系统与图像分析系统之间交换，可以形象地称之为“独立的、平行的方式”。这种结合方式可以实现以下功能：同时显示GIS数据与遥感图像数据；将低级图像处理后的结果送入GIS等。

2）通过共用一个用户接口，把GIS与图像分析系统结合起来，实现栅格矢量的串行或并行处理，并可同时显示GIS数据与遥感图象。其结构如图10.1所示。这种结合方式可以实现以下功能：遥感图像分量的准实体控制；将GIS的矢量数据直接进行图像处理；统一不同性质数据输入方式；误差分析的能力；综合GIS和遥感数据进行动态变化模拟等。这种方式的实现方法往往是在宿主系统即GIS中再扩展一些图像处理功能。目前一些商业化的GIS只具有其中的一部分功能，尚无一个具有全部功能。

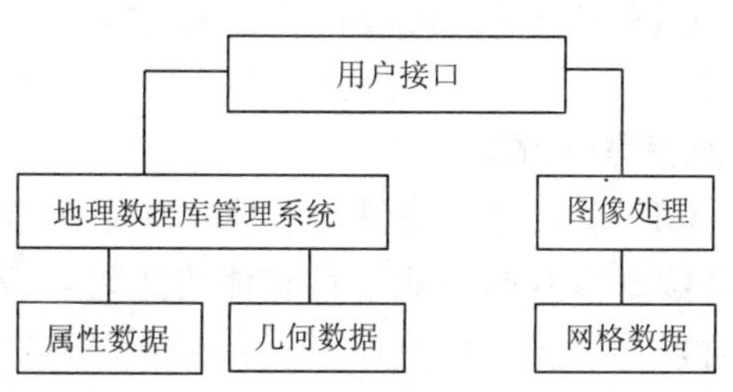

图10.1 GIS与图像分析系统数据接口示意图

3）GIS和图像分析系统直接组成一个完整的系统。这种方式实现了二者的真正结合，具有以下功能：在层结构中协调栅格数据和矢量数据；允许进行综合空间查询；能够同基于测量的信息系统集成。

（5）GPS信息更新法

GPS是随着卫星技术发展起来的全球定位技术，可以通过卫星对地面物体进行精确的空间实时定位。在20世纪末，GPS技术得到了广泛应用，尤其是在与遥感、GIS技术集成方面，取得了较为显著的成就。GPS数据在提供动态的监测数据方面具有很大的优势，如对行车路线的监测等。

以上五种地理信息更新维护的方法在不同历史时期的应用领域中发挥了各自的作用，是目前地理信息更新维护的主要手段。其中，第（3）、第（4）、第（5）三种方法更是有很多内在联系，在将影像资料转换为数字资料过程中，具有很大的一致性，应用前景也更为广阔。

第四节 GIS安全与保密

在GIS维护中，除了保障系统的正常运行外，还要考虑数据的安全和整个系统的安全，特别是在网络环境下共享信息时，这个问题显得更为重要。如果没有系统安全性方面的措施，当出现数据外泄或者受到网络“黑客”攻击时，将对整个系统的运行造成破坏。危及系统的安全因素，既有软硬件的可靠程度差、用户误操作及各种自然灾害方面的，也有敌对者采取各种非法手段窃取和破坏系统正常运行方面的。对于前者，要求可靠性高的软、硬件设备及采取防止系统误操作的措施；对于后者，要针对敌对者的可能行动采取相应措施加以防范。要制定相应的法律、法规、标准和规范，依法惩处罪犯。另外，在技术上应采用物理保护和数据加密相结合的方法。只有有效地实施上述各种措施，才能确保信息系统的安全可靠。

GIS安全保密涉及的问题很多，下面主要对数据的安全和保密分层次进行介绍。

1. 数据存储加密

GIS中存储有海量的数据，在系统维护阶段要着重考虑数据的加密保护。当保密数据以存储方式进行媒体传送时，或者在信息系统内以文件或数据库方式存储时，为了防止信息被泄漏，必须对这类存储数据加以保护。数据存储的加密保护主要包括文件加密保护和数据库的加密保护，表10.1对这两种方法的加密对象、加密原理和加密方式以及特点进行了比较。

表10.1 数据存储加密的两种方法的比较

类别 比较项目	文件加密保护	数据库加密保护
加密对象	存储在媒体上的文件信息	数据库的文件或记录
加密原理	将数据在文件密钥的控制下，使用某种加密算法，进行加密变换后再进行密文存储	在操作系统和数据库管理系统支持下，对数据库的文件或记录进行加密保护
加密方式	单主机文件加密方式或多主机文件加密方式；硬件加密或软件加密	在库内加入加密模块进行加密，或在库外的软件系统内加密，形成存储模块，再交给DBMS进行数据库存储管理
特点	保密性高，可防止非法复制，某些应用程序或文件只需用密码、软件处理和物理方法相结合来加密	库内加密在DBMS中，库外加密需要设计DBMS与操作系统的接口

对普通数据记录中密级较高的数据项，可用加密算法对其进行加密后，再与记录中的其他数据一起进行存储，以免这些数据被泄漏。

2. 数据存取控制

数据存取控制是对数据存入、取出的方式和权限进行控制，以免数据被非法使用和破坏。它是从计算机处理功能方面对数据提供保护，其控制的内容包括数据存取结果的控制和处理过程的交叉校验，同步检查是实现控制的有效方法。此外还有存取资格检查、存取保护（内、外存）、数据库的存取保护和防止存取信息破坏等。

其中，存取资格审查指为了防止非法用户不正当地存取信息，应对用户的存取资格和权限进行检查，只有检查合格的用户才有权进入系统，执行其自身权限范围内的操作，否则系统将拒绝执行。包括用户识别（用户口令、随机数法和问答式询问等）和密钥识别，后者是给每个用户分配一个非锁定的物理密钥，如磁卡。磁卡只有一定数量的密钥，以防止伪造和修改。在计算机中，以存储列表的方法，验证用户的合法身份、个人特征标识（计算机系统将用户的手迹、指纹、语音等个人特征信息数字化后存入系统内，供系统识别用户）。用户权限控制，就是确定用户利用系统的等级和范围，它将计算机系统中的程序和功能划分成若干个权限和等级。在数据库系统中，每个用户定义相应的子模式和所包括的数据类型，当用户被赋予不同的权限和等级之后，用户只能在授权的范围内，存取利用特定的数据和程序，而存取和利用权限范围以外的操作视为非法，系统拒绝执行。

3. 数据传输加密

为确保数据的安全可靠，必须保障在传输过程中数据内容不被透露、避免信息量被分析（破析）、检测出数据流的修改等。这就要采用一定的加密方法和加密算法。

面向线路的链路加密方法和端-端加密方法是两种常用传输数据加密方法，表10.2是这两种方法的比较。

表10.2　两种数据传输加密方法的比较

比较项目 \ 方法	链路加密方法	端-端加密方法
原理	通过单独保护每条通信线路上通过的数据流来提供安全保护，此时不考虑信源和目的地	始终保护从源到目的地的每个数据
优点	加密是在每个通信线路上实现的，每个线路都用不同的加密密钥。因此，一条线路信息被泄漏，不会损失另一条线路上的信息	任何一条线路被破坏都不妨碍数据的保密，实现比较容易和灵活，既可以从主机到主机，又可以从终端到终端
特点	只在线路上加密，因此节点处须设有加密的物质保证。否则，破解某节点会暴露通过该节点的所有数据。该加密方法投资比较大	端-端加密方法一般超出通信子网的范畴，因此对用户所用的协议有更高的标准化要求

4. 加密算法和加密方式

加密算法被定义为从明文到密文的一种变换，加密算法分两种：一种是常规加密算法，又称为对称加密算法；另一种是公开密钥加密算法，又称为非对称加密算法。常规加密算法又分为序列加密算法和分组加密算法。

其中，序列密码算法是在一个密钥序列的控制下逐位变换明文数据的一种算法。明文序列和密钥序列结合产生密文序列，密钥序列由密钥序列产生器产生，通常它是非线性序列产生器；而分组密码算法是在密钥的控制下一次变换一个明文分组的密码算法。公开密钥密码属于分组密码的一种，它与通常的分组密码区别在于公开密钥密码把加密和解密的能力分开（所谓不对称性），加密、解密是用一对密钥实现的，这两个密钥规定了一对变换，其中一个变换是另一个变换的逆过程，但又难以由其中的一个推导出另一个，即每个用户都具有一对这样的密钥：一个是用于加密明文的公开密钥，一个是用于解密（由公开密钥加密的）密文的保密密钥。

5. 安全与保密管理

安全与保密管理是系统维护的一个重要内容，要做到系统的安全和保密工作，必须从多个方面进行管理，包括设施、制度、应急与备份、网络安全等方面，具体内容见表10.3。

表10.3 安全与保密管理涉及的内容

基础设施	防火、防高温、防水、防地震、防电磁场、防静电及防盗等的设备；粉碎机；专用保密机；微机控制专门的密码设备；网络安全运行环境等。要定期检查维护这些设施
安全制度	门卫和出入管理制度；受控出入口，出入人员登记，禁止永久磁性物质携入；设库管理员管理秘密数据媒体库或文件库，人员审查，禁止对机密数据进行非法操作；技术文档应妥善保存，建立严格的借阅手续
应急计划与备份预案	安全组织列出影响系统正常工作的各种紧急情况，并制定应急措施；数据备份，重要实时系统应考虑设备的冷、热备份
网络安全与保密	建立安全保护机构；制定安全策略；网络中关键数据库或敏感地区限定用户访问范围；认真检查和确认网络安全防范措施的安全，必要时设立安全防护岗全天候动态监测

思 考 题

1. 为什么要进行GIS维护？GIS维护包含哪些内容？
2. 需要为GIS维护提供哪些组织保障？
3. 微机系统维护的规程有哪些？GIS日常维护管理的内容有哪些？
4. 数据的安全和保密涉及哪些内容？
5. 可以通过哪些方法对GIS系统进行维护？这些方法各有什么优缺点？

参 考 文 献

21世纪计算机网络工程丛书编写委员会. 2000. 网络维护与管理. 北京：希望电子出版社.

储征伟，陈昕，韩文泉，等. 2006. 城市三维地理信息系统的建立、维护更新与应用. 工程勘察，(11)：9-13.

李夕海，武红霞，刘代志. 2001. 基于GPS的GIS数据维护方案涉及. 计算机应用研究，(12)：136-138.

刘玉羊，徐迎晓，钱乐秋. 2008. 软件维护精益模型以及数据挖掘技术的应用. 复旦大学硕士学位论文.

王大康，杜海山. 2006. 信息安全中的加密与解密技术. 北方工业大学学报，32（6）：497-500.

喻占武，李忠民，郑胜，等. 2007. 基于对象存储的分布式 GIS 数据安全机制. 测绘学报，36（3）：309-315.

郑人杰，马素霞，麻志毅. 2009. 软件工程. 北京：人民邮电出版社.

Decker D. 2001. GIS Data Sources. New York：John Wiley & Sons.

第十一章　GIS 设计项目管理与质量保证

在 GIS 设计与开发过程中，项目管理与质量保证是一对孪生姐妹，只有有效的项目管理才能产生优质的质量保证；有了质量保证，项目管理的过程才能顺利进行。为使 GIS 设计的项目开发获得成功，必须对 GIS 开发项目的工作范围、要实现的功能与目标、需要的资源（人员、硬件、软件、数据）、开发的成本估算、项目进度安排、经历的里程碑、可能遇到的风险以及质量保证等做到心中有数。GIS 项目管理是实现上述要求的必要手段，其内容与范围覆盖了 GIS 设计与开发的大部分过程（即从 GIS 系统定义到系统实施维护）。同时，GIS 项目管理具有计划、组织、指挥、协调及控制等职能，在系统设计中尤其重要。GIS 项目管理过程如图 11.1 所示。其中，GIS 项目估算、进度安排、软件度量、风险分析、项目追踪和控制等主要环节将在下面几节中作具体的阐述。

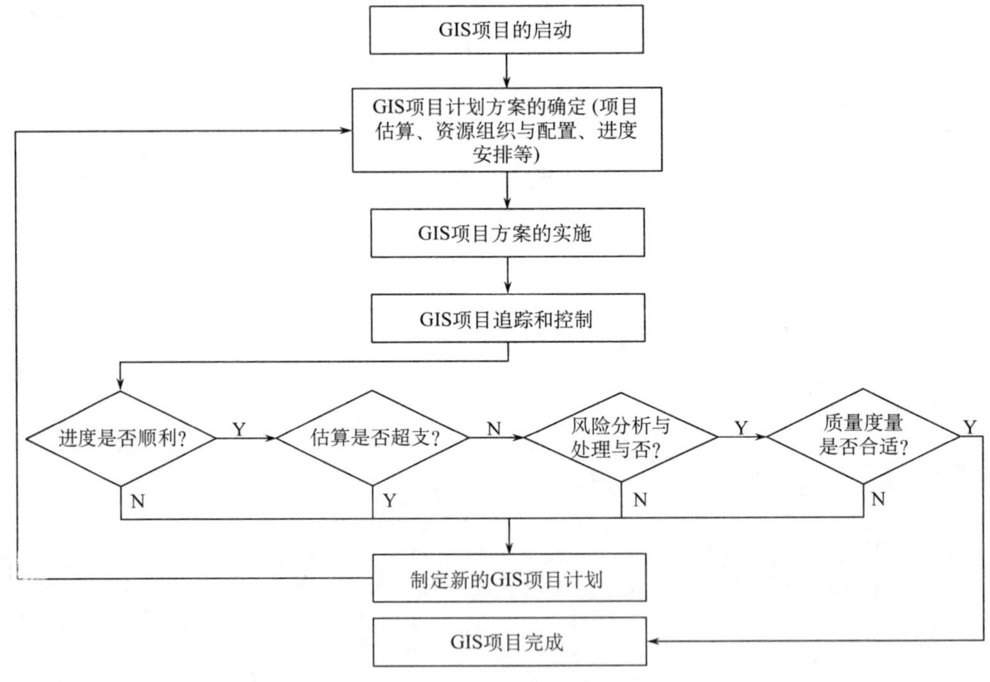

图 11.1　GIS 项目管理过程

第一节　GIS 项目估算

在制定 GIS 项目计划时，首先应进行 GIS 项目估算，它包括资源估算、时间估算和成本估算三个方面的内容，图 11.2 为项目估算的内容体系。下面对其中的资源估算、开发成本估算进行说明。

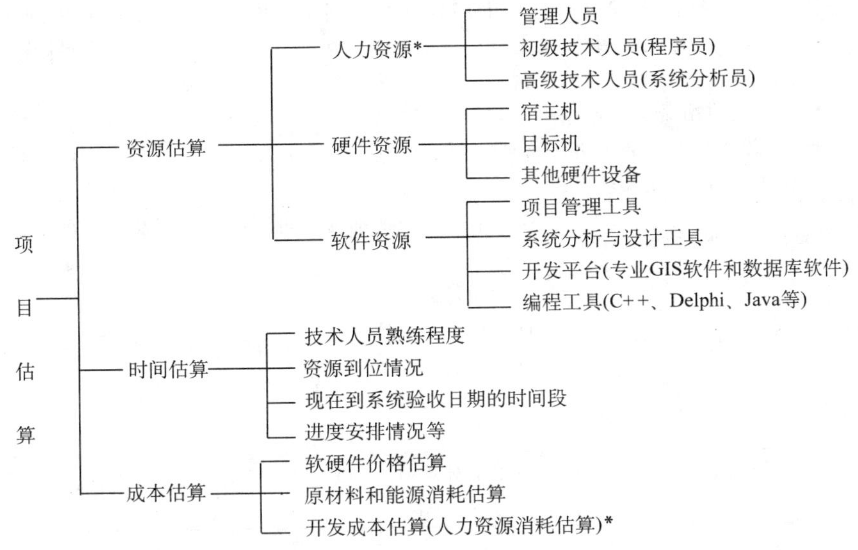

图 11.2　项目估算的内容体系（打 * 的为项目估算的重点）

资源估算应说明以下四个特性：资源的描述、资源的有效性说明、资源在何时开始需要和使用资源的持续时间。其中，人力资源的估算是资源估算中的核心一环，它是指在 GIS 设计和开发的各个阶段所需的各种人员（管理人员、程序员、系统分析人员等）的数目以及他们的技术水平和专业配置（如网络、通信、数据库、GIS、背景学科等）。硬件资源是作为 GIS 项目开发的一种工具而投入的，系统硬件配置只是硬件资源估算中的一部分。在图 11.2 中，宿主机是指 GIS 开发时使用的计算机及外围设备。目标机是指运行已开发成功的 GIS 软件的计算机及外围设备（即系统的硬件配置）。其他硬件设备是指专用 GIS 软件开发时所需的特殊硬件资源。在实际应用中，宿主机和目标机的部分资源是可以共享的。软件资源估算主要是对 GIS 开发平台和其他开发平台（包括编程工具和数据库软件等）以及各种计算机分析设计辅助工具等进行描述、使用、估算和评价等。

成本估算的主要环节是开发成本估算。进行开发成本估算的方法很多，GIS

项目开发成本估算中较常用的方法有以下四种：类比估算法、分解和自底向上估算法、差别估算法和经验模型法。它们的优缺点及其适用范围见表 11.1。

表 11.1 GIS 项目开发成本估算方法比较

项目＼方法	类比估算法	分解和自底向上估算法	差别估算法	经验模型法
工作方式	假设新项目设计和开发所需的工作量、时间、开发成本与已完成项目是成比例的。根据老项目推算出新项目的总成本或总工作量，按比例分配到各个开发任务中去，再检验它是否能满足要求	先用分解技术将大问题分解成小问题，直到每一子任务都能确定它所需要的开发工作量，再累加起来	比较新项目与已完成项目的各个子任务。类似任务按类比估算法估算	采用经验模型来获得估算值，一般作为参考值，如 IBM 模型、Putnam 模型等
优点	估算工作量小，速度快	估算各个部分的准确性很高	可以提高估算准确值	估算工作量小，速度快
缺点	对 GIS 项目中的特殊困难估计不足，估计出来的成本盲目性较大，有时会遗漏 GIS 项目中的某些部分的成本	缺少子任务之间相互联系以及系统开发管理方面的工作量。必须用其他估算方法检验和校正	不容易确定类似的界限	没有一种估算模型能够适用于所有的 GIS 项目开发
适用性	有以前完成的项目在规模和功能上与新项目十分相似	适用于对背景完全生疏的 GIS 项目	所有的 GIS 项目	所有的 GIS 项目

在实际应用中，可采用多种方法进行估算，确定成本的最佳值、期望值和悲观值等。

第二节 GIS 项目进度安排

GIS 项目进度安排就犹如航海中的导航图，没有它，GIS 项目开发就会陷入混乱，甚至会出现分工不明确、相互扯皮之事，对何时到达彼岸（系统实现）毫无把握。因此，GIS 系统分析人员进行了项目估算后，就要进行 GIS 项目的进度安排。

一、GIS 项目进度安排考虑因素

安排 GIS 项目进度至少需考虑如下六个因素。

1）确定系统的验收与交付日期。这种日期有两种形式：一种是 GIS 系统最终验收与交付日期已经确定，GIS 开发部门必须在规定的期限内完成；另一种只确定 GIS 系统最终验收与交付的大致年限，最后交付日期由 GIS 开发部门确定。无论哪种交付形式，进度安排的准确程度要比成本估算的准确程度更为重要。因为一旦进度安排落空，会带来很多负面影响，如市场机会的丧失（有可能系统开发出来已经过时了）、用户的不满意和成本的增加等。

2）进度计划策略。有两种进度计划策略，一种是计划得紧一点，这就需投入较多的资源（主要是GIS设计与开发小组的人数）；一种是计划得松一点，这样相对投入的资源就少些。从实际的经验而言，GIS设计与开发小组的人数与软件生产率是成反比的，人数越多，GIS软件的生产效率越低。因为当许多人共同承担GIS开发项目中的某一任务时，人与人之间必须通过交流来解决各自承担任务之间的通信问题。通信需要花费时间和代价，同时引起软件错误的概率会大大提高。因此，GIS软件设计与开发小组的规模不能太大，人数不能过多，一般为2～8人为宜。

3）如何定义和识别GIS各项任务。定义GIS任务要做到无二性，即分工明确，谁在什么时间内完成什么功能不能有丝毫含糊。定义好GIS任务后，就应做出分工表，使每个人都知道自己在什么时间里必须干什么，使自己的工作真正到位。

4）GIS项目管理人员如何掌握每一任务的结束时间，如何识别和监控关键路径以及如何确定任务的并行性，以确保项目顺利进行。关键路径中的节点是项目进度安排中的重点，应把它列为里程碑。关键路径通不过，对后面的安排影响很大。

5）如何度量进度和质量，即对质量把关程度如何。质量把关严了，则进度会慢些。

6）非技术因素的影响，如风险因素。

二、GIS项目进度安排表制定方法

在考虑影响项目进度安排各因素后，就应着手制定GIS项目进度安排表。GIS项目进度安排表可以采用以下五种方法来制定。

1. 里程碑表示法

里程碑表示法（milestone chart method）将每个主要的任务均作为一个阶段来处理，常规任务的内容与特殊任务的内容被分开，看上去一目了然，制作和修改都很方便。但是，采用该方法不能表达各项任务之间的关系，不能用日历来表达进程，项目进度控制能力较差。其表格形式如表11.2所示。

表11.2 里程碑表示法（陈俊和宫鹏，1998）

任务编码	主要内容	负责小组	预计完成日期	实际完成日期	常规任务

2. 直方图法

直方图法（histogram method）以时间为线索采用直方图的形式对项目中的各任务进行直观的表达。由于直方图法采用日历的方式，所以很容易看出各项任务的先后顺序，便于控制项目的进度。但是它缺乏对项目各任务之间相互影响的描述，不能断定某一任务推迟对其他任务的影响。其表格形式如表 11.3 所示。

表 11.3　直方图进度表达法

时间维 / 任务维	时间段 1	时间段 2	时间段 3	……
任务 1	时间柱			
任务 2	时间柱			
……	……			

3. 关键路径法

关键路径法（CPM 法——critical path method）采用三种规则来表达项目中各任务之间的先后顺序和制约的双重关系。图 11.3 所示为关键路径进度表达法的示例。关键路径法分析能力很强，能够完全表达任务之间的顺序关系，但是制作起来相当麻烦。

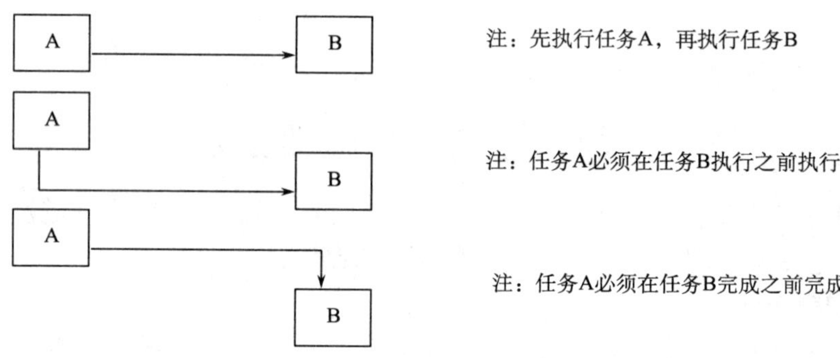

图 11.3　关键路径进度表达法（陈俊和宫鹏，1998）

4. 墙纸法

墙纸法（wall paper method）的主要特点是召集所有任务的参与者，根据项目进度和个人时间安排共同制定出项目和个人的进度表。其表格形式见表 11.4。

表 11.4　墙纸法样表

时间维 / 主要技术人员	时间段 1	时间段 2	时间段 3	……
人员 1	时间柱			
人员 2	时间柱			
……	……			

墙纸法需项目参与人员主动参与项目进度计划的制定，因此，对项目管理者的组织能力和处理人事关系的能力要求较高。

5. 甘特图法

甘特图法（gantt chart method）以图示的方式通过活动列表和时间刻度形象地表示出任何特定项目的活动顺序与持续时间。甘特图用水平线段表示任务的工作阶段，用垂直线表示当前的执行情况，线段的起点和终点分别表示项目的开始时间和完成时间，线段的长度表示任务完成所需要的时间。甘特图的优点是标明了各任务的计划进度和当前进度，能动态地反映软件开发进展情况。缺点是难以反映多个任务之间复杂的逻辑关系。其形式如图 11.4 所示。

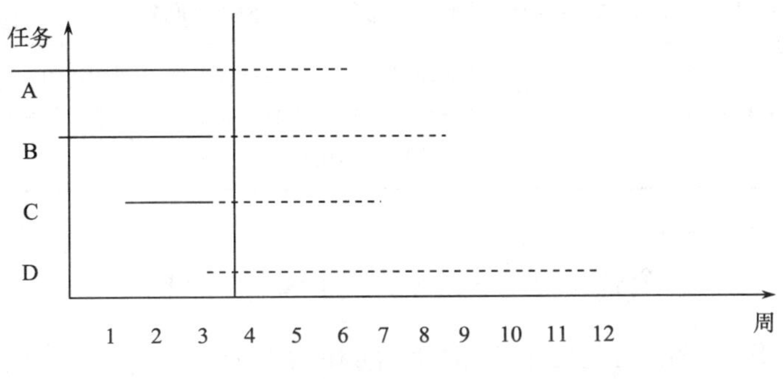

图 11.4　甘特图法表现形式（李代平，2008）

以上方法各有优势，在使用时，可以根据项目管理人员的喜好以及项目的特点选择合适的方法。

第三节　GIS 软件度量

GIS 软件度量是 GIS 项目管理中的核心内容之一，没有质量把关是生产不出好产品的。在 GIS 项目管理范围内，项目管理者关心的是软件生产率与质量，强调的是过程和结果。需要根据投入的资源，对 GIS 开发活动和开发成果进行度量。便于在下一轮软件开发中采用新工程方法和新技术，以提高软件生产率和软件质量。广义的 GIS 软件度量包括面向人的度量、面向功能的度量和面向规模的度量，各度量又包括生产率度量、质量度量、技术度量。其中，质量度量是软件度量的灵魂。下面重点谈 GIS 软件质量度量的方法。

GIS 软件质量度量的方法有很多，使用最为广泛的是事后度量或验收度量。其中，验收度量是指软件交付后，检验它的正确性、可维护性、完整性和可使用性，具体内容和方法见表 11.5。

在实际应用中，我们没有必要也没有可能完全按条条框框来度量软件质量，只要从大体上把握好就行了，因为很难定量地进行度量。

表 11.5 GIS软件度量指标、内容及方法

度量指标	度量内容	度量方法
正确性	正确执行要求的功能，有很好容错的能力，不存在严重漏洞	首先从功能上看它能否出色地完成任务，然后检查每千行代码的平均差错数
完整性	度量一个GIS系统抵抗安全性攻击（事故的或人为的）的能力	完整性＝∑（1－危险性）×（1－安全性）。危险性（特定类型攻击将在给定时间内发生的概率）和安全性（排除特定类型攻击的概率）可估计或从经验数据中导出
可维护性	纠正错误和缺陷以及为满足新要求而修改、扩充或压缩的容易程度，一般只作定性度量	先制定质量标准，再填写质量检查表，然后进行质量测试。衡量指标有：可理解性、可测试性、可修改性、可靠性、可移植性、可使用性和效率
可使用性	GIS系统的“用户友好性”	四个要素：①学习软件所需体力和智力；②达到适度有效地使用系统所需时间；③适度有效地使用软件所产生的生产率的净增值；④用户的主观评价

第四节 GIS项目风险分析

有时，GIS开发部门花费了大量的时间和精力去开发GIS系统，但到系统开发出来时，发现它已过时了，或运行了很短的一段时间就不能满足需求了。为什么会出现这种现象呢？原因在于在GIS项目管理过程中，没有很好地进行风险分析和风险处理，或是意识到了风险但置之不理。在市场竞争白热化和技术日新月异的今天，要切实注意搞好GIS项目管理中风险分析与处理，其GIS产品才能成为市场的宠儿。

在GIS项目管理中，进行风险分析是基于下面三个方面考虑的：一是关心GIS系统的成功与否，风险在其中扮演着什么角色；二是关心各方面的变化，如用户需求的某些变化、新的开发技术的出现、目标机器的换代以及所有其他与项目有关的实体的变化会带来什么影响；三是规避风险问题，应当采用何种新方法、新技术、新工具，应当配置多少人力，在质量上和速度上要达到什么程度才能规避风险。

一、风险识别

既然风险分析十分必要，我们就有必要进行风险的识别。

风险识别是指识别项目、技术和商业中各自潜在的问题，可分为项目风险、技术风险和商业风险。其中，项目风险是识别项目中潜在的预算、进度、资源、用户和需求等方面的问题以及它们对GIS项目的影响，如项目复杂性、规模和结构等都可能构成风险因素；技术风险是识别项目中潜在的设计、实现、接口、检验和维护等方面的问题，如规格说明的多义性、技术上的不确定性、技术陈旧、最新技术（不成熟）等问题；商业风险是识别项目中的竞争对手等问题，如市场上有无同类产品出现，如何使自己的产品做得更好，最终用户的水平等。

目前风险识别的方法是使用一个“风险项目检查表”，列出一组提问来帮助项目计划和管理人员判断在项目与技术上存在哪些问题。这些提问有：①投入的设计与开发人员是最优秀的吗？②整个 GIS 项目开发期间人员如何投入？③投入的人员够吗？④按技能水平和专业对人员做了合理的组合了吗？⑤有多少人员不是全时投入这个项目工作的？⑥每个人对自己手上的任务有明确的目标吗？⑦项目成员接受过必要的培训吗？⑧项目的成员是否稳定和持续？⑨在 GIS 设计和开发过程中，是否采用了先进的方法和技术？……这些问题可以通过判定分析和假设分析，给出确定的答案，这样就可以帮助项目计划和管理人员来识别目前存在的风险。

二、风险估计

风险估计是指估计风险发生的可能性及其概率。在 GIS 开发过程中，通常由项目计划人员、管理人员与技术人员等组成一个小组，通过四种风险估计活动来进行风险估计。一是建立一个尺度或标准来表示一个风险发生的可能性；二是描述风险的后果；三是估计风险对项目和产品的影响；四是确定风险估计的正确性。通过这四种活动使各种人员对风险心中有数，保证项目顺利进行。

三、风险评价

风险评价是在风险识别和风险估计的基础上，评估发生风险的可能性及危害程度，决定是否需要采取相应的措施。在风险评价的过程中进行应该进一步检验在风险估计时所得的估计的准确性，尝试对已暴露的风险进行优先排队，并着手考虑控制和消除可能出现风险的方法。对于 GIS 软件项目来说，成本、进度和性能是三种典型的风险参照水准，如果风险的某种组合超出了一个或多个参照水准，就要终止工作。

四、风险驾驭与监控

一旦预计的风险在实际中出现时，它就转化为前进中的障碍，必须马上解决。因此，风险的驾驭与监控显得更为重要。

风险驾驭是指利用某些先进的技术和方法，如可靠性工程学、软件心理学、面向对象分析与设计方法、先进的开发平台和性能优越的数据库软件以及某些先进的项目管理方法等设法避开或转移风险。与每一风险相关的三元组（风险描述、风险可能性、风险影响）是建立风险驾驭步骤的基础。

风险监控是一种项目追踪活动，它主要有三个目标：一是做里程碑时间跟踪和主要风险因素跟踪，判断一个预测的风险在事实上是否发生了；二是进行风险再估计，确保针对某个风险而制定的风险消除步骤正在被合理地使用；三是收集可用于将来的风险分析的信息。多数情况下，项目中发生的问题总能追踪到许多风险。风险监控的另一项工作就是要把“责任”（什么风险导致问题发生）分配到项目中去。

风险的分析、识别、估计、驾驭与监控都要花费时间，但这些花费是值得的。

第五节 GIS 项目追踪与控制

在 GIS 项目管理中，只顾项目的实施，而不进行追踪和控制是不行的，因为实际情况时刻都在变化。

GIS 项目追踪的方法有以下四种。

1）定期或不定期举行项目进展会议。在会上，每一位项目成员报告自己的进展和遇到的问题。

2）评价在 GIS 软件工程中产生的所有评审结果。

3）比较在 GIS 项目资源表中所列出的每一个项目任务的实际开始结束时间和计划开始结束时间。

4）非正式地与开发人员交谈，以取得他们对 GIS 开发进展和刚出现的问题的客观评价。

在实际应用中，这些追踪技术都是综合使用的。GIS 项目管理人员还可以利用“控制”来管理项目资源、进度问题以及指导项目工作人员。如果项目进行得很顺利（即项目进展顺利、无预算超支，并逐步到达里程碑），控制可以适当放宽。但当问题出现时，GIS 项目管理人员必须以最快速度排除它们。例如，在出现问题领域可能需要追加一些资源，人员可能要重新部署，或者项目进度表要进行调整等。

第六节 GIS 软件质量保证

一、GIS 软件质量特性

质量就是生命。GIS 软件质量是贯穿 GIS 软件生命周期的一个极为重要的问题，也是 GIS 开发过程中所采用的各种开发技术和验证方法的最终体现。因此，在 GIS 项目管理过程中，要特别重视 GIS 的质量保证，以生产高质量的 GIS 产品。

一般来说，GIS 软件质量可以从以下三个方面进行评价。

1）软件需求（包括 GIS 用户需求）。软件需求是度量软件质量的基础，不符合需求的 GIS 软件就是质量不合格的软件。

2）开发准则。在各种标准（如空间数据标准、空间元数据标准、文档标准等）中，定义了一系列开发准则，用来指导 GIS 开发人员用工程化的方法来开发软件。如果不遵守开发准则，GIS 软件质量就得不到保证。

3）其他需求。实际工作中往往会有一些隐含的需求没有明确地提出来，如软件应具有良好的可维护性等。如果软件只满足那些精确定义了的需求而不能满足这些隐含的需求，软件质量也得不到保证。

GIS 软件质量是各种特性的复杂组合体，它与它的特性是密切相关的，讨论 GIS 软件的质量，问题最终要归结到定义软件的质量特性。人们通常采用软件质量模型来描述软件质量的特性。这些模型的共同特点是把软件质量特性定义为分层模型。在这种分层模型中，最基本的特性称为基本质量特性，它又可以由一些子质量特性来定义和度量。下面重点介绍 McCall 软件质量评价模型和 ISO 软件质量评价模型。

（1）McCall 软件质量评价模型

McCall 软件质量评价模型的软件质量概念建立在 11 个特性基础之上，它们的具体内容见表 11.6。

表 11.6 McCall 质量模型定义的质量特性

质量特性	含义
正确性	在预定环境下，软件满足设计规格说明及用户预期目标的程度。它要求软件没有错误
可靠性	软件按要求设计，在规定时间和条件下不出故障，持续运行的程度
效率	为了完成预定的功能，软件系统所需资源的多少
完整性	为了某一目的而保护数据，避免它受到偶然的或有意的破坏、改动或遗失的能力。同时，受到攻击后，能进行数据的恢复
可使用性	对于一个软件系统，用户学习、使用软件及为准备输入和解释输出所需工作量的大小
可维护性	为满足用户新的要求，或当环境发生了变化，或运行中发现了新的错误时，对一个已投入运行的软件进行相应诊断和修改所需工作量的大小
可测试性	测试软件以确保其能够执行预定功能所需工作量的大小
灵活性	修改或改进一个已投入运行的软件所需工作量的大小
可移植性	将一个软件系统从一个计算机环境移植到另一个环境中运行所需工作量的大小
复用性	一个软件（或软件的部件）能再次用于其他应用（该应用的功能与此软件或软件部件所完成的功能有联系）的程度
互操作性	连接一个软件和其他系统所需工作量的大小

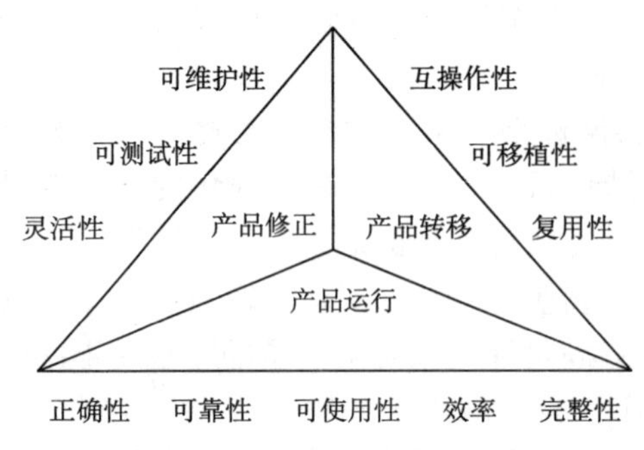

图 11.5 McCall软件质量评价模型特性分类

这些特性又可以分成三类，分别为面向软件产品运行、产品修正和产品转移，它们的关系如图 11.5 所示。

在 GIS 项目管理中，面向产品运行的质量特性是最重要的，面向产品转移、产品修正的质量特性次之。从一定意义上说，面向产品运行的质量特性是其他两种质量特性的基础。

(2) ISO 软件质量评价模型

按照 ISO 有关规定，软件质量评价模型由高层、中层、低层三层组成。其中，高层对应着软件质量需求评价准则（SQRC），中层对应着软件质量设计评价准则（SQDC），低层对应着软件质量度量评价准则（SQMC）。

ISO 认为，应对高层和中层建立国际标准，在国际范围内推广软件质量管理（SQM）技术，而低层则可由各使用单位根据实际情况制定。这种做法是值得 GIS 开发部门借鉴的。

ISO 模型与 McCall 模型大同小异，事实上，ISO 三层模型源于 McCall 模型。图 11.6 是 1991 年 ISO 发布的 ISO 质量特性国际标准。在这个标准中，三层次中的第一层为质量特性层，第二层为质量子特性层，第三层为度量层。其中，质量特性有 6 个，并推荐了 21 个子特性，但它们不作为标准，只供参考。

需要指出的是，软件质量特性之间、质量子特性之间是存在竞争和互补的。即对一个质量特性要求高了，另一个质量特性可能会降低；同时，一个质量特性的提高也可能帮助另一个质量特性的提高。因此，在进行 GIS 软件质量设计时，必须考虑重点和利弊，全面权衡，根据质量需求，合理地选择和设计质量特性，并对它们做出适当的评价。

二、GIS 软件质量保证体系

GIS 软件质量保证体系是指在 GIS 设计的各个阶段（系统定义、系统设计、系统实施、系统维护）、各个部门（用户、项目计划组、项目开发组、项目审查组）要进行的与质量有关的各项活动的总称。包括软件质量特性的确定、质量保证标准与方针的制定、重要质量问题的提出与分析、各阶段的质量保证工作、总结实现阶段的质量保证活动等。这些活动通过质量保证体系图体现出来。图 11.7 和图 11.8 是两个典型的质量保证体系图。

在质量保证体系图上，用户、项目负责人和各部门为横向安排，而纵向安排则顺序列出软件质量保证活动的各项工作。仅靠质量保证体系图是很难具体明确

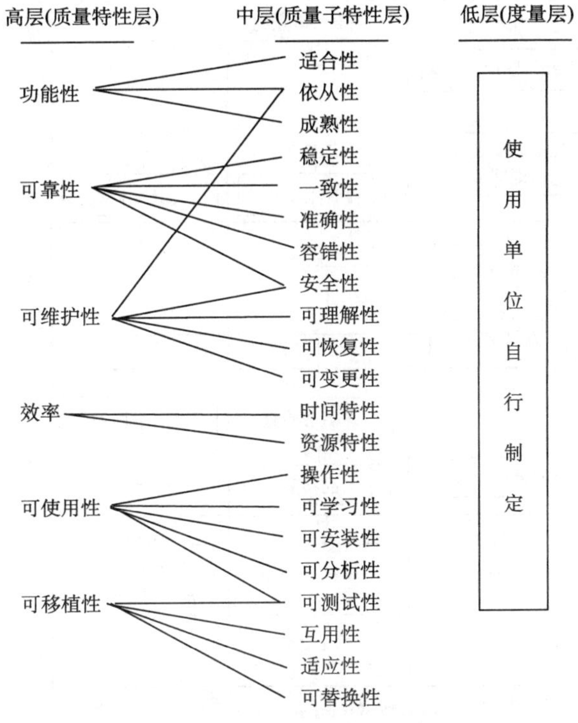

图 11.6　ISO 软件质量评价模型

工作的，还必须制定质量保证计划，确定质量目标以及在每个阶段为达到总目标所应达到的要求，对进度作出安排，并确定所需的人力、资源和成本等。在计划中说明各种软件人员的职责时，还要规定为了达到质量目标他们必须进行哪些活动。最后，还要根据质量保证体系图，建立在各阶段中执行质量评价的质量评价和检查系统及质量信息系统，并使之有效地运行。

三、实现质量保证的途径

实现质量保证的途径主要有以下六种。

1）明确 GIS 用户的需求。需求规格说明有误是质量保证的隐患。

2）组织外部力量的协调。一个 GIS 软件自始至终由同一软件开发小组来开发也许是最理想的，但在现实中常常难于做到。因此，需要改善对外部协作部门的开发管理，必须明确规定进度管理、质量管理、交接检查、维护体制等各方面的要求，建立跟踪检查的体制。

3）掌握开发新软件的方法。开发软件的方法经过了长期的探索和积累，公认的成功方法就是软件工程学方法，标准化、设计方法论、工具化等都属此列。

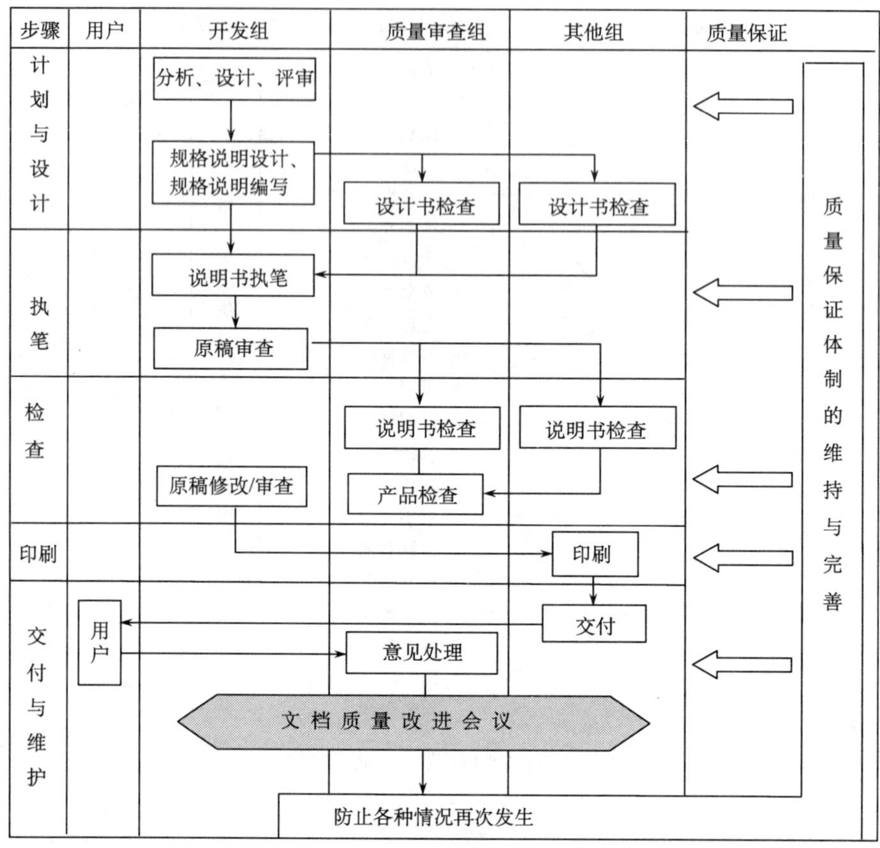

图 11.7　质量保证体系（文档检查）

应当在开发新GIS软件的过程中大力使用和推荐软件工程学中所介绍的开发方法和工具。

4）提高软件开发能力。在软件开发环境的支持下，紧跟时代潮流，运用先进的开发技术和开发工具等。

5）发挥每个开发者的能力。GIS软件生产是人的智能劳动过程，它依赖于人的能力和开发组的团体能力。开发者必须要有学习各专业业务知识、生产技术和管理技术的能动性。管理者要制定技术培训计划和技术水平标准，以适用于将来开发的需要。

6）提高计划和管理质量。对于中型和大型GIS软件项目来说，提高工程项目管理能力极为重要。提高管理能力的方法是重视和强化项目开发初期的项目计划评价，计划执行过程中及计划完成报告的评价，将评价和评审工作在工程实施之前就列入整个开发工程的计划之中。

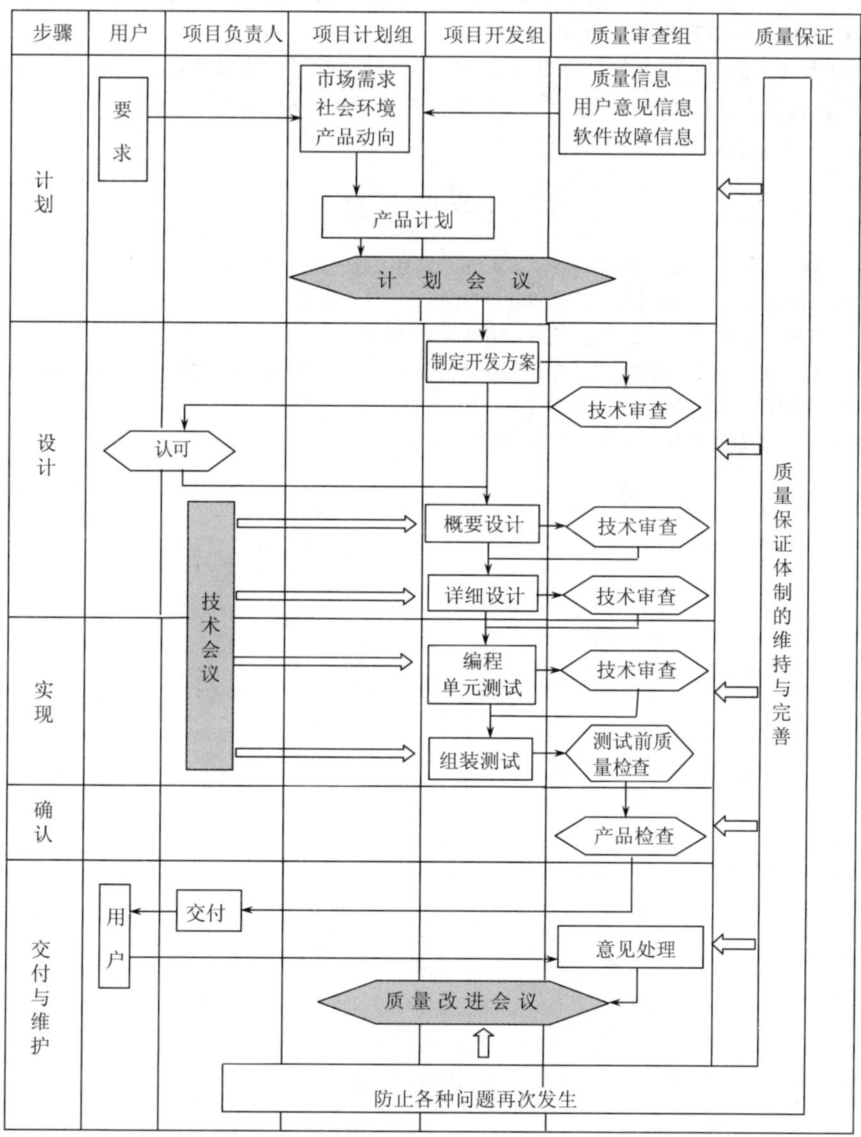

图 11.8　质量体系保证（程序检查）

思　考　题

1. 为什么要进行 GIS 项目管理？试描述它的过程。
2. GIS 项目估算的内容有哪些？方法有哪些？这些方法各有什么优缺点？

3. 在安排 GIS 项目进度时要考虑哪些因素？怎样制定项目进度安排表？

4. 试描述 GIS 软件度量指标、内容及方法。

5. 为什么很多 GIS 系统开发好时，会发现已经过时了，或只能运行较短的一段时间？在 GIS 项目管理中进行风险分析的意义是什么？怎样进行风险分析？

6. 怎样实现 GIS 软件的质量保证？

参考文献

陈俊，宫鹏．1998．实用地理信息系统：成功地理信息系统的建设与管理．北京：科学出版社．

孔云峰，林珲．2005．GIS 分析、设计与项目管理．北京：科学出版社．

李代平．2008．软件工程．第二版．北京：清华大学出版社．

宋关福，钟耳顺．1998．组件式地理信息系统研究与开发．中国图象图形学报，3（4）：313-317．

郑人杰，马素霞，麻志毅．2009．软件工程．北京：人民邮电出版社．

Galin D．2004．软件质量保证．北京：机械工业出版社．

第十二章　GIS设计前瞻

第一节　多源异构平台下的地理数据互操作

GIS在过去20多年中已得到广泛的应用，其使用范围涉及多学科和多部门，在资源管理、环境治理、灾害预防、区域规划、城市管理、科研、教育和国防等领域得到了重要应用，但是GIS应用系统仍被认为是信息孤岛，应用部门在开发地理信息系统时通常根据本部门的特定情况采用不同的数据建模方法，选用不同厂商的GIS软件。不同软件采用不同的空间数据格式，对地理数据的组织有很大的差异。这使得在不同GIS软件上开发的系统间的数据交换存在困难，采用数据转换标准也只能部分解决问题。另外，不同的应用部门对地理现象有不同的理解，对地理信息有不同的数据定义，从而阻碍了应用系统之间的数据共享，带来了领域间共同协作时信息共享和交流的障碍，限制了地理信息系统处理技术的发展潜力。这些问题归结为地理信息系统间的互操作问题，互操作是系统集成的基础。

目前GIS互操作技术已成为GIS研究的热点之一，一些团体机构正致力于研究制定相关的标准、规程，以促进GIS互操作的实现。GIS互操作的实现可以改变GIS软件的独立自闭性，各GIS系统、软件间的功能可以相互访问、相互调用；不同格式的数据也可以相互访问、被他方使用。GIS互操作的实现还将加速其在其他信息领域的使用，使GIS日益融入IT主流。

地理信息互操作是指地理信息系统及地理数据库之间能够自由交换描述各种地理现象和对象特征的地理信息，并能相互调用功能程序，共同合作以实现用户的应用需求。OGC认为互操作就是不同地理信息系统开发商生产的软件系统通过一致的、开放的接口进行交互的能力。地理信息互操作的目的之一就是实现异构数据源、不同GIS应用系统、不同操作系统和平台之间无损的数据共享，它应该具备简单、透明、开放、有效等特征。所谓简单是指用户在访问数据的时候无须了解其所属数据源的信息；透明是指数据转换和共享的复杂过程对数据用户是透明的；开放是指数据交换独立于具体实现技术，可以在任何数据源、数据格式、操作平台之间实现数据交换；有效是指数据转换结果是可靠的，能够满足特定用途的需求。

实现地理信息共享和互操作的一个基本方法是所有的系统采用统一的数据结构来描述和存储地理信息，并遵循统一的数据标准，这样所有的系统都可以无障碍地访问任何数据。但这不现实，不可能使得全球的地理信息系统采用单一的结构和统一的标准。所以我们需要研究异构地理信息共享与互操作的技术和标准。多年来，ISO/TC211 和 OGC 为此进行了大量的研究工作，解决了一系列技术问题，并制定了一系列标准规范。地理信息互操作有多个层次，从易到难、从低层到高层可分为网络协议互操作、硬件和操作系统互操作、空间数据文件互操作、数据库管理系统互操作、数据模型互操作和应用语义互操作。每个层次具有各自的特点，且对应不同的技术，Bishr（1998）详细描述了各个层次互操作的具体特征。

地理信息共享和互操作主要有三种方式：数据格式转换、直接访问、基于网络服务标准的数据共享与互操作。

1. 数据格式转换

数据格式转换是最基本的地理信息共享方式，它经历了两个发展阶段，最初的数据格式转换是不同 GIS 的数据格式之间的直接转换，如从 Arc/Info 的 E00 格式转换为 GeoStar 的数据格式，这种方式不仅会导致信息损失，而且只有在详细掌握对方数据结构的前提下才能实现。后来采用空间数据交换格式标准作为中介实现不同 GIS 之间的数据转换。许多国家都制定了空间数据交换格式标准，如美国的空间数据转换标准 SDTS、澳大利亚的 ADSTS、英国的 NTF 等。中国也于 1999 年颁布了中华人民共和国国家标准——地球空间数据交换格式（CNS-DTF），包括矢量数据交换格式（VCT 格式）、影像数据交换格式（IMG 格式）和格网数据交换格式（DEM 格式）。此外 ISO/TC211 和 OGC 推出的 GML 数据格式，也可以作为空间数据交换格式的标准。这些数据格式标准为空间数据提供了一个公共数据模型和 ASC II 的文件格式，GIS 系统将其内部格式的数据转换为标准格式的数据文件，其他 GIS 系统依据同一标准读取该数据文件，然后再转换为内部数据格式，如 ESRI 在 Arc/Info 中提供了 SDTSIMPORT 和 SDT-SEXPORT 模块负责输入和输出遵循 SDTS 格式的数据。但是这些数据格式转换标准一般都很复杂，需要软件公司投入较多的资金和精力去支持和维护。

此外，一些商用 GIS 软件的公开数据格式由于使用广泛也基本被看作是一种标准的数据格式，如 ESRI 的 Shapefile 和 E00、AutoCAD 的 DXF 等，与 SDTS、VCT、VPF 相比，它们相对简单，其他 GIS 软件系统可以通过编写程序读取这些格式的数据，同时也可以将自己的数据写成这些格式的数据文件，便于其他系统读取。

图 12.1 显示了基于数据格式转换技术实现数据共享和互操作的基本过程，它需要两次数据转换。此外，数据格式转换一般是整个数据集的批量转换，换句话说，就是将一种格式的数据文件转换为另外一种格式的数据文件，无法实现地理要素级的在线数据共享和数据更新，所以并不是真正意义上的地理信息共享和互操作。

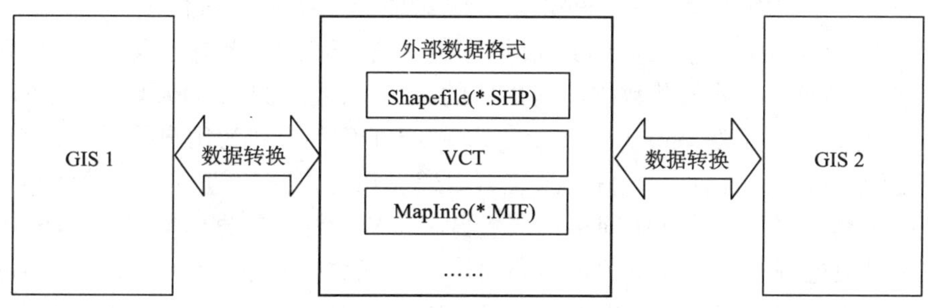

图 12.1　基于数据格式转换技术的数据共享（龚健雅和高文秀，2006）

空间数据转换软件是一种专门用于不同空间数据格式之间进行数据转换的软件，如加拿大的 FME 软件。它可以看成是一种中间平台，不同格式的空间数据通过它转入或转出。转入或转出的数据格式可能是商用软件自定义的外部交换格式，如 E00、DXF 等，也可能是标准数据格式，如 SDTS、GML 等，它也可能是直接读写空间数据库管理系统的内部数据格式，如 ArcSDE，Oracle Spatial 等，另外还可能通过标准接口，如 OGC 的 Simple Feature Access for SQL、Simple Feature Access for COM、Simple Feature Access for CORBA 等。利用这些软件可以很方便地进行不同空间数据格式之间的数据转换。如果这种软件采用组件技术设计，用户还可以用它进行二次开发，添加新的数据格式。

2. 基于直接访问的地理信息共享和互操作

基于数据格式转换的数据共享需要有一个外部数据文件作为中介实现，而基于直接访问的数据共享则意味着一个 GIS 直接读取多个数据源（包括数据库和其他 GIS）的不同格式的数据，它避免了数据格式转换的繁琐过程，提供了一种较为经济实用的数据共享和互操作模式。例如，Intergraph 的 GeoMedia 实现了对大多数 GIS/CAD 软件数据格式的直接访问，如 MGE、Arc/Info、Oracle Spatial、SQLServer、Access MDB 等。中国科学院地理信息产业发展中心开发的 SuperMap 2.0 则提供了存取 MapInfo、OracleSpatial、ESRI ArcSDE、SuperMap SDB 文件等的 API 函数；武汉武大吉奥有限公司开发的 GeoStar 提供了读取 Arc/Info 的 shapefile 和 E00、OracleSpatial、ESRI ArcSDE 和 MapInfo 的 MIF 数据等的 API 函数。

直接访问数据的前提是要充分了解数据源的数据格式和数据模型，如果某个数据源的数据格式不公开，直接访问其数据就比较困难。另外，如果宿主软件改变了原有的数据格式，应用软件的数据访问函数就需要更新和调整，而且针对不同数据格式的数据源需要编写相应的访问函数，这会给软件开发商造成很大的负担和软件维护压力。

为了支持网络环境下的空间数据在线共享和异构数据的直接访问，OGC和ISO/TC 211等国际标准化组织根据不同的通信协议分别定义了基于SQL、DCOM和CORBA的公共数据访问接口的API函数。例如，OGC为COM定义的简单要素访问协议（simple feature access for COM），为用户提供了一个标准的数据访问接口。任何一个GIS系统可以遵循该标准接口进行系统设计与开发，也可以在其内部私有数据访问接口之上再次包装成标准数据访问接口。不同系统之间可以通过调用彼此提供的数据访问接口实现数据共享（图12.2）。这种基于API函数的数据访问接口采用二进制格式传输数据，效率很高，但是结构复杂不易被理解和应用。此外，基于CORBA和DCOM分布式系统的数据请求方和数据服务方采用紧密耦合的模式，如果服务方接口发生变化，请求方必须做相应修改，并且由于使用私有的协议容易受到防火墙的限制，使基于公共接口的直接访问方法的推广应用也存在一定困难。

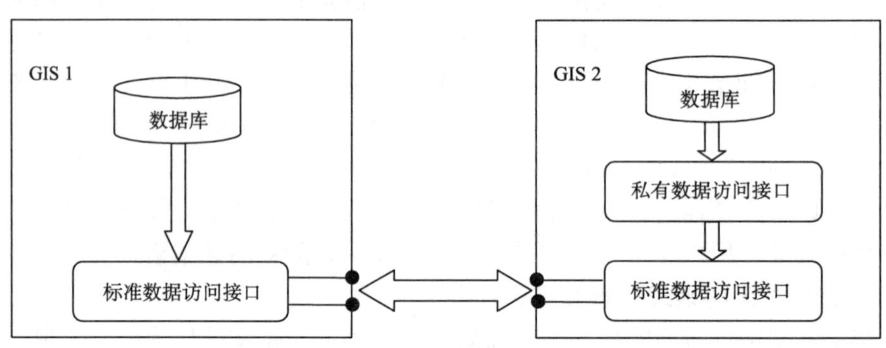

图12.2　基于直接范围的数据共享和互操作（龚健雅和高文秀，2006）

3. 基于网络服务的地理信息共享和互操作

W3C（the world wide web consortium）网络服务架构工作组定义网络服务（web service）是一个由统一资源标识码（uniform resource identifier，URI）标识的软件应用程序，它的接口和物理位置由XML编码（参见第3节）来定义、描述和发现；一个Web Service可以在HTTP协议之上通过基于XML的消息传递机制实现与其他软件程序之间的交互。Web Service具有自包含、自组织、自描述、模块化、标准化、网络化、开放化、语言独立、可互操作性、动态性等特性，这些特性使得Web Service成为现在乃至将来地理信息共享和互操作的重要途径和发展趋势，是被软件工业界和地理信息系统界公认的最好方法。

ISO、OGC和FGDC等标准化组织依据网络服务、地理信息共享和互操作特性制定了相关标准和规范，定义了统一的地理信息服务接口，使得用户可以通过相同方式访问不同数据源的数据，而无须掌握数据源的位置和内部结构。很多

GIS厂商竞相推出基于网络服务标准的网络GIS平台，如ESRI的ArcIMS、ArcExplore，并在此基础上基于OGC规范开发了地理信息服务组件，如网络地图服务（Web MapService，WMS）和网络要素服务（WebFeature Service，WFS）等服务组件，使得ArcIMS可以为用户提供地图影像数据和地理要素矢量数据。这些地理信息服务组件还可以被其他GIS系统及其组件直接调用实现系统之间的数据共享和互操作。图12.3显示了基于网络服务的地理信息共享和互操作的基本思想。不同的GIS系统遵循地理信息网络服务标准开发各自的Web Service，其他的GIS系统或者客户端通过调用其Web Service的服务接口访问其可以提供的地理数据，而且不同Web Service之间也可以直接调用彼此的服务接口进行交互。Web Service为用户屏蔽了GIS以及其内部数据结构的差异性，而且通过网络使用户能够访问到更多类型、更广范围内的地理信息。实际上，Web Service不仅仅由GIS系统提供，还可以由地理信息用户根据需要自行开发，只要符合地理信息网络服务标准就可以为其他用户提供自己拥有的数据。所以地理信息网络服务标准是实现网络环境下地理信息共享和互操作的关键。

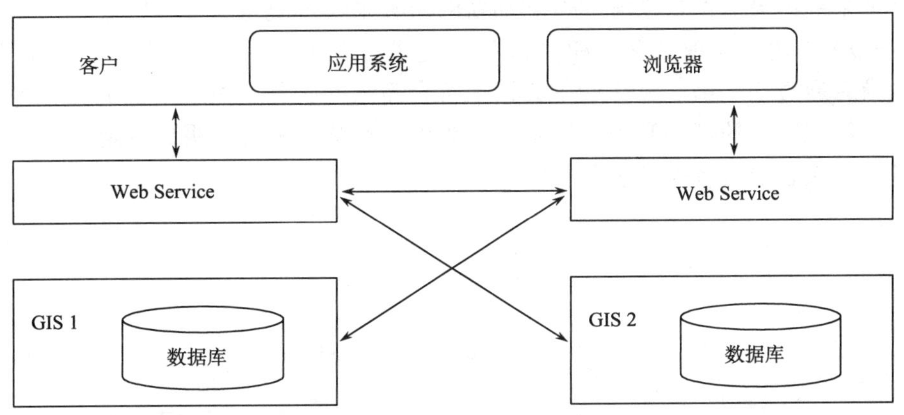

图12.3　基于Web Service的地理信息共享和互操作（龚健雅和高文秀，2006）

目前，网络服务技术已经比较完善，相关地理信息标准的制定工作也逐渐完成，地理空间数据共享与互操作的技术与标准已基本成熟，需要解决的问题是各GIS厂商和数据提供者尽快采用相关的标准来实现空间数据服务。

第二节　面向服务的GIS设计

GIS应用的推广普及使得在生产和应用过程中积累了大量的异构空间数据和独立封闭的应用系统，GIS应用对跨平台、分布式的数据共享和互操作的要求日益强烈。分布式对象技术为构建异构、分布式、互操作的WebGIS应用系统提供了解决方案，但同时也存在着不足：第一，要求客户端和服务端配置基本同类结构的对象模型协议，客户端和服务端的接口匹配严格，耦合紧密，系统脆弱；第二，对整体计算的支持不强，仅对本地和本网的计算支持良好，对 Internet 上的计算资源的整合应用支持不够。基于面向服务架构（service-oriented architecture，SOA）的 GIS 针对分布式对象模型的不足，将散落于网络上的软件资源以 GIS Web 服务的形式加以利用，以实现数据共享和互操作的松散耦合异构系统为最终目标，从而支撑 GIS 由“系统和功能”向“服务与应用”的转变。

1. 面向服务的系统架构

SOA 是一种软件体系架构概念，来源于早期的基于组件的分布式计算方式，在 OMG 和 IONA 的推动下，成为一个被广泛认可的规范。

在基于 SOA 架构的系统中，具体应用程序的功能是由一些松散耦合并且具有统一接口定义方式的组件（服务）构建起来的，每种服务都能提供对该定义功能集的访问。SOA 定义了系统由哪些服务组成，描述了服务之间的交互，并将服务映射到一个或者多个具体技术的实现。这种将业务功能实现为服务的方法可以增强系统的灵活性，系统通过增加新的服务来实现演化。

SOA 采用“发现、绑定和执行”的模式（图 12.4）。在这种模式中，服务的请求者通过一个第三方注册中心请求符合需求的服务，如果注册中心有这样的服务，就把服务的契约和地址发送给请求者，服务请求者和服务绑定，服务按照服务契约接收请求者的请求并执行。

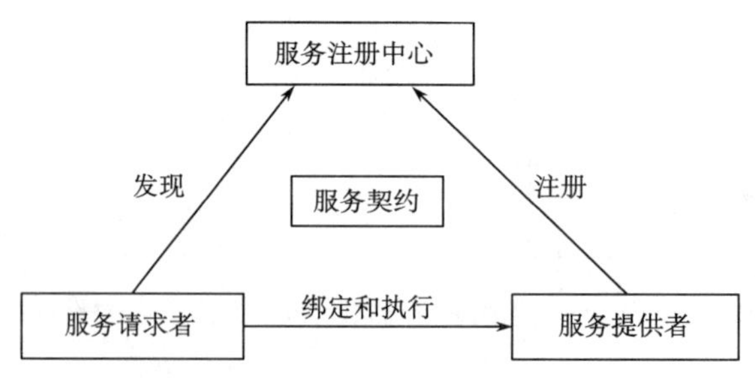

图 12.4 SOA 的体系结构

SOA 最重要的特点是将服务的实现和接口分离，即把“什么”和“如何”分离开。服务请求者只是把服务看作是一个支持特定请求格式或契约的端点，服务请求者不需关心服务如何执行其请求，只期望服务会执行其请求。

具体来说，SOA 的架构具有以下特性：①服务是可以发现的并可以动态绑定。②服务是自包含的、模块化的。服务支持接口集合，在同一个模块中的接口彼此相关。③服务强调互操作，即基于不同平台和语言通信的能力。④服务是松散耦合的。⑤服务有网络可寻址接口，消费者必须通过网络调用服务；只有当服务具有可寻址接口时，应用程序才能整合位于不同机器上的服务。⑥服务具有粗粒度接口，限制通过网络访问实现服务的内部对象。⑦服务是位置透明的、可以组合的。⑧面向服务架构具有从错误状态恢复的能力。

2. 面向服务的 GIS 架构

由于地理信息存在分布性和跨度性，还受到时间的影响，使得 GIS 软件必须具有分布、松散的特点。同时系统需要在分布的地理空间和多层次的指挥部门间共享数据，并且许多应用存在相同或者相似的业务逻辑。由于地理信息自身和应用的独特性，其开发呈现出复杂性、重复性、孤立性和难维护性，系统间的数据共享和集成困难，SOA 的设计原则为解决这些问题提供了新的技术支持。

面向服务的 GIS 包含三种基本成员（GIS 服务请求者、GIS 服务提供者和 GIS 服务注册中心）以及它们之间的协同交互。一个典型的交互涉及 GIS 服务的发布、查找、绑定。一般情况下，GIS 服务提供者定义 GIS 服务的描述并将其发布到服务注册中心（如 OGC Service Registry）。GIS 服务请求者使用查找服务从注册中心检索服务描述，然后调用描述中的交互细节调用期望的 GIS 服务。面向服务的 GIS 架构如图 12. 5 所示。

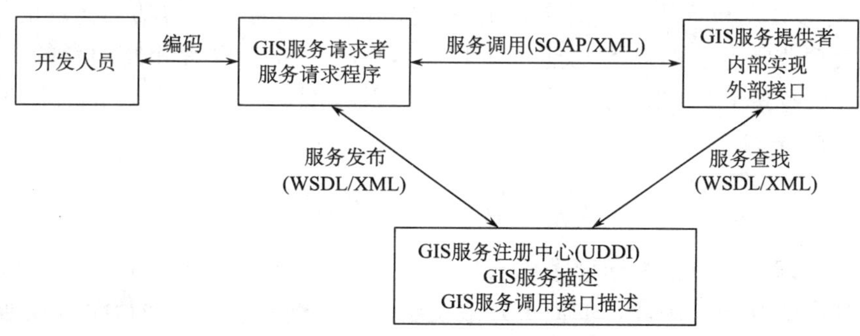

图 12. 5　面向服务的 GIS 架构

1）GIS 服务请求者：服务请求者是需要使用服务的应用程序或其他服务。在明确需求后，GIS 服务请求者通过对注册中心的服务进行查询，根据接口说明信息和传输协议与服务绑定并执行服务功能。

2）GIS 服务提供者：服务提供者在实现 GIS 服务后，向 GIS 注册中心发布 GIS 服务接口信息，以供服务请求者查找和访问服务。

3）GIS 服务注册中心：GIS 服务注册中心是使 GIS 服务可以彼此查找并相互调用的基础架构。它使服务提供者可以发布所提供的 GIS 服务，使不同的服务请求者可以迅速、准确地查找并绑定所需要的 GIS 服务。

3. 面向服务GIS的实现方法

Web Service是利用一组标准实现的服务，是目前SOA的主要实现方式。Web Service实现的功能可以是响应客户一个简单的请求，也可以是完成一个复杂的业务流程。一个Web Service配置好后，其他应用程序和其他Web Service就可以直接发现和调用该服务。通过Web Service来实现SOA，可以通过一个中立平台来获得服务。随着越来越多的软件商支持越来越多的Web Service规范，Web Service将具有更好的通用性。

Web Service包括一系列基于XML的技术规范。

1）网络服务描述语言（WSDL）。WSDL文档可用于动态发布Web服务、查找已发布的Web服务以及绑定Web服务。

2）统一描述、发现和集成协议（UDDI）。UDDI用于注册和查找服务，利用通用描述、发现和集成规范建立一个注册中心，用于Web服务的发布、发现和集成。

3）简单对象访问协议（SOAP）。SOAP作为传输层，提供一个标准的包装结构，在消费者和服务提供者之间传送消息。

将Web Service技术应用于GIS领域，将地理数据和地理分析功能以Web Service的形式发布，用户只需要调用服务接口，而不需要了解功能实现的细节，就可以实现非常专业的GIS功能，降低了非GIS专业开发者和使用者的学习难度，将极大推进GIS的应用，加大GIS的普及程度，使GIS为更多的用户提供辅助决策服务。

第三节　网格GIS

随着地理数据特别是遥感数据与日剧增，许多数据因为数据量大、处理困难而得不到有效利用。因此，如何更好地发展计算机网络技术，使得海量数据能够得到更好的共享与应用成为了困扰广大计算机专业及地学工作者的一大难题。因此，在现有网络发展的基础上，提出了网格计算的概念，以解决所面临的问题。Grid的核心思想是资源共享和协同合作，Grid和GIS的结合就产生了网格GIS（gridGIS）。

一、网格GIS的概念

网格GIS是网格及网格计算技术与GIS相结合而形成的新的发展方向，它是一种汇集和共享空间信息资源、进行一体化组织与处理，具有按需服务能力的空间信息基础设施。网格GIS是将地理上分布、系统异构的各种计算机、空间数据服务器、大型检索存储系统、地理信息系统、虚拟现实系统等，通过高速互联网络连接并集成起来，形成对用户透明的虚拟的空间信息资源的超级处理环境，即网格地理信息系统。它是一个在广域范围内的空间信息无缝集成和协同处理系统。

二、网格 GIS 的特点

网格 GIS 有以下特点。

1）网格 GIS 是基于网格计算。

2）网格 GIS 形成新的体系结构，客户端是各种各样的上网设备，而连在网上的各种服务器将组成单一的逻辑上的网格。

3）网格 GIS 的各用户浏览器不被网格的硬件和软件基本结构的细节所打扰。一个用户能真正实现以无缝连接的形式提交他们的应用给合适的资源，以便于不同的平台、网络协议和管理界线等物理的不连续性变得完全透明。关键是，网格 GIS 中间件把一个极度异构的环境变成一个虚拟的同构环境。

4）网格 GIS 需要存储和管理更大数量的空间信息，并有能力在大量用户同时通过网格对其进行访问时快速响应。

5）网格 GIS 具有更强的地理空间信息共享、地理信息发布、空间分析和模型分析的功能，特别是对涉及大量空间分析计算的问题，具有并行计算的能力。通过对空间信息网格化和多媒体技术的集成，网格 GIS 提供给用户的信息不仅仅是矢量化的空间信息，还有动态视频、遥感影像、文字说明等多种信息。

6）网格 GIS 的应用将 GIS 的应用扩展至整个社会的方方面面甚至人们日常生活的点点滴滴，使 GIS 的应用大众化。同时，网格 GIS 容易和网上其他信息服务融为一体。通过各种信息导航工具，就可在丰富的网络资源中查到所需的地理信息，并使用各种 GIS 功能，如制图、空间查询和空间分析等进行信息的二次加工。

三、网格 GIS 的关键技术

1. 网格 GIS 的体系结构

网格 GIS 实际上是网络技术在 GIS 领域的一种体现形式，空间信息网格将一切与地理位置有关的信息用数字的形式进行描述，存储为丰富的资源，并通过网格进行共享。其具有分布性、基础性和共享性。网格 GIS 是空间信息获取、处理和共享的基本技术框架。建立异构分布式、智能化的空间信息网格计算环境，就是实现异构网络环境下的跨平台计算，支持分布式用户的并发请求并实现最优资源调度，实现网络环境下的多级分布式协同工作机制。网格 GIS 的体系结构可以分为三个基本层次，即数据资源层、网络服务层和 GridGIS 应用层。图 12.6 为 GridGIS 应用层、网络服务层、数据资源层协同工作机制。

其中数据资源层是一个本地接口，提供资源相关的基本功能和资源调用接

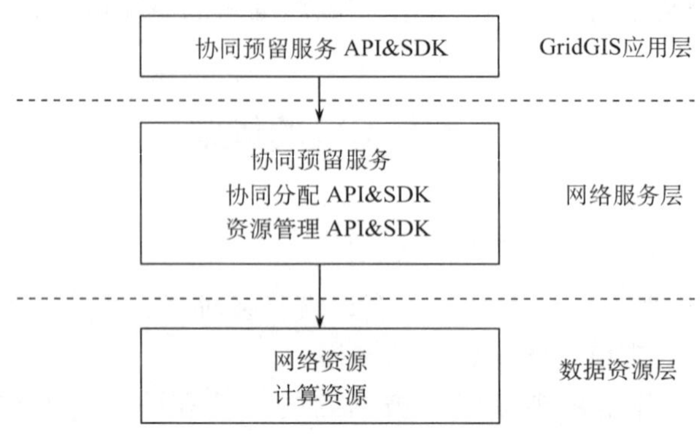

图 12.6　网格 GIS 的体系结构

口，便于高层网络服务的实现。它们是构成网络系统的硬件基础，包括各种计算资源，这些计算资源通过网络设备连接起来。

网络服务层实现与数据资源无关和与应用无关的功能。网络服务层包括一系列协议和分布式计算软件，其屏蔽网格资源层中计算机的分布、异构特性，向数据网格应用层提供用户编程接口和相应的环境，并提供更为专业的服务和组件用于不同类型数据的应用，以支持网络应用的开发。

网格 GIS 应用层是体现用户需求的软件系统。在网络服务层提供的中间件平台的基础上，用户利用接口和服务完成网格应用的开发。应用程序集成层对底层资源的调用不再需要关心访问的实现机制。

2. 网格 GIS 的关键技术

网格 GIS 实现的关键技术包括中间件技术（middle ware）、GML 互操作语言、Web Services 技术和分布式计算技术。

1）中间件技术：中间件是处于操作系统和应用程序之间的软件。人们在使用中间件时，往往是把一组中间件集成在一起，构成一个平台（包括开发平台和运行平台），但在这组中间件中必须要有一个通信中间件，因此可以比较形象地把中间件定义为平台＋通信。这个定义也限定了只有在分布式系统中，才能称为中间件。在基于分布式的网格环境中，中间件可以分为以下三种类型：基于 RPC 的中间件、面向消息的中间件和基于对象请求/代理的中间件。

2）GML 互操作语言：在构建网格 GIS 的体系结构中，将存在大量的中间件及智能主体（agent）。那么，在异构系统之间，系统内中间件与中间件之间，中间件与智能体之间，智能体与智能体之间以及网格服务与应用程序之间将如何进行空间信息描述、共享、交互、存储、传输等，是 GML 作用与应用所在。

目前，GML 已经成为业界公认的空间信息格式标准。由刚开始使用的 DTD

到后续版本使用的 XML Schema 语法和机制，GML 提供了一个开放的、用于定义空间地理数据的框架。同时允许用户自己开发出基于遵循 GML 规范的子集，在这个基础上，又由于其开放式、跨平台的特性使得各个厂商用户能够遵循同一个规范，使相互之间进行空间地理数据的交换成为可能，用户也可以有自己的数据定义格式。

3）Web Service 技术：Web Service 是网格关键技术，在网格 GIS 系统的实现过程中也有着重要的意义。Web Service 是一种新出现的分布式计算技术，它致力于提供简单的，基于 Internet 的标准，以解决异构的分布式计算问题。

Web Service 的体系结构是基于 Web 服务提供者、Web 服务请求者、Web 服务中介者三个角色和发布、发现、绑定三个动作构建的。

4）分布式计算技术：目前，多层体系结构成为 GIS 领域的主导技术方向，以分布式处理为主要特征的 GIS 组件是构建多层体系 GIS 业务逻辑层的核心。在 GIS 功能组件的构建过程中，分布式计算技术提供了低层的技术支撑。

由于分布式对象拥有足够的信息和处理能力，它知道如何与其他对象进行交互来完成既定的功能，所以一个完整的分布式系统由相互协作的多个分布式对象构成，每一个对象完成一部分既定的子功能，对象之间通过发送消息来进行通信。为了完成某项功能，它可以跨越单机和网络在整个系统中迁移，而且该过程对用户和应用透明。

四、网格 GIS 的展望

基于目前的 GIS 技术发展态势和现有的应用情况，可以预见，今后将会有更多的 GIS 应用构建在网络上，网络地理信息系统也必将成为城市信息基础设施中的重要组成部分。网格 GIS 的发展必将促使网络地理信息系统逐步走向开放，实现社会化和大众化的 GIS。

第四节 共相式 GIS 设计

共相是现代哲学中的基本概念，最早由柏拉图提出并由此确定了西方哲学甚至整个哲学的主要发展方向，哲学中用“共相”（Universal）和“殊相”（Particular）分别指代普遍性和个别性的概念与事物。哲学中的共相问题对突破当前 GIS 软件发展的困境也有着重要的启示。目前作为殊相的 GIS 软件个体过多地依赖于具体的技术环境，如硬件设备、操作系统、开发语言、数据库和数据格式等，一旦其赖以依存的技术环境发生重大变化，GIS 软件就可能被淘汰。因此，如果对 GIS 软件进行共相式的概括和抽象，提炼出独立于具体技术环境之外的普遍性功能和技术架构，会在很大程度上减少 GIS 平台开发单位因技术变革而带来的大量重复投入。就当前技术环境而言，共相式 GIS 就是能够支持当前存在的任何计算设备（any device）、任何操作系统（any operation system）、任何开发语言（any programming language）、任何数据库（any database）和任何数据格式（any data format）的 GIS 软件，并能以很小代价来支持未来的计算设备、操作系统、开发语言、数据库和数据格式的 GIS 平台软件。

共相式 GIS（图 12.7）软件由我国学者率先研发成功并推出。共相式 GIS 的基本理念是对 GIS 平台软件进行共相式的概括和抽象，提炼出独立于具体技术环境之外的 GIS 技术框架和核心功能，这部分可以和信息技术的发展变化相对分离，只关注于 GIS 核心技术的发展和功能扩展，外围部分则以较小的代价紧随信息技术的发展潮流，以避免因为技术变革导致整个软件的重新构造。

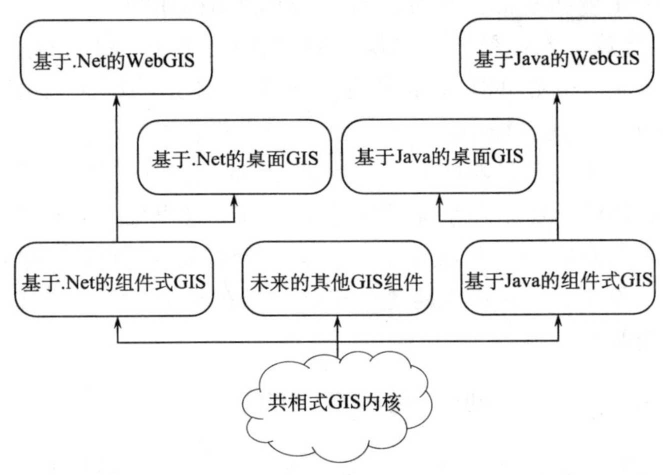

图 12.7　共相式 GIS 体系结构

共相式 GIS 内核 UGC（universal GIS core）是共相式 GIS 体系结构的核心，通过 UGC 实现那些相对稳定的、远离易变技术环境的 GIS 核心功能，在 UGC 基础之上扩展那些与不断发展的技术环境关系紧密的外围功能模块和人机交互界面。一旦相关技术环境发展变化，仅需要重新实现或调整外部功能模块，这将大幅降低技术升迁的代价，这种模式可概括为“核-壳”分离。在共相内核 UGC 的基础上可开发组件式 GIS、Internet GIS、桌面 GIS 等一系列殊相 GIS 软件产品。每一个殊相 GIS 软件采用不同的开发工具和开发语言构建，应用于不同领域。其中组件式 GIS 与 Internet GIS 既可以使用 .NET 技术封装，也可以使用 Java 技术封装，即使以后出现新的组件技术或高级开发语言，也可以基本不修改 UGC，而通过重新封装人机交互接口的方式提供新的组件式 GIS 或其他 GIS 软件平台。

归纳起来，可以总结出共相式 GIS 的研发步骤如下。

第一步，剥离GIS中严重依赖技术环境的部分。例如，依赖于操作系统的可视化引擎和软件界面，依赖于程序语言的二次开发接口，依赖于数据格式或数据库的数据引擎等。

第二步，提炼出具有普遍意义的GIS的核心功能、算法，形成共相式GIS内核UGC。

第三步，在UGC基础上，扩展那些严重依赖于具体技术环境的外围部分，如第一步中提到的可视化引擎和软件界面、二次开发接口、数据引擎等。

第四步，封装适用于多种技术环境的各种类型的软件，如组件式GIS、Internet GIS、桌面GIS和嵌入式GIS等，以至于未来的其他GIS软件形态。

一旦有新的技术出现，UGC仅需要进行少量改动，主要重复第三步和第四步工作即可应对IT变化，大幅度缩减了适应技术变化的周期。

UGC除了要求保持相对稳定以外，还需满足三个条件：首先，UGC必须支持多种操作系统；其次，UGC必须能被多种程序开发语言调用；最后，UGC必须有很高的运行效率。为了满足这些条件，UGC必须选用合适的开发语言。GIS应用系统不仅处理数据量大，分析算法复杂，对性能要求很高，Java在性能方面的不足影响了基于Java内核的GIS软件的进一步发展。COM组件也可用来构造适应当前技术变化的GIS软件平台，在现有基于COM编写的组件式GIS平台上，用Java封装Java组件开发接口，用.NET封装.NET组件开发接口，从而实现对包括Java和.NET在内的多种二次开发语言的支持。但通过.NET和Java语言调用COM接口使得开发平台在性能方面存在一定的风险。更为重要的是，COM技术本身存在诸多缺陷，而微软也将逐步采用.NET代替COM，把内核建立在这样一种技术基础上存在极大的风险。综合考虑多种因素，C语言或C++语言无疑是目前最佳的选择，几乎所有的操作系统都支持C/C++，如果说Java程序的特点是“编写一次，到处运行”，用C/C++编写的程序则具有“编写一次，到处编译”的特点。C/C++不仅具有支持多种操作系统的特点，而且成熟、标准，还可以被其他多种开发语言调用，更重要的是C/C++程序的效率远高于Java。基于以上原因，C语言或标准C++是进行UGC开发的理想语言。

参考文献

邓术军，吕晓华，王力明，等. 2009. 基于SOA的地理信息服务体系研究. 测绘科学技术学报，26（4）：261-264.

段学庆. 2007. 基于Ontology的语义地理信息共享与互操作技术的研究. 江苏大学硕士学位论文.

冯琰，施一民. 2002. 开放式地理信息系统（OpenGIS）与互操作技术分析. 测绘工程，（4）：22-24.

高磊. 2006. 基于SOA的湿地信息服务集成研究与设计. 大连理工大学硕士学位论文.

龚健雅，高文秀. 2006. 地理信息共享与互操作技术及标准. 地理信息世界，（3）：18-27.

贺美利，王颖凌. 2008. 浅议地理信息共享与互操作. 地理空间信息，(2)：93-95.
黄杏元，汤勤. 1989. 地理信息系统概论. 北京：高等教育出版社.
霍鹏. 2004. 异构型分布式专题军事地理数据库互操作研究. 解放军信息工程大学硕士学位论文.
姜晓轶. 2006. 基于Open GIS简单要素规范的面向对象时空数据模型研究. 华东师范大学博士学位论文.
科技部国家遥感中心. 2000. 地理信息系统与管理决策. 北京：北京大学出版社.
李德仁，黄俊华，邵振峰. 2008. 面向服务的数字城市共享平台框架的设计与实现. 武汉大学学报（信息科学版），33（9）：881-884.
罗春. 2006. 地理信息系统发展的新趋势：面向服务的体系结构. 地理信息世界，4（5）：67-69.
骆成凤，吴国平，余倩. 2001. 地理信息共享与GIS互操作的实现初探. 计算机应用研究，(8)：20-22.
彭明军，樊玮. 2009. 面向服务的政务地理信息共享平台设计与实现. 地理空间信息，7（6）：56-61.
钱贞国. 2004. 面向互操作的分布式网络地理信息系统研究. 中国科学院研究生院博士学位论文.
叶国华. 2008. 空间数据格式转换与信息共享. 地矿测绘，24（2）：4-6.
易敏. 2008. 面向服务架构（SOA）的空间信息服务研究. 华东师范大学硕士学位论文.
袁相儒，龚健雅，林珲，等. 1999. 异构地理信息处理环境互操作的Internet GIS方法. 武汉测绘科技大学学报，(3)：194-198.
张立朝，潘贞，赵鹏，等. 2007. 面向服务的地理信息系统架构研究. 见：中国地理信息系统协会. 中国地理信息系统协会第四次会员代表大会暨第十一届年会论文集. 北京：测绘出版社.
朱铁稳，陈宏盛，景宁. 2001. 开放地理数据互操作规范综述. 计算机科学，(10)：104-107.
Berhe G B. 2005. 基于XML的地理空间数据互操作研究与实现. 河海大学硕士学位论文.
Bishr Y. 1998. Overcoming the semantic and other barriers to GIS interoperability. International Journal of Geographic Information Science，12（4）：299-314.

附录　县级土地利用规划管理信息系统设计与实现

第一节　系统建设背景

县级土地利用规划管理信息系统是针对土地管理部门的业务处理效率不高、基础数据管理复杂、信息查询检索困难等现状提出来的，是GIS在政府部门的主要应用之一。本章以县级土地利用规划管理信息系统的设计与实现为例说明GIS设计与实现的具体过程。

县级土地利用规划管理信息系统（land use planning management information system，LUPMIS）是根据新一轮土地利用总体规划的具体特点，针对全省规划成果信息化管理水平参差不齐的现状，利用计算机网络、通信技术及GIS技术，结合土地利用规划管理的工作业务，建成的集GIS和办公自动化（OA）为一体的专业化管理信息系统。该系统以土地利用规划管理为核心，兼顾规划辅助编制、规划公众参与等职能，实现土地利用管理规划业务数据和图件资料的集成管理和图文互查，实现全省县级规划成果的一体化管理，实现项目办案的上下联动，提高土地利用规划管理的工作效率，为县级土地利用规划的信息化管理和动态实施提供科学保障。

第二节　系 统 定 义

一、系统定义的过程

LUPMIS系统定义的过程实际上分为两部分工作，一是调查了解，一是分析整理。在LUPMIS的系统定义中，调查了解工作主要采取访谈和简易应用规格说明技术相结合的方法进行，首先采取与用户单位（省国土资源厅、省试点县国土资源局）相关业务人员进行面谈的方法进行调查，摸清系统目标、业务职能、业务流程、数据现状等基本情况。然后，以此为基础，提出需求分析的初步成果，制成简易应用规格表，供开发者和用户双方进行讨论，进一步验证用户需求。而分析整理工作主要是在调查了解的基础上利用前文介绍的系统分析工具（如数据流图、业务流程图等）进行分析和成果的表达。系统定义的这两个工作没有明显的划分界限，在分析整理过程中可能需要返回去进一步调查，而调查了解过程中也要进行一定的分析整理工作。

要保证系统定义的正确性与适用性，系统分析人员应尽可能多地了解用户的需求，深入调查和分析业务流程，使系统建设更加科学、合理。

二、现状调查与分析整理

现状调查分析是系统定义的第一步。在LUPMIS的开发过程中，现状调查分析主要是从当前系统业务关系、业务职能、相关信息和数据等方面进行。

进行系统定义的方法有三种：结构化分析方法、原型化分析方法和面向对

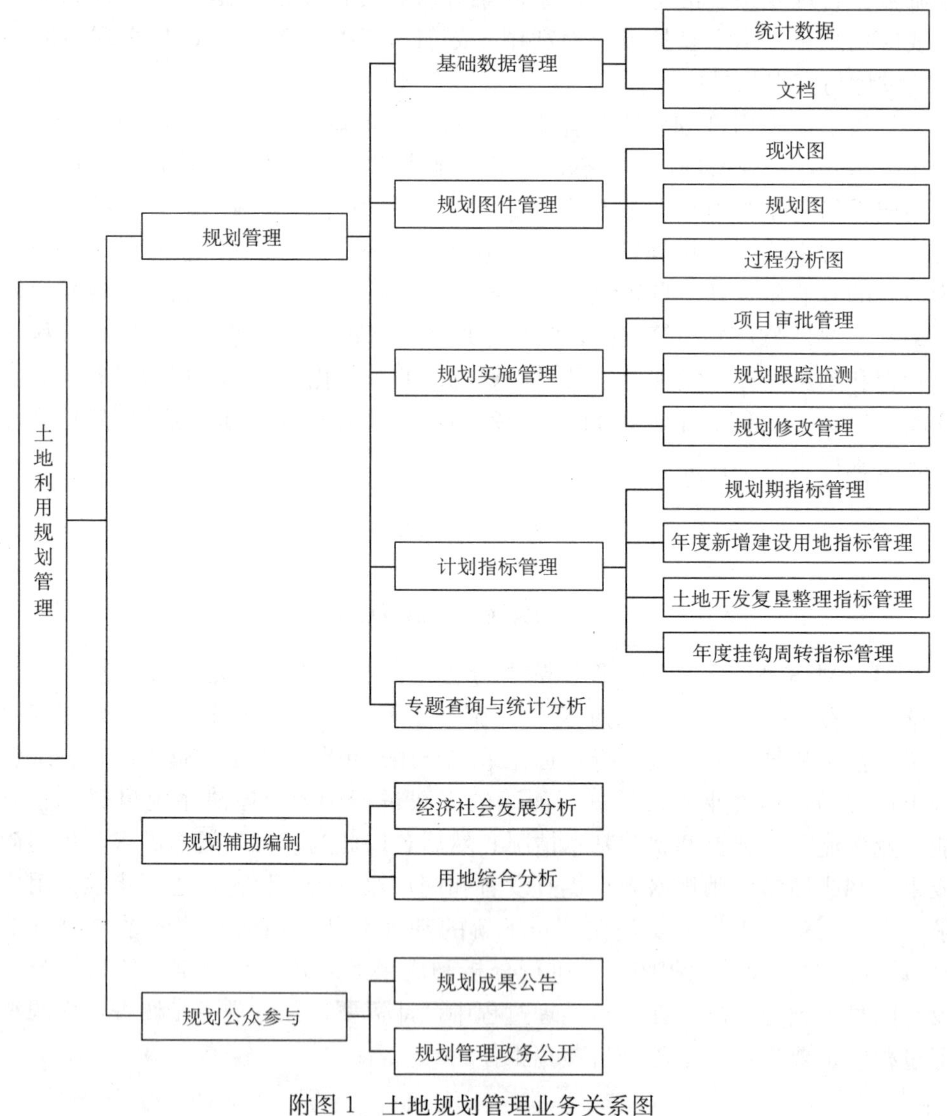

附图1　土地规划管理业务关系图

象分析方法。在 LUPMIS 的业务分析过程中，考虑到系统涉及业务繁多，关系复杂，因此，采用结构化分析方法来进行系统定义，以便理清业务关系，明确业务职能，建立业务流程。结构化分析方法的主要策略是“自顶向下，逐步求精”。

LUPMIS 的结构化系统分析的具体实施步骤如下：

第一步，确定系统的主体业务。根据调查分析，可以确定土地利用规划管理涉及的业务，包括规划管理、规划辅助编制、规划公众参与等方面（附图 1）。

第二步，对主要业务进行细化，直到最小的职能单元。这是结构化分析方法进行系统分析的主要环节，体现了结构化分析方法中“逐层细化”的策略。使用该策略的优势在于：通过化整为零将复杂的系统简单化，便于理清关系和进行实现。土地业务从上向下，逐层细化后，各业务之间无论是纵向关系还是横向关系都很明确，脉络清晰。例如，主业务“规划管理”可以分为四个子业务“基础数据管理”、“规划图件管理”、“规划实施管理”和“计划指标管理”，而“规划实施管理”子业务又可分为“项目审批管理”、“规划实施跟踪监测”和“规划修改管理”等。如果再细分下去，“项目审批管理”还可以分为“规划预审”、“规划审查”，“用地报批”等。

第三步，详细调查各职能单元，绘制每个职能单元的业务处理流程图，附图 2 即是 LUPMIS 中的一个职能单元“建设项目用地报批”的业务流程图。

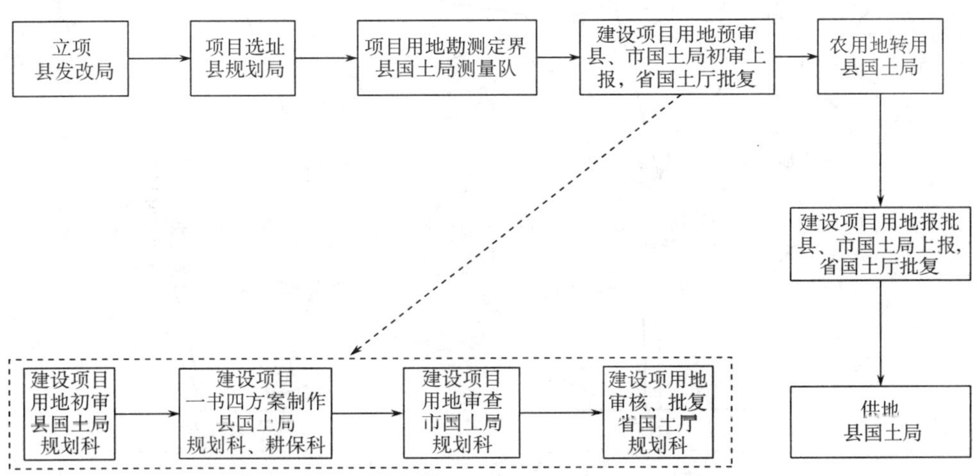

附图 2　“建设项目用地报批”业务流程图

第四步，用图形方式来表达系统的逻辑功能、数据在系统内部的逻辑流向和逻辑变换过程，即绘制数据流图（附图 3）。

第一层：

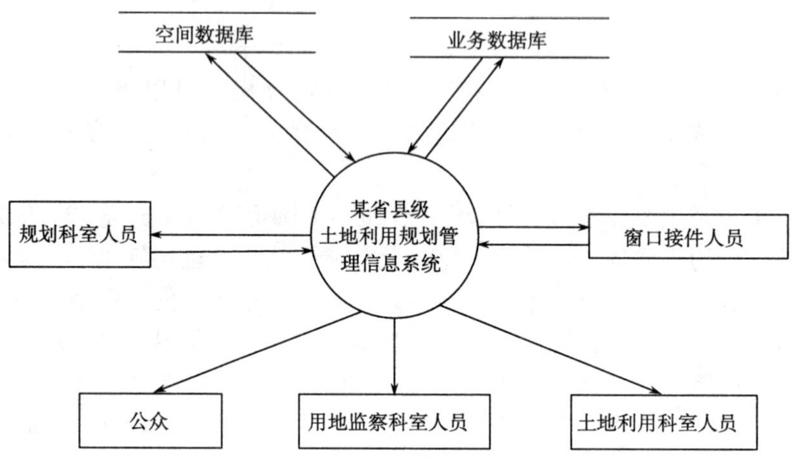

第二层：

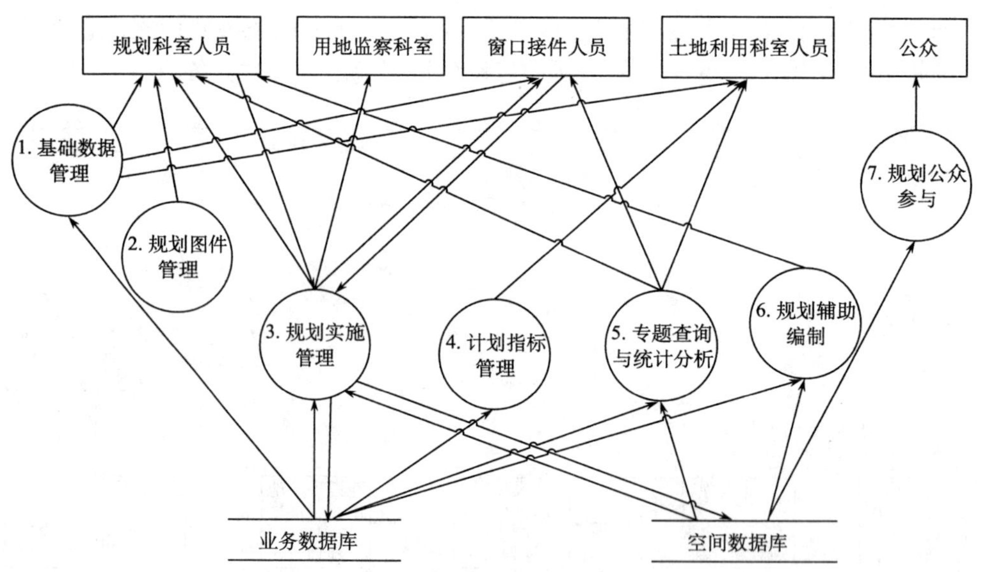

附图 3　分层数据流图

第三层：

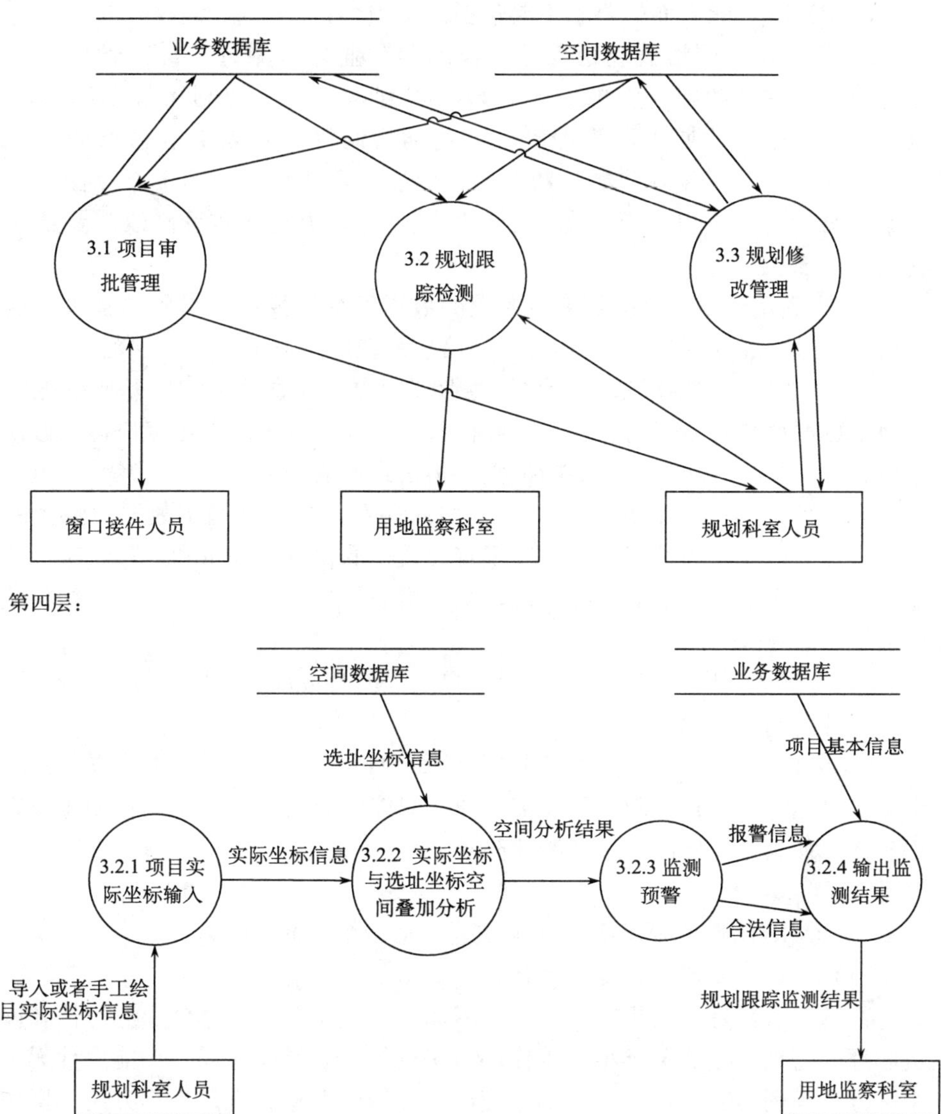

附图 3（续）

三、功能和性能要求

明确系统功能和性能要求是系统定义阶段的任务之一，在 LUPMIS 的系统定义过程中，通过现状调查，详细考察用户业务范围、工作流程及各科室的分工，并在与用户认真讨论和研究后，明确 LUPMIS 的功能和性能必须满足如下要求。

1. 功能要求

LUPMIS功能方面的要求主要包括以下内容：

1）系统功能应涵盖规划管理工作的日常业务，侧重于日常管理功能，包括规划基础数据和规划成果资料管理、规划审查、土地利用规划实施动态监测、规划修改、计划指标管理、规划辅助编制等，并提供信息查询、统计分析、报表和图件制作等功能。数据流转应能清楚体现业务的工作流程，并能对数据表单和业务流程实现动态定制，以满足随国家土地政策修改需要随时进行调整的需要。

2）为满足数据共享的要求，系统的数据库结构设计应参照《县级土地利用规划数据库标准（试行稿）》和有关的信息系统建设标准和行业规范。

3）土地利用规划成果是建设用地管理、土地监察等部门的基础数据，同时与地籍数据存在着诸多的联系。因此在系统设计时应留有数据接口，以方便调用地籍数据，同时也能为相关部门提供常用格式的数据。

4）由于相关表格间的数据有着密切的联系，要充分利用数据库强大的管理功能和计算机高效的计算能力，实现有关数据的提取、分析和计算，避免数据重复输入，检查空间图形的拓扑错误，实现报表的自动生成。同时能对相关数据进行检查。

5）可充分利用现有的规划成果，自动提取有关信息，同时提供简便的方法，进行图件的制作和输出。

6）为保障系统安全，对不同身份的用户设置不同的角色和对应的权限。每个用户只能进入各自权限内的功能模块，只能对有权限的数据进行相应级别的数据操作，如浏览、修改、添加和删除。

2. 性能要求

LUPMIS的性能要求概括起来主要包括四个方面。

（1）系统界面友好，操作方便

系统要有良好的人机交户界面，界面风格应符合土地办公业务习惯和操作人员心理等特点，按业务类型和工作环节来进行系统界面布局。功能设计无论是文本部分还是图形部分都从实用的角度出发，做到形象直观、操作方便。操作流程应尽可能地简单实用，尽量把复杂的功能简化，并提供完善的联机帮助。

（2）系统稳定

系统应显示出与Windows平台及GIS平台之间很好的兼容性，作为网络化的办公信息系统，能够支持多人同时在线的操作和访问，具有一定的容错和纠错功能。

（3）系统效率

系统具有较高的运行效率。程序在命令响应时间、数据处理时间上应比较快速。对于文档，能够较快地执行翻页、查找等功能；对于图表，能够快速地执行浏览、查询等操作。

（4）数据处理

用户对数据精确度的要求较高，数据的安全性与正确性需得到完全保证，在不发生错误的前提下实现较大数据量的传输。业务数据具有一定阈值，系统能对不合理的数值输入给出警告。同时，在进行数据处理时，不会产生对系统资源的过度消耗。

第三节　系统总体设计

根据第五章的内容，总体设计的主要任务是确定系统总体结构与软、硬件配置，根据系统分析成果进行系统功能模块的划分，设计接口，并设计数据库总体结构。系统 LUPMIS 以此为基础，逐步开展系统的设计工作，并最终确定系统的结构体系、软硬件配置、模块划分、数据库总体设计等内容。

1. 系统架构设计

系统采用 Visual Studio 2005 C#. NET 结合 ArcEngine 9. 3、ArcGIS Server 9. 3 及 Microsoft Office 2003 进行开发集成并采用比较成熟的 Client/Server 和 Brower/Sever 混合架构，国土部门内部通过 C/S 架构在局域网系统的客户端上运行土地利用规划管理信息系统办理业务，公众可通过 B/S 架构在业务大厅公众服务终端或网页浏览器上查询土地利用规划信息，并能通过公众参与模块参与相关规划编制和规划实施监督。系统按三层模型（three-tier），即数据服务层、业务逻辑层、客户层来构建系统，其中数据库服务器端采用 Oracle 10g 服务器版统一管理数据，地图图形数据通过 ArcSDE 存放到 Oracle 数据库中进行管理。整个系统由数据库服务器、应用程序服务器（也可与数据库服务器放在同一台工作站）和多个客户端的计算机组成计算机局域网系统。其系统架构及各部分的功能分配如附图 4 所示。

2. 系统软硬件配置方案

（1）网络和硬件配置

局域网建设的主要目的是利用网络进行协同办公。从网络设备投资及维护成本、技术先进性与稳定性、应用系统的开发难易程度等诸多方面考虑，本系统局域网架构基于 100M 甚至 1000M 的快速以太网技术，网络结构采用星形拓扑结构。网络中心设置配备一台高性能主干交换机，通过双绞线甚至光纤与各节点相连，各办公室采用智能网络集线器（HUB）与外部相连，从而实现联网操作、实时响应、动态管理。各办公室可以独立配备，也可以全网共享绘图仪与打印机等设备。系统实行内网和外网分开建设的模式。内网是实现局内部信息交换的行政管理和工作网络，外网是实现对外信息交换和信息发布的网络，并做到内部局

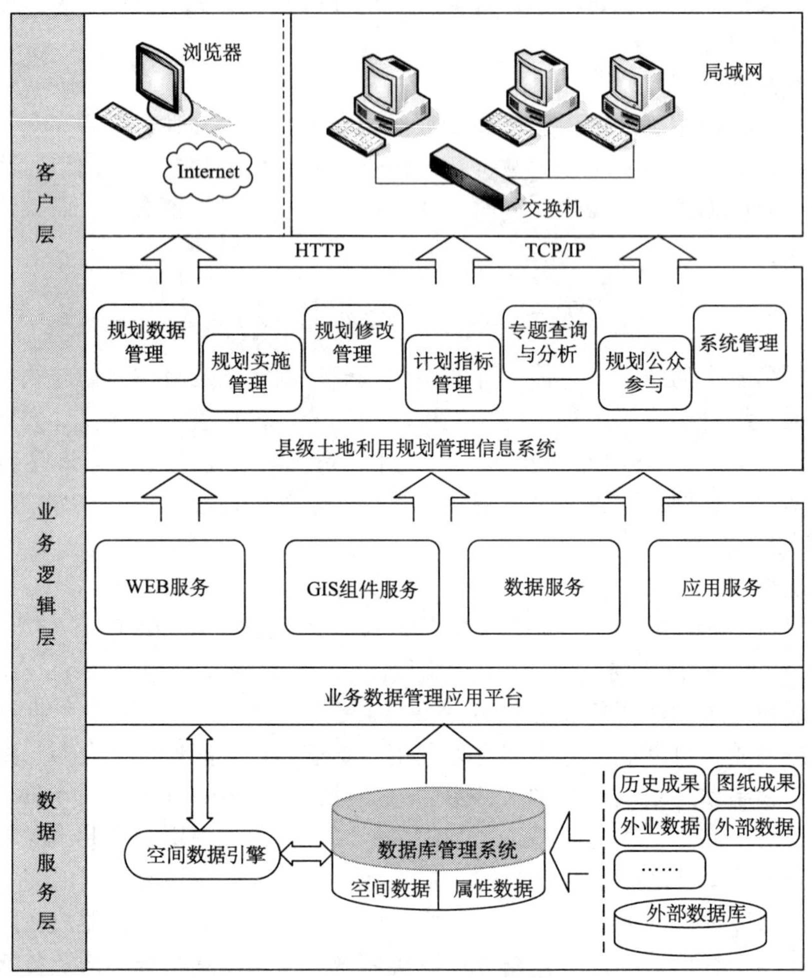

附图 4　系统架构图

域网与国际互联网物理分开，采用国家安全部门认证的先进的安全保密及防火墙技术，在网络系统上建立起安全屏障，从而保证整个网络的安全。附图 5 是系统网络结构图。

LUPMIS 采用 Client/Server 和 Browser/Client 混合架构，分三层结构实现系统功能，即客户端，应用程序服务器端和数据库服务器端。

C/S 客户端：通过 LUPMIS 客户端程序，提供系统的用户界面和数据基本操作，业务逻辑的控制和数据的更新在应用程序服务器端实现。

B/S 客户端：通过 IE、FireFox 等常用浏览器，访问规划公众参与网站。

应用程序服务器端：客户端与数据库服务器之间的桥梁，即中间件的支持。

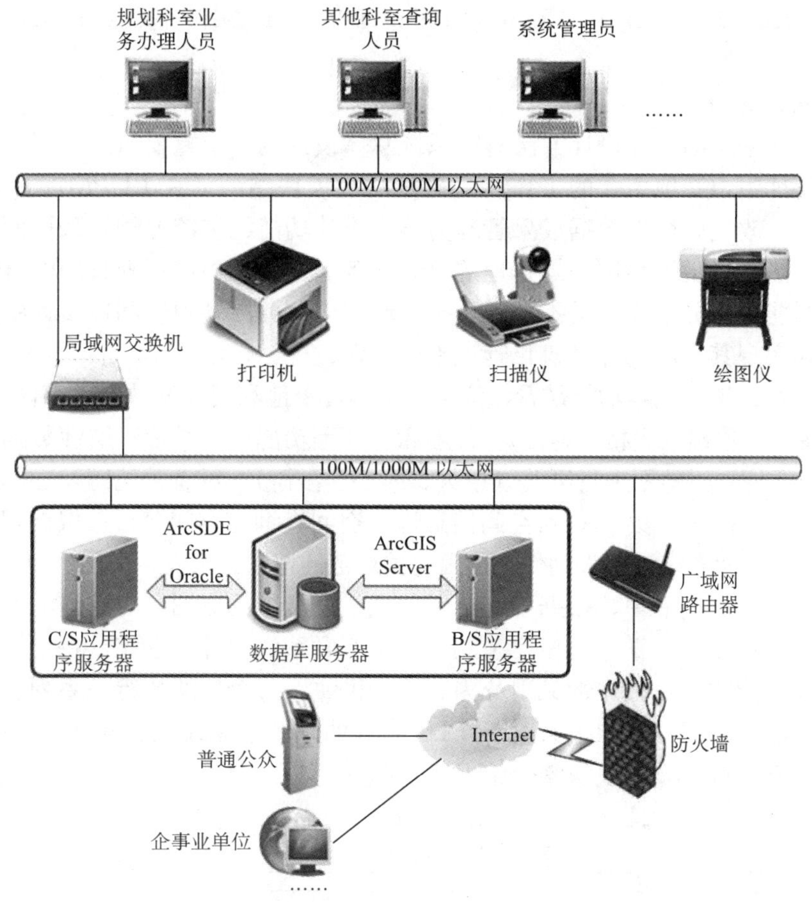

附图 5　系统网络结构图

应用服务器把来源于数据库服务器的数据信息与客户端程序连接在一起，以减少客户端程序的大小和复杂性，更好地控制数据流以提供更好的性能，同时为数据通信和用户通信提供安全保障。

数据库服务器端：地图属性数据库管理、地图图形数据库管理、业务数据库管理、控制数据库管理。

(2) 软件环境

1）操作系统。①服务器操作系统：Windows 2003 Server；②客户端操作系统：Windows XP。

2）数据库管理系统。Oracle 10g 服务器版。

3）应用软件。Microsoft Office 2003 等常用办公软件。

4）开发环境。C/S：Visual Studio 2005 C＃.NET＋ArcEngine 9.3＋Microsoft Office 2003。B/S：Vistual Studio 2005 ASP.NET＋OpenLayers＋ArcGIS Server 9.3

3. 功能模块设计

模块是采用结构化设计方法进行系统总体设计的一个重要概念，因此，在系统总体设计中，一项主要的工作就是确定功能模块结构。在LUPMIS的功能模块设计中，改变以往以数据成果管理为核心设计功能的传统方法，采用面向业务的设计方法，以土地利用规划管理的核心业务为主线，面向规划管理的日常工作和业务职能，划分定义各类不同的业务活动，以业务活动内容和性质为中心来组织数据和实现其相应的计算机化管理模式。

从信息系统的基本功能来看，该系统应具备土地利用规划数据的存储、分析、查询、统计、输出（表格、地图）、传输和管理等功能；对图形、属性数据可以输入和更新入库；对地图进行浏览（放大、缩小、漫游）；对有关地图及在图上进行几何量算（面积、长度等），对空间信息进行空间查询与空间分析；根据用户要求进行专题图、业务统计报表制作，输出有关规范的地图、报表、文档。

在模块设计过程中，根据系统定义的成果分层数据流图，对系统的模块进行逐步细分，将该系统划分为相互独立而又互有联系的业务子系统，每个子系统按照其内部功能的相对独立性又划分为若干个模块，每个模块执行一系列相互关联的具体功能。附图6所示为某县级LUPMIS的八个子系统，而附表1是规划实施管理子系统进一步的模块划分情况表。

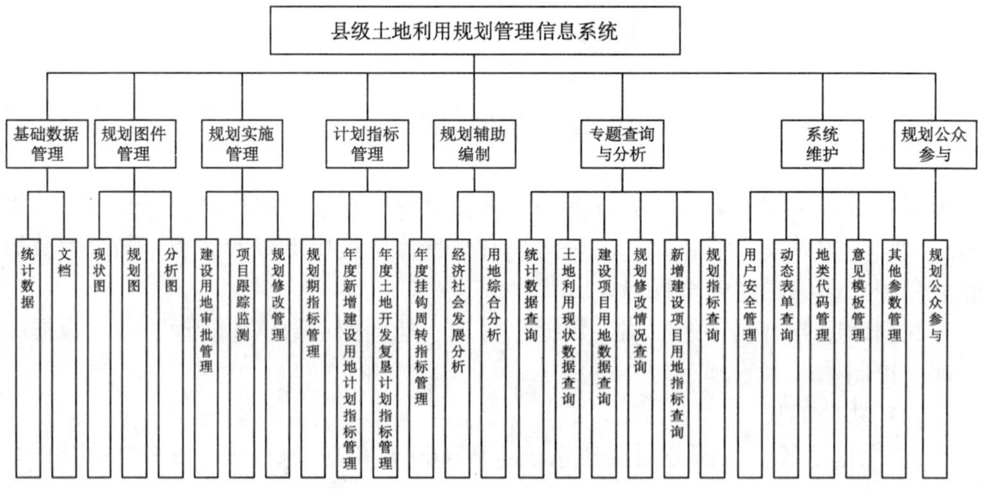

附图6　系统功能模块划分图

附表 1　规划实施管理子系统的功能模块结构

◇建设项目审批管理用地

　　建设项目用地接件

　　建设项目用地预审

　　建设项目用地报批

◇规划跟踪监测

◇规划修改管理

基础数据管理模块：规划数据管理子系统实现对规划编制中使用到的经济社会数据、基础地理资料、土地利用规划成果及相关规划成果的增、删、改、查等功能。该子系统提供文档数据管理和统计数据管理两大功能。

规划图件管理模块：规划图件管理模块实现对规划编制中使用到的基础地理图件、土地利用规划成果图件及相关规划图件的输入、输出、存储、调用、编辑等功能。图形数据类型包括矢量、栅格两种格式。

规划实施管理模块：规划实施管理功能是土地利用规划管理信息系统的核心功能，它要求系统能按照土地利用规划等要求，在日常土地利用规划管理工作中，辅助规划管理人员进行项目接见、项目初审、项目报批以及项目实施监测的一整套规划实施管理工作流程，其中项目包括建设项目用地项目、单独选址建设项目用地项目和农村居民建房用地项目。规划修改管理实现对规划修改项目的管理和进行规划项目修改的功能。经过调查，一般包括规划修改项目新增查询修改、规划修改项目审核、规划修改项目材料组织、规划修改项目上报、规划修改项目上级答复、规划图修改等。

计划指标管理模块：计划指标管理模块主要是对年度计划指标、规划指标、年度土地开发复垦整理计划指标和年度挂钩周转指标进行的管理，包括编辑、追加结转用地等对年度计划进行编辑修改，也包括根据批次建设项目用地、单独选址项目用地和农村村民建房用地报批情况进行年度计划和规划指标核减的功能以及年度土地开发复垦整理项目、年度挂钩周转指标项目库的管理功能。

规划辅助编制模块：规划辅助编制模块主要是对经济社会发展和用地情况进行综合分析。其中，经济社会发展分析分为经济发展指标预测和社会发展指标预测两个部分，经济发展指标预测实现根据一定时间序列内 GDP、全社会固定资产总投资、工业总产值、工业增加值、农业总产值等样本数据拟合变化曲线模型并能根据此模型确定目标年各参数的预测值。社会发展指标预测实现预测区域目标年户籍常住人口、暂住人口进而确定区域总人口和预测区域城市化率，进而确定城市人口及其农村人口。用地综合分析向用户提供产业用地变化、用地效益以及用地变化趋势等情况的分析工具，为规划编制或撰写年终报告提供数据支撑，并为土地管理参与宏观调控、合理制定土地供应政策提供支持。

专题查询与分析模块：专题查询与分析模块主要包括统计数据查询、土地利用现状数据查询、建设项目审批情况查询、规划修改情况查询、新增建设用地指标查询、规划指标查询。可以进行属性查询和空间查询及图文互查，利用GIS空间分析功能，对目标区域进行空间查询分析、统计分析、叠加分析、缓冲区分析等操作，并能自动绘制各类统计图、统计表格。

规划公众参与模块：根据对省国土资源厅用户需求的调查，系统需要提供土地利用规划管理的公众参与窗口。系统及时发布、更新具有法定效应的土地利用规划、土地利用年度计划等相关的文本、说明和图件以及建设项目用地报批信息（进度、图斑、面积等）以供公众通过网页查询，并提供相应的功能以支持公众发表个人看法与观点。就发布规划图的比例尺问题，综合考虑相关规定与实际情况的要求。

系统维护模块：系统管理模块即是对规划编制系统涉及的信息进行管理，由于信息组织方式及操作的多样化，所以管理的对象也随之多样化，对于规划编制信息系统而言，其系统管理模块应该包括用户管理、流程管理、系统维护等功能。

4. 数据库总体设计

总体设计阶段不仅要进行系统的模块划分，还要进行系统的数据结构设计。LUPMIS的空间数据主要服务于县级土地利用规划管理，为自动化办公业务提供各类现状、规划和过程分析数据的查询统计，以及规划实施和跟踪监测工作的背景图等。其设计内容包括以下几个方面。

（1）空间数学基础

平面坐标参考系采用“1980西安坐标系”；高程系统采用“1985国家高程基准”；空间数据使用3°分带高斯-克吕格投影。数据主比例尺为1∶10 000。

（2）数据库组成

根据国土资源部《县级土地利用总体规划数据库标准（报批稿）》，县级土地利用规划数据库包括基础地理信息要素和土地信息要素。基础地理信息要素主要包括：境界与行政和地貌；土地信息要素包括：土地利用规划要素、规划基期信息要素、规划文档资料要素、规划表格要素、规划栅格图要素。

（3）数据库概念设计

数据库概念设计：确定LUPMIS中的实体、实体属性和实体间的联系。附图7是县级土地利用规划管理信息系统部分实体、实体关系的E-R模型示意图。

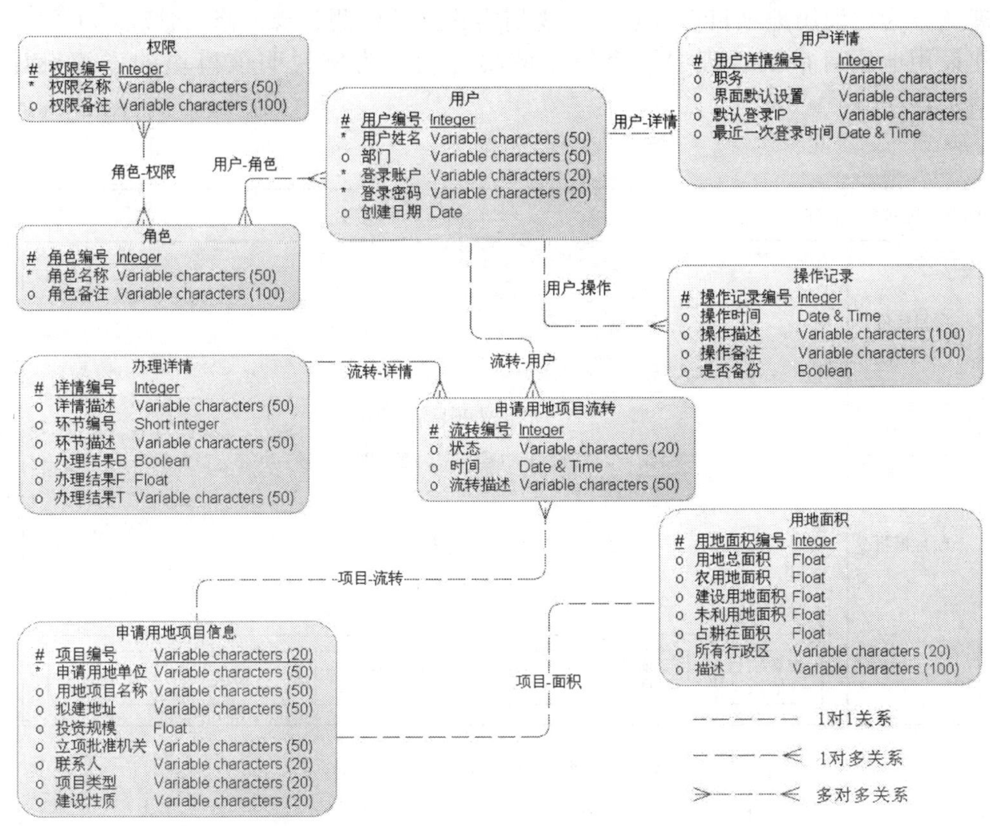

附图 7　E-R 模型图示意图

第四节　系统详细设计

详细设计阶段的根本目标是确定怎样具体地实现所要求的系统，也就是为各个在总体设计阶段处于黑盒子级的模块设计具体的实现方案，主要包括两部分的工作：系统功能模块详细设计和数据库的详细设计。在这一部分采用结构化程序设计方法，也就是自顶向下逐步求精的设计方法。

一、系统功能模块

根据总体设计阶段的成果，系统 LUPMIS 分为八个功能模块，分别为基础数据管理、规划图件管理、规划实施管理、计划指标管理、规划辅助编制、专题查询统计分析、规划公众参与和系统维护。详细设计阶段的任务主要是给出这些功能模块的具体流程和实现算法，包括模块具体实现方案的制定以及模块的界面形式。附图 8 是规划实施管理主界面的设计，如图所示，规划实施管理还分为建设用地项目审批管理、规划实施跟踪监测和规划修改管理，下面以建设用地项目审批管理中几个按钮的功能设计为例说明该模块的详细设计情况：

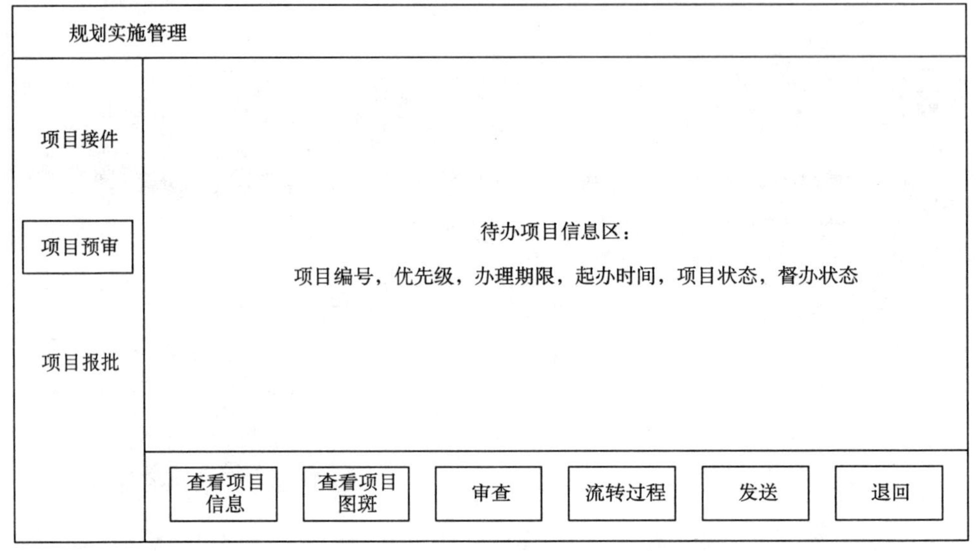

附图 8　规划实施管理界面草图

查看项目信息：当用户选中一条记录，即一个项目时，点击接收按钮，则显示该项目的详细信息。

查看项目图斑：当用户选中一条记录，即一个项目时，点击接收按钮，则将项目状态从待办改写为在办。

审查：当用户选中一条记录时，双击或者点击办案按钮，则自动打开该项目所在流程和环节的办案界面，进行办案，具体流程见附图 9。

流转过程：显示项目办案流程基本信息和目前项目所处的办案状态。

发送：当一个项目处在结案状态时，用户可以通过点击界面上的“发送”按钮，将项目发送到下一个环节下一个用户，具体流程见附图 10，如建设项目预审阶段结束后可以发送到报批环节。

退回：退回是由于不满意上一环节的处理，因此退回到上一个经手人。大致流程与发送流程类似，只是将向后搜索改为向前搜索，同时此处不是由用户选择上一阶段成员，而是从项目流转表中的经手人队列中取最后一个经手人，如到建设项目预审阶段的案件可以退回项目接件员。

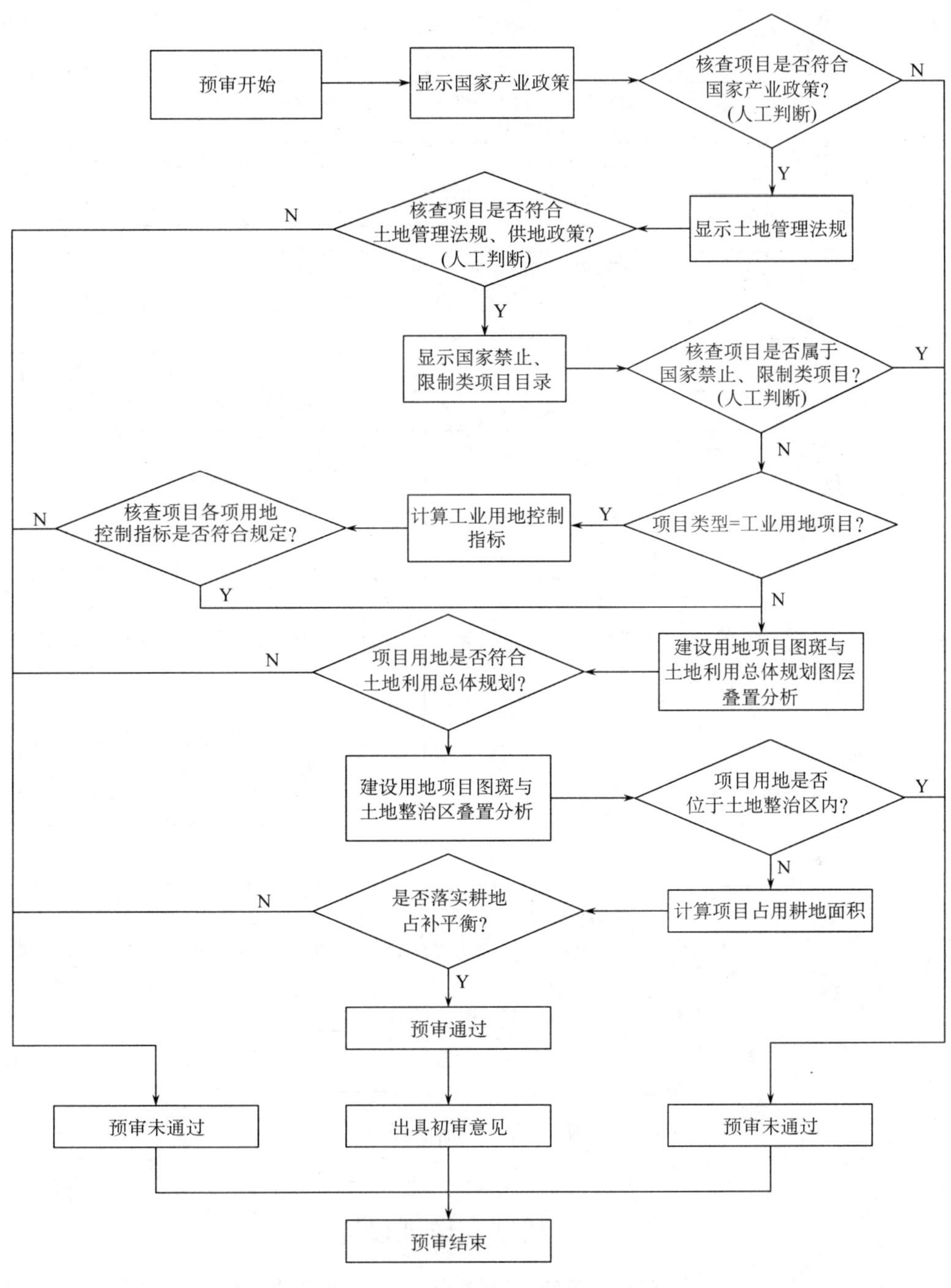
预审开始
显示国家产业政策
核查项目是否符合
国家产业政策?
(人工判断)
N
Y
显示土地管理法规
核查项目是否符合
土地管理法规、供地政策?
(人工判断)
N
Y
显示国家禁止、
限制类项目目录
核查项目是否属于
国家禁止、限制类项目?
(人工判断)
Y
N
项目类型=工业用地项目?
Y
计算工业用地控制
指标
核查项目各项用地
控制指标是否符合规定?
N
Y
N
建设用地项目图斑与
土地利用总体规划图层
叠置分析
项目用地是否符合
土地利用总体规划?
N
建设用地项目图斑与
土地整治区叠置分析
项目用地是否
位于土地整治区内?
Y
N
计算项目占用耕地面积
是否落实耕地
占补平衡?
N
Y
预审通过
预审未通过
出具初审意见
预审未通过
预审结束
附图 9　项目审查流程图

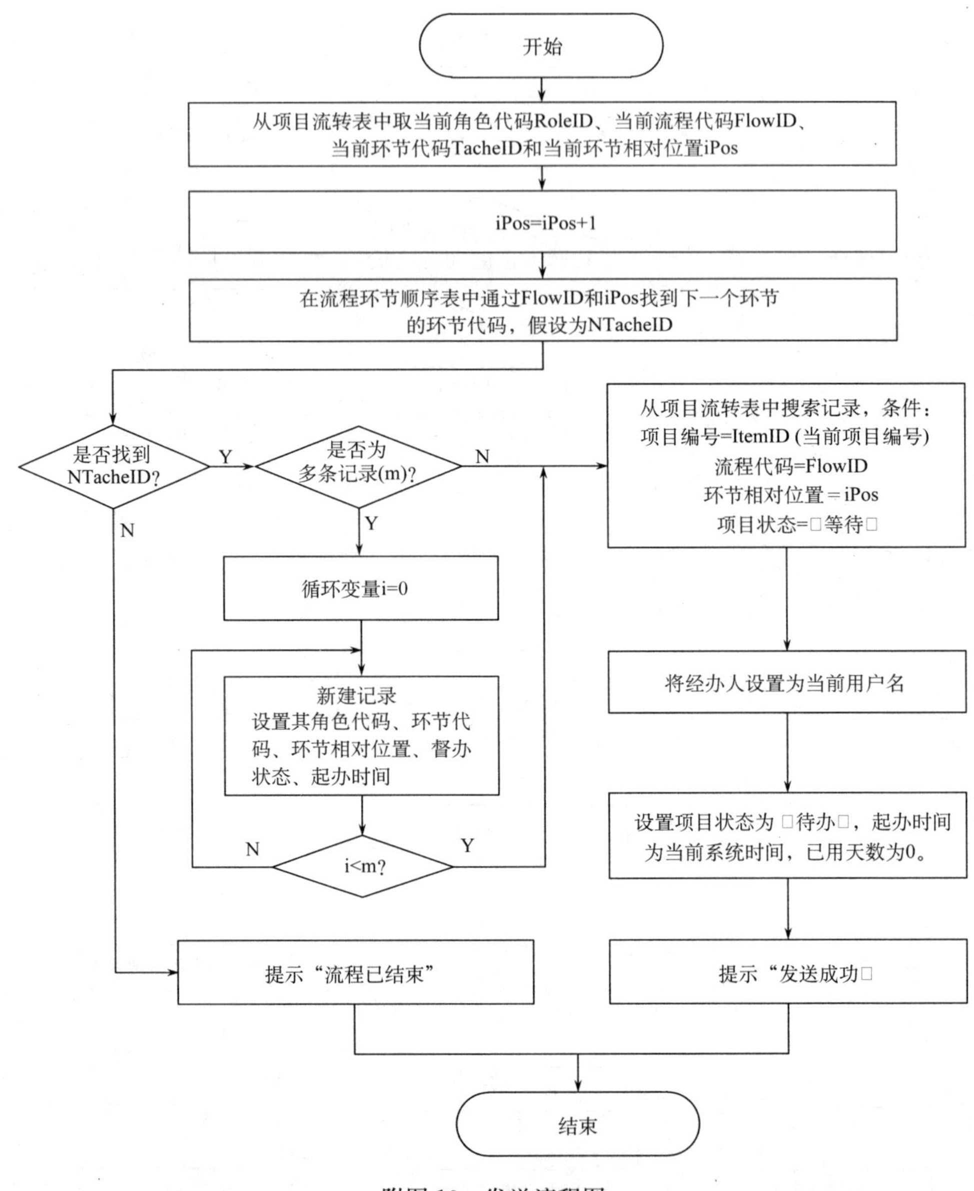

附图 10　发送流程图

二、数据库详细设计

数据库是GIS应用系统建设的主要内容，从某种意义上说，GIS就是一个地理数据库系统，因此，数据库的设计在系统建设过程中相当重要。

在总体设计阶段，已经对空间数据的数学基础、分类、概念模型等进行了设计，在详细设计阶段主要是将总体设计阶段的概念模型转换为数据库逻辑模型，同时设计系统的属性数据表、确定表的关系和主关键字，并设计数据定义语言等。

1. 数据库逻辑模型设计

在该系统中，业务数据库采用关系型数据库管理系统 Oracle 进行管理，因此需要将需求分析产生的数据模型按照关系模型的要求进行规范化和标准化设计，包括实体、实体关系以及关键字的设计等。例如，附图 11 是以实体“规划实施管理”为例说明如何从概念模型（E-R 模型）中的实体、实体关系转换为关系模型中的表和表之间的关系，并且进一步转换为物理模型的表及表之间的关系。附图 11 是对应附图 7 概念模型映射得到的关系模型。

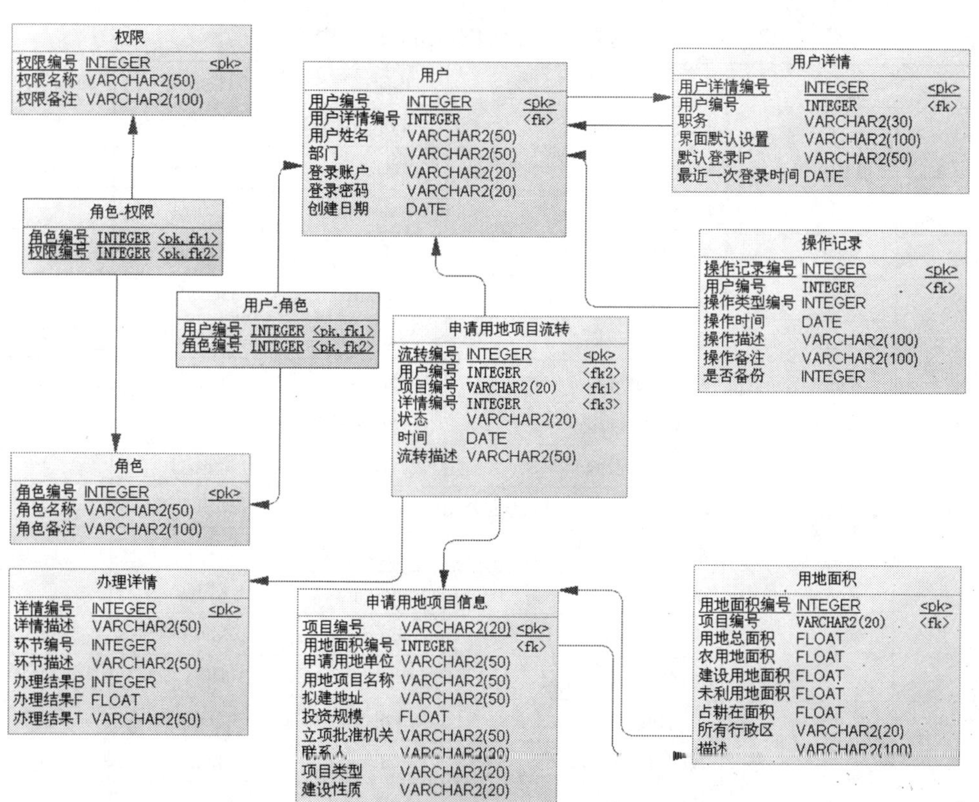

附图 11　数据库关系模型图示例

2. 数据表和工作图层的命名规则

数据表和工作图层的名称均用西文（大写）表示，由前缀和后缀两部分组成。其中，前缀为图层所属业务流程的业务名称缩写，如前缀 JQDLTB 表示“基期地类图斑”图层。数据表的后缀采用西文（大写）表示，由表名的每个字的汉语拼音的第一个字母组成。工作图层的后缀为图层性质，分为三种：在办（ZB）、通过（TG）和不通过（BTG）。例如，预审阶段的图层命名，业务名称缩写为“JYYS”，则接件时的工作图层名称为“JYYS_ZB”，预审完了通过的输出图层名称为“JYYS_TG”，不通过的输出图层名称为“JYYS_BTG”。若业务流程中有多个工作模块，可在前缀和后缀之间加上工作模块名缩写，它们之间用下划线连接。

3. 空间数据分层

附表 2 是空间数据图层定义，表中对空间数据的图层分类、图层名称、几何特征、属性表名和约束条件进行了定义。

附表 2　规划工作图层定义

序号	图层分类	图层名称	几何特征	属性表名	约束条件
1	境界与行政区	行政区	Polygon	XZQ	M
		行政区界线	Line	XZQJX	M
		行政区注记	Annotation	XZQZJ	O
2	地貌	等高线	Line	DGX	M
		高程注记点	Point	GCZJD	M
3	地理注记	地理名称注记	Annotation	DLMCZJ	M
4	规划基础信息	风景旅游资源	Polygon	FJLYZY	O
		面状基础设施	Polygon	MZJCSS	O
		线状基础设施	Line	XZJCSS	O
		点状基础设施	Point	DZJCSS	O
		主要矿产储藏区	Polygon	ZYKCCCQ	O
		蓄滞洪区	Polygon	XZHQ	O
		地质灾害易发区	Polygon	DZZHYFQ	O
		规划基础信息注记	Annotation	GHJCXXZJ	O
5	基期现状	基期地类图斑	Polygon	JQDLTB	M
		基期线状地物	Line	JQXZDW	M
		基期零星地物	Point	JQLXDW	M
		基期地类界线	Line	JQDLJX	M
		基期现状注记	Annotation	JQXZZJ	O

续表

序号	图层分类	图层名称	几何特征	属性表名	约束条件
6	目标年规划	土地用途区	Polygon	TDYTQ	M
		土地用途区注记	Annotation	TDYTQZJ	O
		规划基本农田保护区	Polygon	GHJBNTBHQ	M
		规划基本农田保护区注记	Annotation	GHJBNTBHQZJ	O
		规划基本农田调整	Polygon	GHJBNTTZ	M
		规划基本农田调整注记	Annotation	GHJBNTTZZJ	O
		建设用地管制边界	Line	JSYDGZBJ	M
		建设用地管制区	Polygon	JSYDGZQ	M
		建设用地管制区注记	Annotation	JSYDGZQZJ	O
		土地整治重点区域	Polygon	TDZZZDQY	M
		土地整治重点区域注记	Annotation	TDZZZDQYZJ	O
		面状土地整治重点项目	Polygon	MZTDZZZDXM	O
		面状土地整治重点项目注记	Annotation	MZTDZZZDXMZJ	O
		线状土地整治重点项目	Line	XZTDZZZDXM	O
		线状土地整治重点项目注记	Annotation	XZTDZZZDXMZJ	O
		点状土地整治重点项目	Point	DZTDZZZDXM	O
		点状土地整治重点项目注记	Annotation	DZTDZZZDXMZJ	O
		面状重点建设项目	Polygon	MZZDJSXM	M
		面状重点建设项目注记	Annotation	MZZDJSXMZJ	O
		线状重点建设项目	Line	XZZDJSXM	M
		线状重点建设项目注记	Annotation	XZZDJSXMZJ	O
		点状重点建设项目	Point	DZZDJSXM	M
		点状重点建设项目注记	Annotation	DZZDJSXMZJ	O
7	规划栅格图	土地利用现状图	Polygon	TDLYXZT	M
		土地利用总体规划图	Polygon	TDLYZTGHT	M
		建设用地管制分区图	Polygon	JSYDGZFQT	M
		基本农田保护规划图	Polygon	JBNTBHGHT	M
		土地整治规划图	Polygon	TDZZGHT	M
		重点建设项目用地布局图	Polygon	ZDJSXMYDBJT	M

注：M（必选）；O（可选）。

4. 属性数据表定义

LUPMIS的属性数据主要是指土地业务处理过程中产生的土地利用规划工作

表数据以及管理数据，其设计包括确定其命名规则，并确定属性表的字段、表关系以及主键、外键等。附表3是TDYTQ（土地用途区）图层的属性表结构。

附表3　土地用途区属性表（A10）

序号	字段名称	字段代码	字段类型	字段长度	小数位数	值域	约束条件	备注
1	标识码	BSM	Int	10		>0	M	
2	要素代码	YSDM	Char	10		见表1	M	
3	用途区编号	YTQBH	Char	15			M	见本表注
4	用途区类型	YTQLX	Char	20		见表45	M	
5	用途区代码	YTQDM	Char	2		见表45	M	
6	面积	MJ	Float	15	2	>0	M	单位：平方米

注：用途区编号由“县级行政区代码（6位）＋乡级代码（3位）＋村级代码（3位）＋用途区号（3位数字顺序码）”组成。

表中字段名的命名也采用西文（大写）来表示。由字段中文名中每个字的汉语拼音首字母组成，有的字段中文名太长，则取部分；若字段由几部分组成，则用下划线连接，如表“建设项目用地预审审批表”中的字段“项目编号”，它的名称为“XMBH”。

第五节　系统实现

一、系统设计的评价

在系统设计结束之后，系统实施开始之前，首先对系统的设计成果进行全面评价。采用的方式是召开开发小组成员讨论会。

二、代码编写工作的组织和管理

系统设计的评价通过之后，由开发小组制定系统实施计划、制定编码规范、制定代码管理机制、进行开发小组人员培训等，为编码工作做准备。

三、数据库建库

数据库的建库按空间数据和属性数据分别进行，但不管以何种方式建库，都要先进行源数据的获取和整理以及数据的规范化处理。

空间数据包括图形和图形的属性数据两部分，这部分数据库的建立，首先是将多种源数据转换为特定GIS软件系统支持下的数据格式。其转化过程可以是手工数字化、自动扫描、由坐标值自动生成等。在LUPMIS中，系统借助ArcSDE及Oracle 10g提供了空间数据入库工具完成空间数据库的建库。

对于属性数据库的建库，主要依据总体设计阶段和详细设计阶段的成果，利用商业数据库软件 Oracle 10g 来辅助完成。

四、功能实现

包括系统界面的绘制以及功能的编码实现。附图 12 是系统登录界面剪辑。

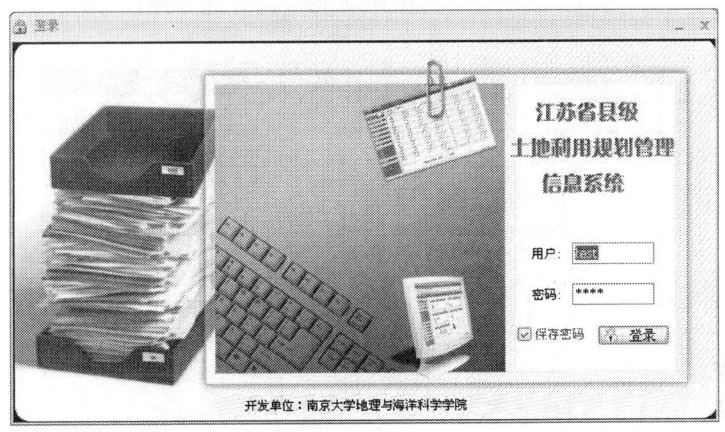

附图 12　LUPMIS 主界面

下面选择部分系统功能模块进行简要介绍。

(1) 基础数据管理子系统

该子系统主要是对规划成果包括表格、文档数据的管理，提供了数据的查询、统计、更新等功能，同时能对数据表结构进行动态定制。其界面如附图 13 所示。

附图 13　基础数据管理界面

（2）规划图件管理子系统

规划图件管理模块实现了对“现状图”、“规划图”和“过程分析图”的管理。该模块可以兼容一些地理信息系统商业GIS软件数据（如ArcGIS），方便不同格式地图数据之间的交流。该模块提供对地图数据的编辑、放大、缩小、漫游、选择元素、简单空间分析、打印等常用地图操作功能，其界面如附图14所示。

附图14　规划图件管理界面

基础数据管理子系统、规划图件管理子系统、规划实施管理子系统、计划指标管理子系统、规划辅助编制子系统、专题查询统计分析子系统和规划公众参与子系统。

(3) 规划实施管理子系统

该子系统提供建设用地审批管理、规划实施跟踪监测、规划修改管理的功能。建设用地审批管理是在日常土地利用规划管理工作中，辅助规划管理人员进行建设项目接件、项目初审、项目报批的一整套规划实施管理工作流程，其中项目包括建设项目用地项目、单独选址建设项目用地项目和农村居民建房用地项目。其界面见附图 15。

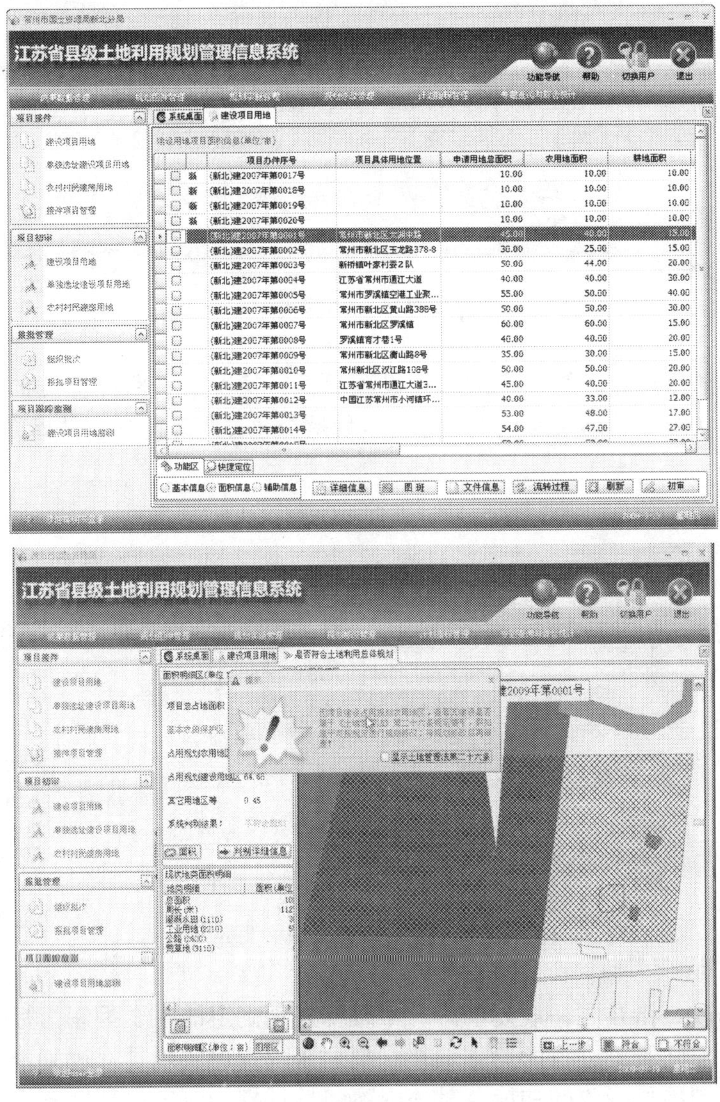

附图 15　规划实施管理界面

附图 15（续）

规划实施跟踪监测管理完成对建设项目执行情况进行跟踪监测的功能，保证建设项目的实施。其结果为立项的建设项目是否通过跟踪监察，其界面见附图 16。

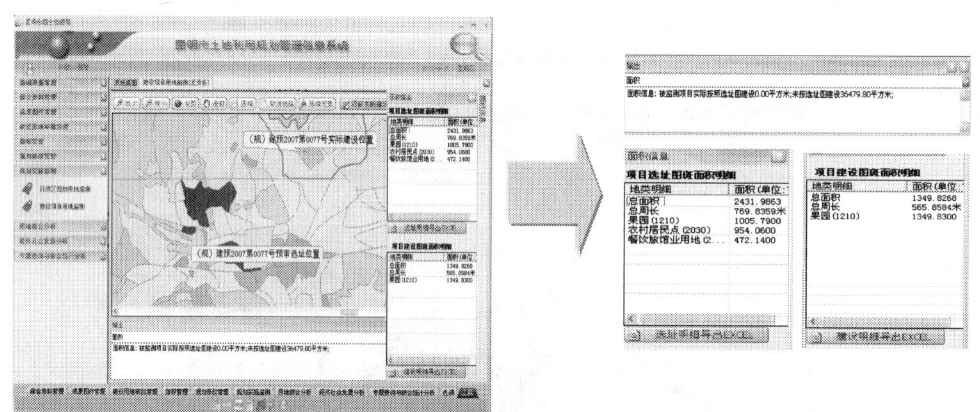

附图 16　规划实施跟踪监测界面

规划修改是指在同一规划期内、不改变规划确定的主要控制指标前提下对规划建设用地空间布局进行的局部调整。规划修改管理实现了对规划修改项目的管理和进行规划项目修改的功能。具体内容包括规划修改项目新增查询修改、规划修改项目审核、规划修改项目材料组织、规划修改项目上报、规划修改项目上级答复、规划图修改等，其界面见附图 17。

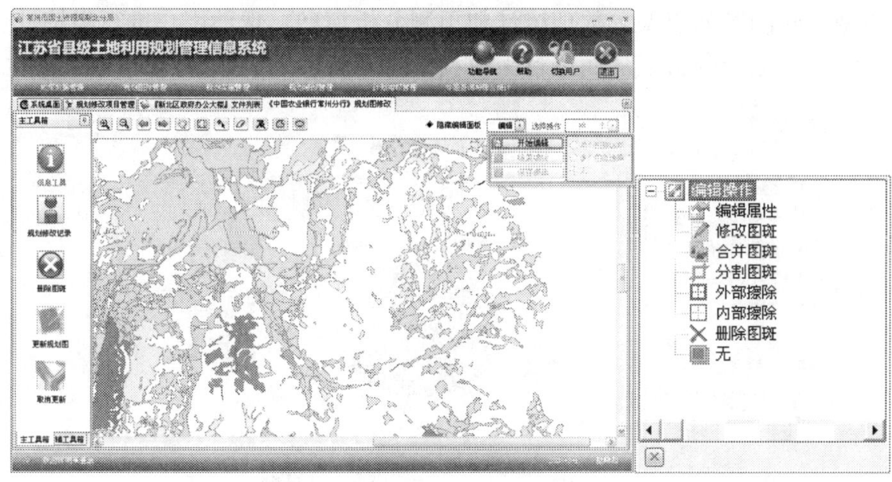

附图 17　规划修改管理界面

(4) 计划指标管理子系统

计划指标管理模块主要提供了对各项指标的管理功能，具体内容包括：规划期指标管理、年度新增建设用地计划指标管理、年度土地开发整理计划指标和年度挂钩指标，其界面见附图 18。

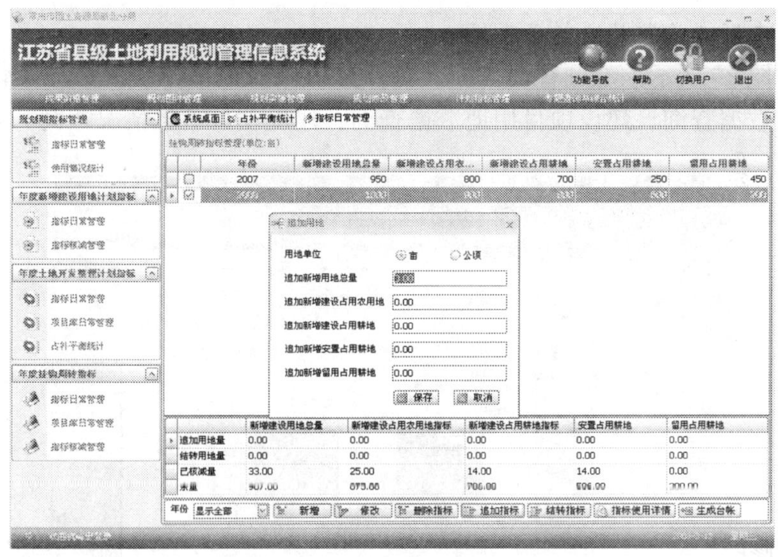

附图 18　计划指标管理界面

(5) 规划辅助编制子系统

如附图 19 所示，规划辅助编制子系统提供了各种多元回归统计模型、相关分析模型、时间序列模型等数理统计和预测分析模型，帮助用户进行经济社会发展预测和用地综合分析，从而进行土地利用规划的辅助编制。

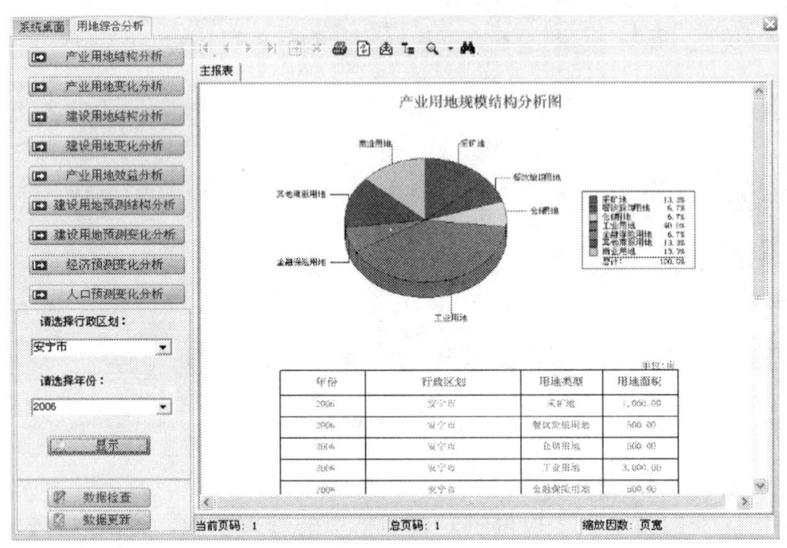

附图19　规划辅助编制界面

(6) 专题查询统计分析子系统

如附图20所示，专题查询与综合统计分析模块包括：统计数据查询、土地利用现状数据查询、建设项目用地数据查询、建设项目审批情况查询、规划修改

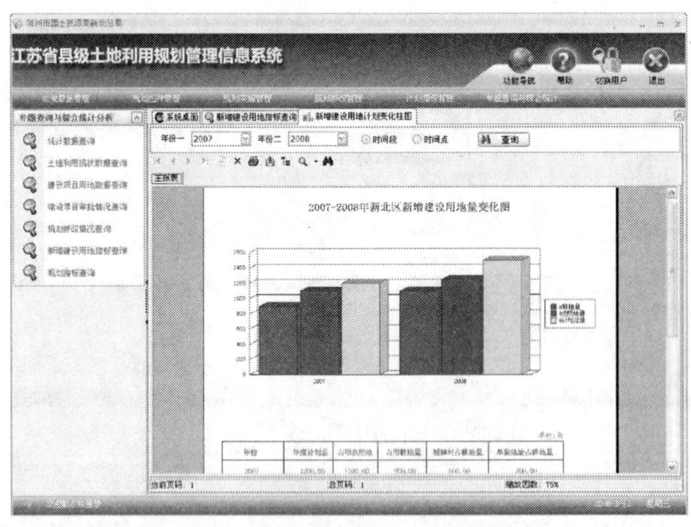

附图20　专题查询与综合统计分析界面

情况查询、新增建设用地指标查询、规划指标查询。专题查询根据系统提供的查询条件，可以快速检索到所需要的专题资料，为用户使用数据提供便利。

（7）规划公众参与子系统

如附图 21 所示，公众可通过 WWW 网络访问县级国土部门的公共参与网络平台。网络平台提供最新的规划项目库、规划文本、规划表格、行政区划图、现状图、规划图等，公众亦可通过建议留言区对规划提出建议。

附图 21　规划公众参与界面

五、系统的调试安装

在系统开发结束之后，需要将不同开发人员开发的功能模块组装配置起来，进行整个系统正确性和可靠性的检验，系统检验的手段有多种，测试就是其中一种，这种方式是使系统有控制地运行，并从多种角度观测系统运行的行为，以发现系统开发中存在的问题并加以改正。这个过程有可能重复多次直到系统运行状态令人满意为止。

在 LUPMIS 中，系统的调试包括两部分：一是图形功能的调试，选取一个区域作为调试的目标区域，对系统的各项图形功能进行操作，保证其正常的运行；二是办公自动化功能的调试，采用的方法是利用多个土地业务案例，将其作为系统试运行的目标案例，在系统中流转，监测案例的执行情况、处理过程以及最后的结果是否符合要求。

参 考 文 献

李满春，陈刚，姚志军. 2003. 县级土地利用规划管理信息系统的分析与设计. 国土资源遥感，（1）：65-69.

李满春，陈奇，周炎坤. 2000. 基于空间数据引擎的企业化 GIS 数据组织与处理. 中国图象图形学报，5（3）：179-185.

李延满，李满春. 1997. 县（市）域乡镇建成区土地分等信息系统设计与开发. 经济地理，17（6）：114-120.

赵纯勇，周权，陈阿林. 1999. 应用型地理信息系统设计方法与实现. 重庆师范学院学报（自然科学版），3（16）：21-26.

钟耳顺. 1998. 地理信息系统研制与开发实践——以《香港综合地理信息系统》为例. 中国图象图形学报，（2）：151-154.

彩　　图

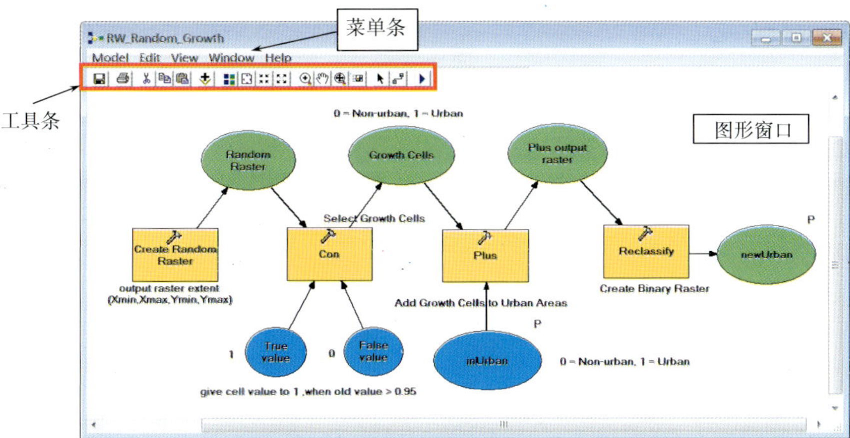

图7.2　Model Builder的图形化编辑器

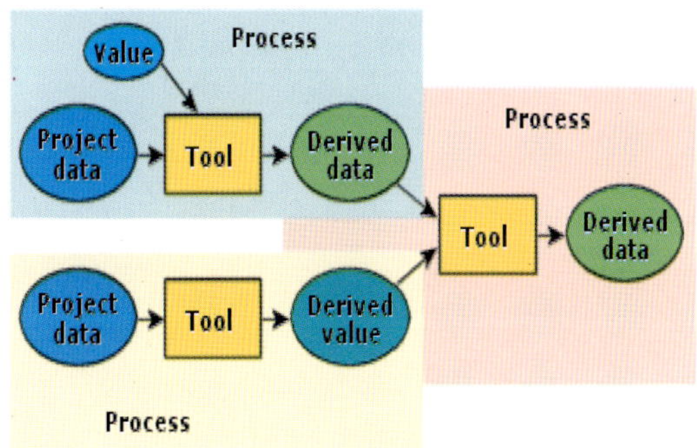

图7.3　Model Builder元素示意图

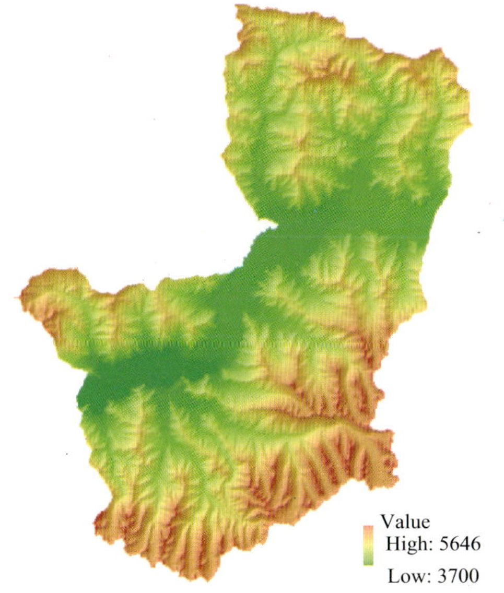

图7.4　研究区DEM数据

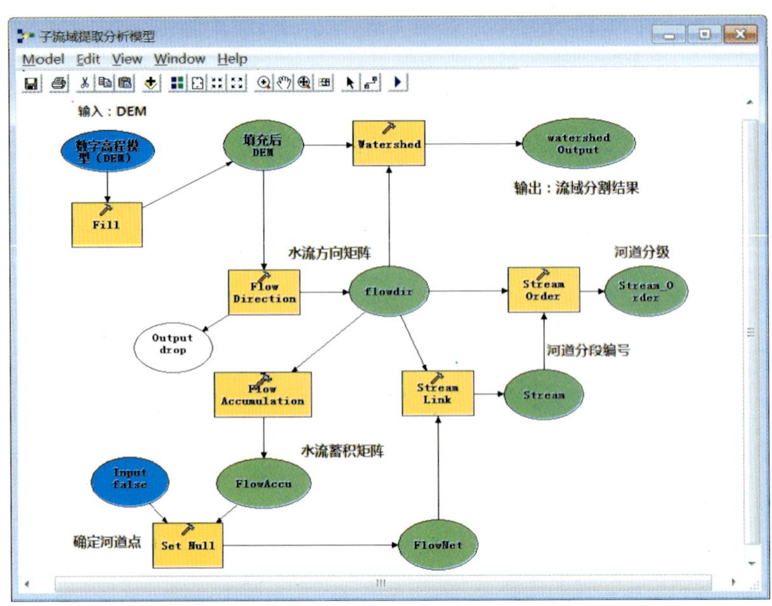

图7.9　子流域提取分析模型

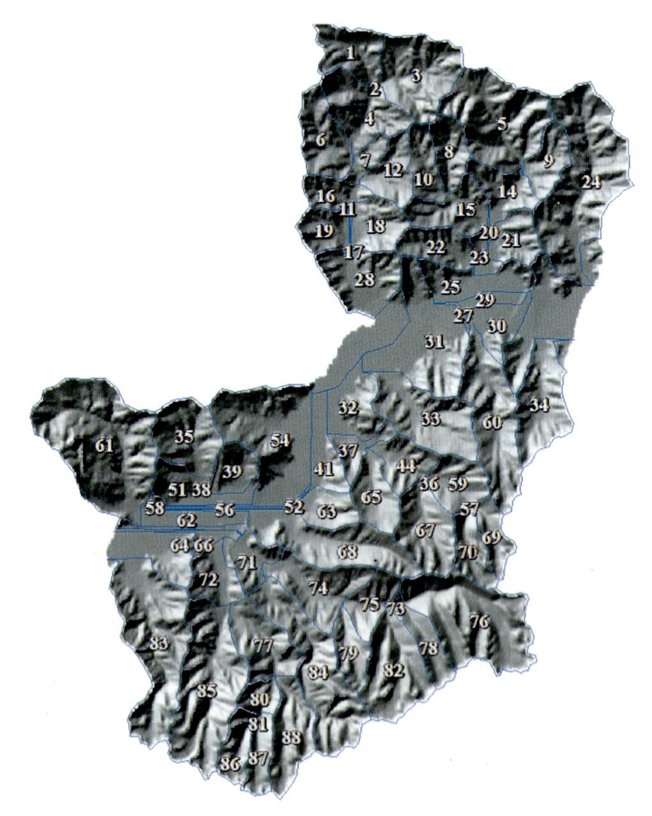

图7.10　分析结果